Gottfried Keller

GOTTFRIED

KELLER

Leben · Werk · Zeit

von Walter Baumann

bei Artemis

Inhalt:

Gestaltung Peter Rüfenacht, Artemis
Fotosatz Uhl + Massopust GmbH, Aalen
Gesamtherstellung Ernst Uhl GmbH & Co, Radolfzell
Printed in Germany ISBN 3 7608 0680 5

Abschied vom Biedermeier

Abendgesellschaft beim alt Bürgermeister Hans Conrad von Muralt im Haus zum Thalgarten (Talacker 40). Nach einer verschollenen Bleistiftzeichnung von Wilhelm Füssli, Februar 1853.

In Zürich, einer Stadt von kaum 10 000 Einwohnern, gebe es zwanzig bis dreißig Köpfe von Genie und Geschmack, wo selbst Berlin nur drei oder vier aufweise, und später solle man in Zürich sogar gegen achthundert Leute gezählt haben, die etwas drucken ließen. So jedenfalls berichteten Ewald von Kleist und Wilhelm Heinse über das «Limmat-Athen» des späteren 18. Jahrhunderts; jeder Mann von Welt müsse einmal dort gewesen sein. In der Tat, die Ansammlung von «Genies, Philosophen und Dichtern mit Degen und Haarbeuteln», wie Gottfried Keller sie später in den «Züricher Novellen» beschrieb, muß hier dichter gewesen sein als anderswo.

Johann Jakob Bodmer, die «Bruthenne der Genies», wurde von Wieland als «Ältervater aller Dichter Europas» gepriesen, Johann Caspar Lavaters «Physiognomische Fragmente» galten als Stein der Weisen für das gesellschaftliche Leben, Salomon Gessner, der Idyllendichter und Gründer der Neuen Zürcher Zeitung, war der meistübersetzte Autor seiner Zeit; der ins Ausland emigrierte Johann Heinrich Füssli, Maler, Dichter und Übersetzer, wurde als Henry Fuseli zum Begründer der neueren englischen Kunst. Mit Johann Heinrich Pestalozzi, dem Volkserzieher und Erzähler der ersten sozialen Dorf- und Bauerngeschichten, wußte die später so pädagogische Stadt allerdings noch wenig anzufangen.

Der große geistige Schwung Zürichs verebbte gegen Ende des Jahrhunderts und machte unter dem Druck der französischen Okkupation schließlich jener gottergebenen Beschaulichkeit Platz, die mit Bescheidenheit und Fleiß die kleinen Freuden des Alltags zu idealisieren begann. «Glücklich ist, wer vergißt, das was nicht zu ändern ist», war in Zürich ein beliebter Poesiealbum-Spruch, lange bevor er die Wiener Operetten-Bühne eroberte.

Der Rückzug in den eigenen trauten Freundeskreis und in die Gartenlaube entsproß früheren Wurzeln. Schon 1746 hatte der geistreiche Zürcher Stadtarzt Hans Caspar Hirzel, der Freund Gleims, Kleists und Klopstocks, zum Thema seiner Doktorarbeit den Einfluß der Fröhlichkeit auf die Gesundheit des Menschen gewählt. 1793 wurde im Garten der «Gesellschaft der Künstler und Kunstfreunde in Zürich» bei einem Gläschen Champagner erstmals Johann Martin Usteris Gesellschaftslied gesungen: «Freut Euch des Lebens, weil noch das Lämpchen glüht.» Als Marseillaise der Zufriedenheit hat es die Stürme der französischen Revolution überdauert und nach dem Zusammenbruch des napoleonischen Europa dem aufblühenden Biedermeier als Leitspruch gedient: «Wenn scheu die Schöpfung sich verhüllt / und laut der Donner um uns brüllt, / so lacht am Abend nach dem Sturm / die Sonne doppelt schön!»

In diese Welt des erwachenden Kleinbürgertums wurde Gottfried Keller am 19. Juli 1819 hineingeboren. Zürich war noch ein in wenigen Minuten zu durchschreitendes Städtchen mit mittelalterlichen Mauern und Türmen, mit steilen Treppen und winkeligen Lauben, mit nimmermüden kleinen Brunnen in winzigen Hofgärtchen, «deren verborgenes Grün durch den dunklen Hausflur so kokett auf die Gasse schimmert,

Johann Jakob Bodmer, der Übersetzer von Homer, Dante und Shakespeare, begründete Zürichs literarische Blüte des 18. Jh. Sein Schüler Johann Heinrich Füssli (1741–1825) malte in London 1779/80 sich selbst mit Bodmer vor einer Büste Homers. Kunsthaus Zürich.

Das Poesie-Album war in der gemütvollen Biedermeierzeit besonders beliebt. Die Dame in der Liebesgrotte trägt noch ein Empirekleid. Das Widmungsblatt von 1820 schließt mit dem «Symbolum»: «Glücklich ist, wer vergißt, das was nicht zu ändern ist!» 1874 brauchte es Johann Strauß als Schlagertext in der «Fledermaus». Privatbesitz.

wenn die Haustür aufgeht, daß den Vorüberziehenden immer eine Art Gartenheimweh befällt.»

Man mag das schmale Haus «Zum goldenen Winkel» des jungen Drechslermeisters Rudolf Keller, draußen am äußeren Neumarkt, an einem Seitenplätzchen beim Kronentor, als hübsches Sinnbild für die in sich geborgene Stadt und die lautere Diesseitsfreude des dort geborenen Dichters nehmen. In den «Leuten von Seldwyla» läßt Keller mit gütiger Ironie «die listige und seltsame Stadt» des Biedermeiers noch einmal aufleben. Er selber gehörte nicht mehr dazu. Von engherzigen Schulherren gnadenlos ins Ungewisse verstoßen, wurde er ein Jünger Pestalozzis und Verfechter der allgemeinen Volksbildung. Sein Herz gehörte dem mündigen Bürger im republikanischen Kleinstaat, der auch in der großen Welt eine Stimme hat.

Wie Gottfried Keller seine zwischen Zürichsee und Limmat gelegene Kleinstadt um die Jahrhundertmitte sah, schilderte er als landschaftlichen Auftakt zum «Grünen Heinrich» in der ersten, in Berlin geschriebenen Fassung:

«Zu den schönsten vor allen in der Schweiz gehören diejenigen Städte, welche an einem See und an einem Flusse zugleich liegen, so daß sie wie ein weites Tor am Ende des Sees unmittelbar den Fluß aufnehmen, welcher mitten durch sie hin in das Land hinauszieht. So Zürich, Luzern, Genf; auch Konstanz gehört gewissermaßen noch zu ihnen. Man kann sich nichts Angenehmeres denken als die Fahrt auf einem dieser Seen, z.B. auf demjenigen von Zürich. Man besteige das Schiff zu Rapperswyl, dem alten Städtchen unter der Vorhalle des Urgebirges, wo sich Kloster und Burg im Wasser spiegeln, fahre, Huttens Grabinsel vorüber, zwischen den Ufern des länglichen Sees, wo die Enden der reichschimmernden Dörfer in *einem* zusammenhängenden Kranze sich verschlingen, gegen Zürich hin, bis, nachdem die Landhäuser der Züricher Kaufleute immer zahlreicher wurden, zuletzt die Stadt selbst

Johann Martin Usteri (1767–1827) schrieb 1793 als dilettierender Dichter das Gesellschaftslied «Freut euch des Lebens», das die Französische Revolution überdauerte und zur Marseillaise des Biedermeiers wurde. Anonyme Aquatinta 1830.

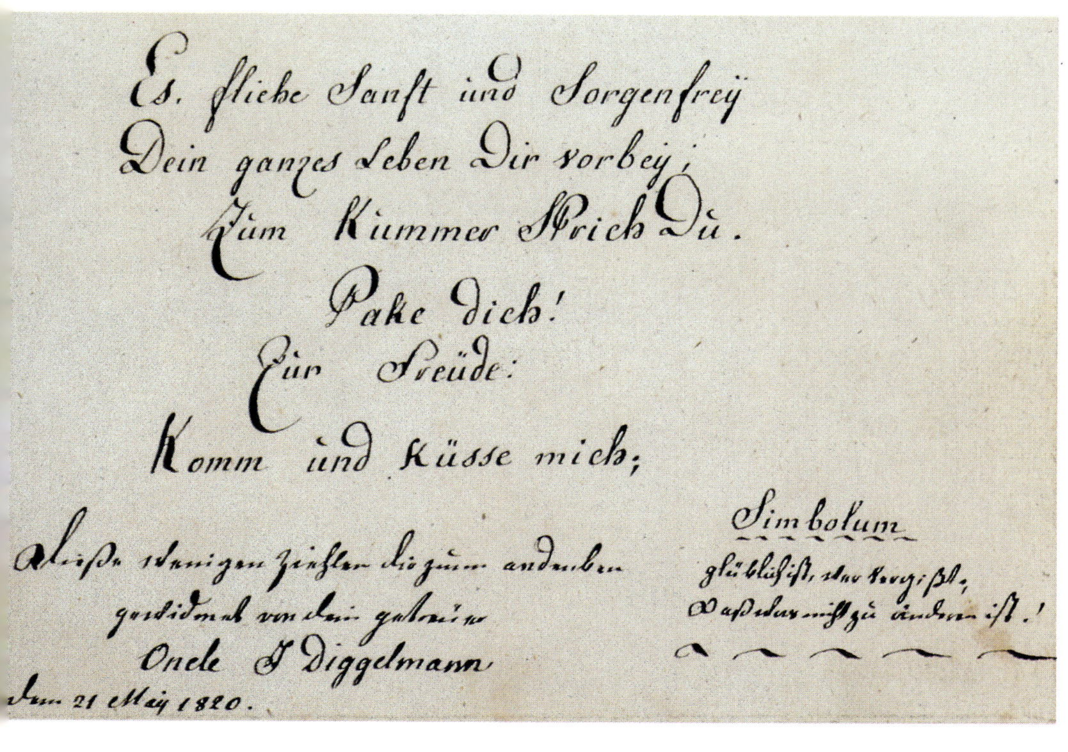

Es fliehe Sanft und Sorgenfrey
Dein ganzes Leben Dir vorbey;
Zum Kummer Sprich Du.
Pake dich!
Zur Freude:
Komm und Küsse mich;

Simbolum

Onkle J Diggelmann

wie ein Traum aus den blauen Wassern steigt und man sich unvermerkt mit erhöhter Bewegung auf der grünen Limmat unter den Brücken hinwegfahren sieht. Das ganze Treiben einer geistig bedeutsamen und schönen Stadt drängt sich an den leicht dahinschwebenden Kahn. Soeben versammelt sich der gesetzgebende Rat der Republik. Trommelschlag ertönt. In einfachen schwarzen Kleidern, selten vom neuesten Schnitte, ziehen die Vertreter des Volkes auf den Ufern dahin. Auch die Gesichter dieser Männer sind nicht immer nach dem neusten Schnitte und verraten durchschnittlich weder elegante Beredsamkeit noch große Belesenheit; aber aus gewissen Strahlen der lebhaften Augen leuchtet Besonnenheit, Erfahrung und das glückliche Geschick, mit einfachem

Aus dem Panorama der Stadt Zürich, Aquarell von Franz Schmid 1826. Blick vom Karlsturm des Großmünsters nach Osten und Süden auf die Alpen und den Zürichsee mit den mittelalterlichen Schwirren und dem Grendeltor für die Schiffe. Links der Nordturm des Großmünsters, ganz rechts der im Wasser stehende mittelalterliche Wellenbergturm, der als Gefängnis diente.

Sinn das Rechte zu treffen. Von allen Seiten wandeln diese Gruppen, je nach den Tagesfragen und der verschiedenen Richtung begrüßt oder unbegrüßt vom zahlreichen emsigen Volke, nach dem dunklen schweren Rathause, das aus dem Flusse emporsteigt…

Aus dem pfeilschnell vorübergeflossenen Gemälde haben sich jedoch zwei Bilder der Vergangenheit am deutlichsten dem Sinne eingeprägt: rechts schaute vom Münsterturme das sitzende riesige Steinbild Karls des Großen, eine goldene Krone auf dem Lockenhaupt, das goldene Schwert auf den Knien, über Strom und See hin; links ragte auf steilem Hügel, turmhoch über dem Flusse, ein uralter Lindenhain, wie ein schwebender Garten und in den schönsten Formen, grün in den Himmel. Kinder sah man in der Höhe unter seinen Laubgewölben spielen und über die Brustwehr herabschauen. Aber schon fährt man wieder zwischen reizenden Landhäusern und Gewerben, zwischen Dörfern und Weinbergen dahin, die Obstbäume hangen ins Wasser, zwischen ihren Stämmen sind Fischernetze ausgespannt. Voll und schnell fließt der Strom, und indem man unversehens noch ein Mal zurückschaut, erblickt man im Süden die weite schneereine Alpenkette wie einen Lilienkranz auf einem grünen Teppich liegen. Jetzt lauscht ein stilles Frauenkloster hinter Uferweiden hervor, und da nun gar eine mächtige Abtei aus dem Wasser steigt, befürchtet man die schöne Fahrt wieder mittelalterlich zu schließen; aber aus den hellgewaschenen Fenstern des durchlüfteten Gotteshauses schauen statt der vertriebenen Mönche blühende Jünglinge herab, die Zöglinge einer Volkslehrerschule. So landet man endlich

zu Baden, in einer ganz veränderten Gegend. Wieder liegt ein altes Städtchen mit mannigfachen Türmen und einer mächtigen Burgruine da, doch zwischen grünen Hügeln und Gestein, wie man sie auf den Bildern der altdeutschen Maler sieht. Auf der gebrochenen Veste hat ein deutscher Kaiser das letzte Mahl eingenommen, eh er erschlagen wurde; jetzt hat sich der Schienenweg durch ihre Grundfelsen gebohrt.

Denkt man sich eine persönliche Schutzgöttin des Landes, so kann die durchmessene Wasserbahn allegorischer Weise als ihr kristallener Gürtel gelten, dessen Schlußhaken die beiden alten Städtchen sind und dessen Mittelzier Zürich ist, als größere edle Rosette.»

Zürich um 1830

Mit Blick vom Glockenturm des Großmünsters nach Norden zeigt das damals entstandene Panorama die Stadt, wie sie auch der junge Gottfried Keller gesehen hat. Zürich war noch um 1830 eine Kleinstadt mit engen, krummen Gassen und nicht viel mehr als 10 000 Einwohnern. Das im Wasser stehende Renaissance-Gebäude ist das Rathaus, links schließt sich die dem Wochenmarkt dienende Gemüsebrücke, heute Rathausbrücke, an. Am Fischmarkt beim Rathaus stand noch immer der ans Mittelalter gemahnende Pranger. Erst während Kellers Jugendzeit wurden die Tore und Schanzen geschleift. 200 Öllaternen erleuchteten die

Aus dem Panorama der Stadt Zürich von Franz Schmid 1826. Blick vom Karlsturm des Großmünsters nach Westen und Norden. Im Wasser das Rathaus, oben rechts die Predigerkirche mit dem hohen Dachreiter, dessen goldenen Hahn der kleine Gottfried für den lieben Gott ansah.

Gassen, aber nur im Winterhalbjahr, im Sommer sparte man sich die Kosten. Ungefähr in der Mitte der rechten Bildhälfte liegt die Gegend des Rindermarkts, wo Gottfried vom obersten Stock des Hauses «zur Sichel» nach fernen Horizonten ausblickte. Rechts im Bild erhebt sich die hohe gotische Predigerkirche mit dem schlanken Dachreitertürmchen, dessen in der Abendsonne gleißenden goldenen Hahn das Büblein für den lieben Gott ansah. Eine ganz andere Welt zeigt das Panorama nach Süden! Die Schneeberge in der Ferne hielt der kleine Gottfried für Wolken, die ihm Inbegriff des Wunderbaren waren. Noch ist die Stadt mit Palisaden gegen den See gesichert; das Grendeltor, durch das die Schiffe in die Stadt fuhren, wurde wie die Stadttore am Abend zugesperrt. Die weite Ebene am Seeufer vor der Stadt ist das heute längst überbaute Seefeld. Seit der Einführung des eisernen Dampfschiffes «Minerva» im Sommer 1835 sind die damals noch ländlichen Dörfer zu städtischen Siedlungen geworden und fast lückenlos zusammengewachsen. Aus köstlichen Reblagen wurden kostbare Wohnlagen, die heute zu den schönsten in der Schweiz zählen. Diese Entwicklung begann in Zürichs Gründerzeit nach der Jahrhundertmitte.

Seit der Einführung der polizeilichen Hausnumerierung um 1863 führt Gottfried Kellers Geburtshaus «Zum goldenen Winkel» die Bezeichnung Neumarkt 27. Bis zu diesem Zeitpunkt begnügte man sich auf Briefen mit der Angabe der Gasse oder des Quartiers und dem Hausnamen. Gottfried Kellers Vater, der junge Drechslermeister Hans Rudolf Keller von Glattfelden, hatte das Häuschen mit einem kleinen Hintergärt-

chen gleich nach der Hochzeit im Mai 1817 gemietet und war mit seiner Frau in die Stadt gezogen. Im «Goldenen Winkel», der nahe bei der Stadtmauer beim Kronentor lag, wurde Gottfried Keller am 19. Juli 1819 geboren und auf den Namen seines Paten Junker Gottfried von Meiss getauft. Im selben Haus hatten auch Gottfrieds Schwestern Regina und Anna Katharina das Licht dieser geordneten, kleinbürgerlichen Welt erblickt, doch beide starben schon im Frühling 1822 innert sieben Tagen.

Zu des Dichters 75. Todestag, im Juli 1965, kaufte die Stadt Zürich den «Goldenen Winkel» als Gedenkstätte des Dichters, «der mit seinen Augen den goldenen Überfluß der Welt trank». Eine Gedenktafel erinnert an den Geburtsort des Dichters: «In diesem Hause wurde geboren Gottfried Keller, den 19. Juli 1819.»

Die Visitenlaterne: Szene am Hirschengraben vor dem Haus zur Krone. Lichtschirm von Johann Jakob Sperli d. Ä. um 1835. Privatbesitz.

Der Bienenkorb der Jugendjahre

Nach zwei Jahren zog die Familie Keller vom «Goldenen Winkel» ins nahe Haus «Zum Greifen», Neumarkt 20, um. Auf Ostern 1821 konnte der Vater das etwas näher beim Stadtzentrum gelegene Haus «Zur Sichel», Rindermarkt 9, erwerben, in dem er seit seinem Einzug in Zürich mit seiner Drechslerwerkstatt eingemietet war. Die «Sichel» wurde zur eigentlichen Heimat Kellers. Im «Grünen Heinrich» gibt er eine wundersame Beschreibung des hohen Hauses, in dem im Frühling 1822 seine Schwester und aufopfernde Lebensbegleiterin Regula geboren wurde:

«Es war ein altes hohes Gebäude, mit vielen Räumen und von unten bis oben bewohnt wie ein Bienenkorb. Der Vater hatte es gekauft in der

Absicht, ein neues an dessen Stelle zu setzen; da es aber von altertümlicher Bauart war und an Türen und Fenstern wertvolle Überbleibsel künstlicher Arbeit trug, so konnte er sich schwer entschließen, es einzureißen, und bewohnte es indessen nebst einer Anzahl von Mietsleuten...

Die untern Stockwerke sind dunkel, sowohl in den Gemächern wegen der Enge der Gassen, als auf den Treppenräumen und Fluren, weil alle Fenster für die Zimmer benutzt wurden. Einige Vertiefungen und Seitengänge gaben dem Raume ein düsteres und verworrenes Ansehen und blieben noch zu entdeckende Geheimnisse für mich; je höher man steigt, desto freundlicher und heller wird es, indem der

Am Neumarkt und am Rindermarkt verlebte Keller seine Jugendzeit. Am Neumarkt 27, im «Goldenen Winkel» (links), hinter dem der Dachreiter der Predigerkirche aufragt, wurde er am 19. Juli 1819 geboren. Das Haus zur Sichel (rechts) am Rindermarkt 9 erwarb der Vater im Dezember 1820. Hier wurde Kellers Schwester Regula geboren. Nach dem Tod des Vaters verdiente die Witwe den Familienunterhalt mit Kostgängern und Zimmermietern. 1852 mußte sie das Haus verkaufen, um den Sohn in Berlin weiter zu unterstützen. An beiden Häusern ist eine Gedenktafel angebracht. Federzeichnungen von Burkhard Mangold 1906.

oberste Stock, den wir bewohnten, die Nachbarhäuser überragt...

Die Fenster unserer Wohnstube gingen auf eine Menge kleiner Höfe hinaus, wie sie oft von einem Häuserviertel umschlossen werden und ein verborgenes behagliches Gesumme enthalten, welches man auf der Straße nicht ahnt... Unser eigenes Höfchen enthielt zwischen hohen Mauern ein ganz kleines Stückchen Rasen mit zwei Vogelbeerbäumchen; ein nimmermüdes Brünnchen ergoß sich in ein ganz grün gewordenes Sandsteinbecken, und der enge Winkel ist kühl und fast schauerlich, ausgenommen im Sommer, wo die Sonne täglich einige Stunden lang darin ruht. Alsdann schimmert das verborgene Grün durch den dunklen Hausflur so kokett auf die Gasse, wenn die Haustür aufgeht, daß den Vorübergehenden immer eine Art Gartenheimweh befällt.»

Die Mutter

Elisabeth Keller, geb. Scheuchzer (1787 bis 1864), die Mutter des Dichters. Sie war die Tochter des Zürcher Arztes Johann Heinrich Scheuchzer, der in jungen Jahren als Feldscher unter Friedrich dem Großen gedient hatte und dann in Glattfelden eine Landpraxis eröffnete. Anonymes Ölporträt um 1816/17, zur Zeit ihrer Verheiratung.

Die schlanke Glattfelder Arzttochter aus angesehenem Stadtzürcher Geschlecht – ihr Vater hatte noch als Feldscher im Heere Friedrichs des Großen gedient – war fast fünf Jahre älter als ihr Mann, und sie überlebte ihn um vier Jahrzehnte. Der Ehe entsprossen sechs Kinder, von denen aber nur Gottfried und Regula das Erwachsenenalter erreichten. Im «Grünen Heinrich» zeigt Keller seine Mutter als jugendliche Gestalt. Das Mädchen, das in einem gästereichen Elternhaus mit den vielen Jagdgesellschaften des Vaters waltete, habe, so oft es nur konnte, die damals Mode gewordenen griechischen Gewänder des Empire an den Nagel gehängt und sich in Küche und Keller zurückgezogen, dafür sorgend, daß die unruhige Gesellschaft etwas Ordentliches zu beißen hatte, wenn sie von ihren Fahrten zurückkehrte. Mit dieser fürsorglichen Tüchtigkeit hat sie später ihrem Sohn Gottfried nach seinem Ausschluß aus der Industrieschule und durch die Jahrzehnte seines Suchens und Irrens die Existenz gesichert. Nach dem frühen Tod ihres Mannes füllte sie das Haus «Zur Sichel» bis unters Dach mit jenen kuriosen Kostgängern und Untermietern, die später im «Grünen Heinrich» ihr Wesen und Unwesen trieben. Sie suchte dem Sohn einen Lehrmeister als Maler, lief zu Ratsherren, Künstlern und Kunstfreunden, um einem Bild ihres Sohnes einen Platz in der Ausstellung zu sichern. Schließlich verkaufte sie das Haus, um Gottfrieds Aufenthalt in Berlin zu finanzieren, und mit dem Ersparten zahlte sie ihm die Heimkehr nach Zürich. Der Glaube an die göttliche Gerechtigkeit und die Rechtschaffenheit ihres Sohnes hielt sie «aufrecht wie ein Tännchen». Ihr Wahlspruch war: «Wer Gott vergißt, den vergißt auch er.» Es war nicht zuletzt der Wunsch, der 74jährigen Frau aus ihrer Not zu helfen, der den Regierungsrat bewog, Gottfried Keller zum Staatsschreiber zu machen. Aus Mitleid mit seiner bekümmerten Mutter nahm er das Amt an. Sie starb am 5. Februar 1864.

Der Vater

Drechslermeister Johann Rudolf Keller (1791–1824), der Vater des Dichters. Er war der Sohn des frühverstorbenen Glattfelder Küfermeisters Rudolf Keller. Als junger Drechsler auf der Wanderschaft lernte er in Wien die elegante Lebensart des Wiener Kongresses und das Theater kennen. Anonymes Ölporträt um 1816/17, zur Zeit seiner Verheiratung.

Der mit 33 Jahren verstorbene Vorsteher der Drechslerinnung war ein initiativer, tüchtiger Handwerker und eine schwungvolle, allem Guten und Schönen zugetane Natur. Als Sohn eines Küfers in Glattfelden geboren, erlernte er die Drechslerei und begab sich 1812 auf die Walz, die ihn quer durch Deutschland bis nach Wien führte. Während des Wiener Kongresses arbeitete er beim «Galanterie Drexler Fabrikanten» Johann Düno, dem bedeutendsten Mann seines Faches. Düno, der erstmals aus Horn und Perlmutter Knöpfe fertigte, machte damit bald große Mode. Sein Geschäft befand sich in unmittelbarer Nähe des 1801 von Emanuel Schikaneder gegründeten Theaters an der Wien, der schönsten und prunkvollsten Bühne der Stadt. Dort hörte Rudolf Keller die «Zauberflöte», begeisterte sich für Schillers Dramen und faßte jene Liebe zum Theater, die sich dann beim Sohn zu wahrer Leidenschaft steigerte.

Jakob Baechtold, des Dichters erster Biograph, bezeichnete dessen Vater als einen ungewöhnlich geschickten Mann, dem sein Gewerbe viele nützliche Neuerungen – vermutlich das Drechseln von Knöpfen – verdankte. In Zürich wurde er bei «allen Anstößen mit den zurückgebliebenen Zeitgenossen» zum Obmann der Drechsler gewählt. Nach seiner Rückkehr nach Glattfelden, wo er das Herz der Landarzttochter Elisabeth Scheuchzer im Sturm eroberte, trug er stets einen grünen Frack, aus dem die Mutter später dem Sohn Kleider schneiderte, und hohe Suworowstiefel. Er sprach nur noch hochdeutsch. Von ihm erbte Gottfried das künstlerische Talent, von der Mutter des Lebens ernstes Führen. Bei seinem frühen Tod hinterließ er seiner Frau zwei kleine Kinder, ein noch ungeborenes, das aber bald starb, und das mit Gültbriefen überbelastete Haus. Ihre nochmalige Heirat mit dem Gesellen der Drechslerei Hans Heinrich Wild war eine Mesalliance. Eine Erinnerung an jene Jahre findet sich im Tagebuch des jungen Dichters. Als Bürger der Landschaft

Die bis zur Unkenntlichkeit überstellte Rückseite des Hauses zur Sichel. Das kleine Höfchen enthielt nach Kellers Schilderung im «Grünen Heinrich» zwischen «hohen Mauern ein ganz kleines Stückchen Rasen mit zwei Vogelbeerbäumchen und ein nimmermüdes Brünnchen». Heute ist das Hinterhöfchen weitgehend saniert. Aufnahme um 1940.

besuchte der Knabe nach der Armenschule, wo der Vater Vorsteher gewesen war, das Landknabeninstitut an der Stüssihofstatt, direkt hinter der «Sichel»: «Wenn wir zwischen den Lehrstunden im Hof herumsprangen, dann zeigte ich den andern Buben das Vaterhaus und sagte: Dort wohne ich, in dem schwarzen Haus mit den roten Balken! Dann sagten die Knaben wohl: Ist das dein Vater, der dort herausschaut? und ich antwortete: Nein, mein Vater ist gestorben. Der herausguckt, ist ein fremder Mann, der bei uns wohnt, und meine Mutter ist in der Küche.»

Der jung verstorbene Vater blieb Gottfried in den Erzählungen der Mutter immer gegenwärtig. Aus frühester Kindheit hegte seine eigene Erinnerung ein farbiges Gedächtnisbild. Im «Grünen Heinrich» hat er es aufbewahrt:

«Der Mensch rechnet immer das, was ihm fehlt, dem Schicksale doppelt so hoch an als das, was er wirklich besitzt; so haben mich auch die langen Erzählungen der Mutter immer mehr mit Sehnsucht nach meinem Vater erfüllt, welchen ich nicht mehr gekannt habe. Meine deutlichste Erinnerung an ihn fällt sonderbarerweise um ein volles Jahr vor seinen Tod zurück, auf einen einzelnen schönen Augenblick, wo er an einem Sonntagabend auf dem Felde mich auf den Armen trug, eine Kartoffelstaude aus der Erde zog und mir die anschwellenden Knollen zeigte, schon bestrebt, Erkenntnis und Dankbarkeit gegen den Schöpfer in mir zu erwecken. Ich sehe noch jetzt das grüne Kleid und die schimmernden Metallknöpfe zunächst meinen Wangen und seine glänzenden Augen, in welche ich verwundert sah von der grünen Staude weg, die er hoch in die Luft hielt. Meine Mutter rühmte mir nachher oft, wie sehr sie und die begleitende Magd erbaut gewesen seien von seinen schönen Reden. Aus noch früheren Tagen ist mir seine Erscheinung ebenfalls geblieben durch die befremdliche Überraschung der vollen Waffenrüstung, in welcher er eines Morgens Abschied nahm, um mehrtägigen Übungen beizuwohnen; da er ein Schütze war, so ist auch dies Bild mit der lieben grünen Farbe und mit heiterem Metallglanze für mich ein und dasselbe geworden. Aus seiner letzten Zeit aber habe ich nur noch einen verworrenen Eindruck behalten, und besonders seine Gesichtszüge sind mir nicht mehr erinnerlich.»

Die von Kellers Vater hinterlassene Stutz- oder Stockuhr, die bis heute Anlaß zu Mißdeutungen gab. Nur die größere obere Alabasterfigur Salomon Landolts wurde vom Drechslermeister geschnitzt. Die beiden untern Büsten von Schiller und Goethe sind aus Porzellan und wohl erst nach Goethes Tod hergestellt worden. Die Uhr hatte in Kellers Wohnzimmer einen Ehrenplatz.

Rudolf Keller, Salomon Landolt und die umstrittene Stockuhr

Die von Gottfried Kellers Vater hinterlassene Stockuhr, ein verhältnismäßig einfaches Modell mit Alabastersäulen, aber ohne Schlagwerk, stammt aus dem Empire, also etwa aus der Zeit, in der Kellers Eltern die Ehe schlossen. Nachträglich geschmückt wurde das Gehäuse mit drei Porträtbüsten unterschiedlicher Qualität. Die immer wieder aufgestellte Behauptung – sie geht auf Kellers erste Biographen zurück –, «die von Rudolf Keller gedrechselten Büsten Goethes und Schillers waren Zeugnis für den höheren Schwung seiner Bildung und dürfen zusammen mit der Büste Salomon Landolts als Meisterstück für die treffliche Handwerkslehre des jungen Drechslers sich sehen lassen», hält einer genaueren Untersuchung nicht stand.

Daß Rudolf Keller ein vielfach begabter, kunstbeflissener Mann war, steht außer Zweifel, aber die ganze Interpretation der Stockuhr-Büsten beruht offenbar nicht auf einer eigenen Untersuchung des Objektes und ist sachlich falsch. Grundsätzlich gilt die Frage: Wie sollen Porträtbüsten mit dem ganzen individuellen Relief von Kopf, Gesicht, Haartracht und Kleidung denn gedrechselt werden? Im vorliegenden Fall sind die beiden auf die Säulen lediglich hingestellten Dichterfigürchen Schillers und Goethes (mit Namensschildern auf der Brust) typische Massenerzeugnisse aus Porzellan, ziemlich klein und vermutlich erst nach dem Tod Goethes entstanden. Deutlich größer ist die über dem Zifferblatt mit einem Zapfen im Uhrgehäuse befestigte Büste Salomon Landolts. Sie ist offensichtlich von einem Nichtfachmann in Alabaster geschnitzt worden. Als Schöpfer dieser Porträtbüste dürfte Rudolf Keller in Frage kommen. Als Vorlage bietet sich Hartmanns Stich «Salomon Landolt, Obrist der Scharfschützen und alt Landvogt» an. Welches aber waren die Gründe für die besondere Verehrung der beiden Keller, Vater und Sohn, für diesen in der großen Geschichte kaum bekannten Mann? Salomon Landolt (1741–1818) war eine Art Zürcher Idol aus der Zeit des Ancien Régime. Sein Neffe war Junker Gottfried von Meiss, Schloßherr zu Teufen unweit von Glattfelden und ein früher Verehrer von Gottfried Kellers späterer Mutter. Er wurde des Dichters Taufpate und gab ihm seinen Vornamen. Als Zürcher Original unvergeßlich wurde Salomon Landolt durch die vom geistreichen Dilettanten David Hess 1820 verfaßte Biographie, der auch Goethe Anerkennung zollte. Kellers darauf fußende Novelle «Der Landvogt von Greifensee» machte Landolt schließlich zu einer auch im literarischen Ausland populären Persönlichkeit.

Die von Kellers Vater geschnitzte Büste Landolts und deren Vorlage, eine vermutlich 1812 entstandene Radierung von Wilhelm Hartmann. Zwischen dem Dichter und dem Landvogt gab es mancherlei Parallelen: Beide waren in der selben Gasse aufgewachsen, künstlerische Talente, kämpferische Patrioten und in ihrer Schrulligkeit unverheiratet geblieben. Die Stutzuhr-Büste war wohl Kellers erste Anregung zu seiner liebenswürdigen Rokoko-Novelle «Der Landvogt von Greifensee», worin er in lächelnder Entsagung seine eigenen unerfüllten Liebesgeschichten erzählt.

Salomon Landolt wuchs in der Stadt im Haus «Zum Rech» an der Nahtstelle zwischen Rindermarkt und Neumarkt auf, wo auch Gottfried Keller hundert Jahre später seine Knabenjahre verlebte. 1764 besuchte Landolt die Militärschule Metz, studierte dann in Paris Baukunst und bei Le Paon die Malerei. In Zürich reorganisierte er das Militär und gründete das vortreffliche Scharfschützenkorps, das Keller im «Fähnlein der sieben Aufrechten» würdigte. Als partriarchalisch-väterlicher Landvogt von Greifensee wurde er durch seine originellen Richtersprüche und die Anregungen zum Landbau bekannt. Mit seinem Freund, dem österreichischen General von Hotze aus Richterswil, kämpfte er 1799 gegen die Helvetik. Später wurde er auf Wunsch der Landbevölkerung Mitglied des Großen Rates und Zunftgerichtspräsident. Seine letzten Jahre verbrachte er auf Schloß Teufen, wo ihm Kellers spätere Mutter «ins Auge stach», dann in Neftenbach und Andelfingen. Bei aller Zuneigung zum schönen Geschlecht blieb Landolt unverheiratet, worin Keller eine gewisse Parallele zu seinem eigenen Leben sah.

Vor die Türe gestellt

Das 1623 datierte anonyme Ölgemälde eines mit drei Jahren verstorbenen Knaben Werdmüller regte Keller zum Meretlein im «Grünen Heinrich» an. Das auf dem Dachboden des Nachbarhauses «Zur gelben Gilge» gefundene Holztafelbild hatte sich dem jungen Gottfried unauslöschlich eingeprägt. Im Roman richtet sich die Geschichte der siebenjährigen «Hexe» aus dem Jahr 1713 gegen die Unwahrhaftigkeit der damaligen Kirche, die statt Nächstenliebe Gehorsam und Lippenbekenntnisse forderte. In ihrer Renitenz gegen Stockpädagogik und heuchlerische Unterweisung sind Heinrich und das Meretlein seelenverwandt.

Rudolf Keller, der unternehmungslustige Drechslermeister, starb am 12. August 1824 an der Schwindsucht, erst dreiunddreißigjährig. Zwei kleine Kinder, Gottfried und Regula, und das mit Gültbriefen belastete Haus waren der nicht mehr jungen Frau als Erinnerung an sieben glückliche Ehejahre geblieben. Das waisenamtliche Inventar führte ein Aktivvermögen von 9503 Gulden, inbegriffen das Haus, und 9573 Gulden Passiven auf. Das war eine Last, die die Witwe allein kaum abtragen konnte.

Doch der Verstorbene hatte bei allem beruflichen und familiären Glück, das ihm widerfahren war, auch an die Tücken und Prüfungen dieses Lebens gedacht, ohne freilich etwas von der eigenen Hinfälligkeit zu ahnen. Seit einiger Zeit schon hatte er tatkräftig in der Vorsteherschaft der Armenschule des Hülfsvereins mitgewirkt, in der er sich für eine unentgeltliche harmonische Ausbildung auch der Schwächsten einsetzte: «Der wahrhaft gebildete Mensch wird immer der sein, in welchem alle Anlagen und Fähigkeiten möglichst gleichmäßig geweckt und geleitet worden sind. Und darauf hat auch der Geringste ein Anrecht.» Sein Blick ging weit über den gewöhnlichen Gesichtskreis damaliger Handwerker hinaus. Ein Jahr vor seinem Tod traf er feingewandet an einem Sonntagabend im «Sihlhölzli» mit zwei gleichgesinnten, zwanzig Jahre älteren Freunden zusammen zur Stiftung einer geheimen, wohltätigen Bruderschaft. Der eine war der Armenschullehrer Hans Kaspar Meisterhans an der Kleinen Brunngasse, der andere der Seidenweber und Nudelmacher Kaspar Unholz von der St.-Anna-Vorstadt. Die Satzungen bestimmten als Zweck der Vereinigung «gegenseitige Unterstützung auf Leben und Tod».

«Die geheime Bruderschaft ist die Zuflucht der Witwen und Waisen. Beim Absterben eines Gatten oder Vaters verpflichtet sich dieselbe, die Besorgungen der Hinterlassenen zu übernehmen und diesen mit Rat und Tat, soviel in ihren Kräften liegt, beizustehen. Die Brüder reden einander mit dem lieblichen Titel ‹Du› an und leisten sich gegenseitig Patenschaft.» Bei dieser wohltätigen Bruderschaft spielte wohl freimaurerisches Gedankengut mit, wie es der junge Drechsler in Wien aus der «Zauberflöte» kennengelernt hatte.

Gottfrieds Taufpate, der hochgeachtete Junker von Meiss im nahen Chamhaus, hatte nicht mehr viel von sich hören lassen. Er schickte bis zur Konfirmation die üblichen Neujahrsgeschenke, in Zürich «Gutjahr» oder «Göttibatzen» geheißen, und half, wenn die Not übergroß wurde, mit einem funkelnden Dukaten aus. Sich der Bedrängnis des Heranwachsenden anzunehmen, wie es Herr Jacques in den «Züricher Novellen» von seinem Paten erfuhr und von dem der Dichter andeutete, er sei «einst ein Bewerber um die Hand seiner Mutter gewesen», dazu fand der in Amts- und Richtergeschäfte Versunkene offenbar keine Zeit mehr. Dafür trat nun fürs erste der tief erschütterte Armenlehrer Meisterhans in die Lücke. Er hoffte, der Familie die Drechslerei erhalten zu können, umso mehr, als die Witwe einwilligte, im Frühling 1826 den ältesten Gesellen, Hans Heinrich Wild aus Oberstraß, zu heiraten. Eine solche Vernunftehe war in dieser Situation nichts Außergewöhnliches. Doch die Verbindung Wild-Keller erwies sich bald als Mesalliance, die vom Gericht aber erst 1834, nach vierjährigen Kämpfen, geschieden wurde. Acht lange, für die Entwicklung der Kinder entscheidende Jahre hatte die zerstrittene Ehe gedauert. Der trotzige Gottfried hat seinen Stiefvater nie akzeptiert. Zu deutlich und zu überragend stand das Bild seines Vaters vor ihm. Auf keiner Seite seines mit wirklich erlebten Gestalten durchwirkten Werkes taucht eine Erinnerung an Wild auf. Nur in der Erziehungs-Novelle «Frau Regel Amrain und ihr Jüngster» scheint etwas vom Durchlittenen mitzuspielen. Vater Amrain, der wie Gottfrieds Vater Knopfmacher war, begann sich geschäftlich und politisch zu verspekulieren und verschwand ins Ausland. Frau Regula, ein Abbild von Kellers Mutter, die nun das Geschäft übernahm, hatte es schwer, «und sie mußte Tag und Nacht mit Mut, List und Kraft bei der Hand sein, sinnen und sorgen, um sich mit ihren Kindern zu behaupten». Als nun der Werkmeister Florian eines Abends um ihre Hand anhielt, sprang ihr Söhnchen Fritz mit gespieltem Schreck aus der Nebenkammer in die Stube: «Mutter, es ist ein Dieb da!» Damit waren die zartgesponnenen Fäden jäh zerrissen. «Am nächsten Morgen schien Fritz den Vorfall schon vergessen zu haben, und so alt auch die Mutter und der Sohn wurden, so ward doch nie mehr mit einer Silbe desselben erwähnt zwischen ihnen.»

Im Haus von Kellers Mutter ging es damals wie in einem Taubenschlag zu. «Das erste, was meine Mutter begann, war eine gänzliche Einschränkung und Abschaffung alles Überflüssigen, wozu voraus jede

Die Armenschule im Brunnenturm, Obere Zäune 26. Kellers Vater hatte zur Vorsteherschaft der Schule gehört, die Gottfried nach dessen Tod besuchte. da der Drechslermeister bei seinen Kindern «allen Hochmut und Kastengeist erstikken wollte». Gleich am ersten Schultag fiel Gottfried durch seine rege Phantasie auf. Einer der Armenschullehrer, Hans Kaspar Meisterhans, war ein Freund des Vaters gewesen und stand nun der Witwe mit Rat und Tat bei. Aquarell um 1820.

Die malerische Stüssihofstatt, wenige Schritte vom Haus «Zur Sichel» entfernt. In der Hauszeile links das Haus Nr. 7 «Zur Silberschmitte», in dessen Hinterhaus sich das Landknabeninstitut befand. Keller besuchte es nach der Armenschule.

Art von dienstbaren Händen gehörte», erzählte Keller im «Grünen Heinrich». Sie vermietete außer dem oberen Stockwerk, wo sie und die Kinder selber wohnten, ihr Haus an Zimmerherren und Kostgänger aller Art. Da wohnten der Feilträger Hotz und dessen dicke Frau, die nachts Gespenster ums Haus fliegen sah, der hilfsbereite Kupferdrucker Eduard Münch, der später vorübergehend in Amerika Dollarnoten herstellte, der immer durstige Küfer Marti, dessen Frau und Töchter Wiedertäufer waren, der kleine Flickschuster Wepfer, der abgerissene polnische Emigrant Bogacki, der immer fröhliche Sargschreiner Schaufelberger und eine von einem verkommenen Hafner geschiedene Frau Keller mit Sohn und Töchtern, von denen zwei sich die Phantasie mit schlechten Leihbibliotheks-Romanen und das Leben mit immer wechselnden Liebhabern verdarben. Die dritte, die früh verstorbene Henriette, war Gottfrieds Gespielin und seiner Jugend «schönstes Hoffen».

Mit Hilfe von Meisterhans war Gottfried in die Armenschule gekommen, wie es sein Vater vorgesehen hatte, da er bei seinen Kindern «allen Hochmut und Kastengeist im Keime ersticken wollte». Die Armenschule befand sich zwei Gassen weiter im mittelalterlichen Brunnenturm, der heute der städtischen Verwaltung dient. Er steht an der geschichtsträchtigen Spiegelgasse, an der 1775 im Haus «Zum Waldries» Goethe bei Johann Caspar Lavater zu Besuch weilte, wo 1837 der von Gottfried Keller erstaunlicherweise kaum beachtete Georg Büchner starb, wo zu Beginn des Ersten Weltkrieges Lenin wohnte und der Dadaismus begründet wurde.

Gleich am ersten Morgen im Brunnenturm erlebte der kleine Gottfried den ersten Zusammenstoß mit dem damaligen Schulgeist: Die Kinder wurden wie kleine Erwachsene beurteilt. Auf der Tafel waren große Buchstaben geschrieben, die die Kinder benennen sollten. Gottfried kam an das P, und da er kurz vorher das rätselhafte Wort Pumpernickel gehört hatte, erklärte er mit Entschiedenheit den Buchstaben für den Pumpernickel. Sofort hielt ihn der Lehrer für einen durchtriebenen Schalk, und seine üble Meinung von dem Kinde stieg, als dieses die Züchtigung stumm ertrug. Auch mit seinem ersten Feinde, Johann Heinrich Meyer, dem «Meierlein» des «Grünen Heinrich», saß er hier auf der gleichen Schulbank. Ein geborener Praktiker und Geschäftemacher, wußte Meyer den harmlosen Gottfried zu immer neuem Geldausgeben und schließlicher Plünderung seiner Sparbüchse zu verlocken.

Meyer stürzte im November 1835 beim Schneeräumen vom hohen Dach des Manessehauses zu Tode. In diesem mittelalterlichen Wohnturm, der im folgenden Jahr gänzlich umgestaltet wurde, entstand gegen 1300 vermutlich die berühmte Manesse-Liederhandschrift, die Gottfried Keller zu den beiden Zürcher Novellen «Hadlaub» und «Der Narr auf Manegg» inspirierte.

Der heute umgebaute mittelalterliche Wohnturm des Ritters Rüdiger Manesse von Manegg an der Napfgasse 2, von dessen Dach Kellers Verführer und Feind, das Meierlein, zu Tode stürzte. Nach neuester Forschung wurde in diesem Haus im 14. Jahrhundert die Manessische Liederhandschrift geschrieben, um die Keller die beiden Züricher Novellen «Hadlaub» und «Der Narr auf Manegg» rankte. Zeichnung von Emil Schulthess. Kunsthaus Zürich.

Von 1831 an besuchte Gottfried als Sohn eines Nichtstadtbürgers das sogenannte Landknabeninstitut, gleich um die Hausecke im Hinterhaus der «Silberschmitte» an der schmucken Stüssihofstatt. Die Anstalt, deren Besuch im halben Jahr einen Neutaler kostete, war 1791 von einigen Angehörigen der Landschaft gegründet worden, da ihren Knaben – wie es in der Stiftungsurkunde heißt – der Zutritt zur Realschule «wegen Platzmangels» nicht mehr gestattet war. Über Kellers Leistungen ist nichts bekannt, er wird kaum ein Musterschüler gewesen sein und

Plakat des im November 1834 in der Barfüsserkirche eingerichteten Aktientheaters. Kellers erster Theaterbesuch am 16. Januar 1835 – gegeben wurde der «Freischütz» – blieb ihm sein Leben lang in angenehmer Erinnerung.

Theater in Zürich.

Direktion: Ferdinand Deny.

Neunte Vorstellung im zweyten Abonnement.

Freytag den 16. Jenner 1835.

Der Freyschütz.

Große Oper in drey Aufzügen, Musik von Karl Maria v. Weber.

Personen:

Ottokar, böhmischer Fürst	Hr. Mauch.
Cuno, fürstlicher Erbförster	Hr. Schwarz.
Agatha, seine Tochter	Dem. Podlesky.
Ännchen, eine junge Verwandte	Mad. Hansen.
Caspar } Jägerbursche.	Hr. Rieger.
Max }	Hr. Hansen.
Samiel, der schwarze Jäger	Hr. Christ.
Ein Eremit	Hr. Neukäufler.
Kilian, ein reicher Bauer	Hr. Beurer.

Brautjungfern. Jäger und Gefolge. Landleute und Musikanten. Erscheinungen.

Der Text dieser Oper ist um 6 ß. an der Casse zu haben.

Preise der Plätze:

Große Loge	1 fl.	Parterre	20 ß.
Logen	30 ß.	Dritte Gallerie, Mitte	20 ß.
Sperrsitze	30 ß.	Dritte Gallerie, Seiten	15 ß.
Parterre-Gallerie	25 ß.	Vierte Gallerie	10 ß.

Billets für die Herrn Aktionärs sind Morgens und zwar von 9–10 Uhr für die Logenplätze, von 10–11 Uhr für die Sperrsitze, und von 11–12 Uhr für das Parterre und die übrigen Plätze zu haben. Das übrige Publikum ist ersucht die Billets Nachmittag von halb 2–4 Uhr, und Abends von 5 Uhr an bey der Casse zu beziehen. Die Billets sind nur für denselben Tag gültig.

Mäntel, Schirme u. s. w. werden am Eingang des Parterre, der Sperrsitze und in den Gallerien gegen die Gebühr von 1 Schilling auf jede Person abgegeben.

Zutritt auf die Bühne und in die Proben wird Unberufenen nicht gestattet.

Eröffnung um 5 Uhr, Anfang um 6 Uhr.

Nro. 36.

eher in einem der hinteren Bänke gesessen haben. Die trotzige Verschlossenheit, mit der er seine träumerische Gutmütigkeit umgab, wird da und dort Anstoß erregt haben. Dazu kam sein tiefwurzelnder Gerechtigkeitssinn, der in der Gemeinschaft weder Benachteiligung noch Bevorzugung duldete. Es war die Zeit seiner ersten Flucht ins Fabulieren; die ersten schaurigschönen Theaterstücklein entstanden, die bei Nachbarskindern oder im Dachstübchen des «Dichters Gottfried Keller» aufgeführt wurden: «Der Hexenbund», «Die Mordnacht von Zürich», «Fernando und Berta oder Geschwistertreue», «Fridolin oder der Gang nach dem Eisenhammer» und «Herzog Bernhard von Weimar», von dem Keller noch nach Jahrzehnten berichtete. Theater war für ihn die große faszinierende Welt, die ihn über die Enge des eigenen Daseins hinaushob.

Im «Grünen Heinrich» berichtet Keller, daß er damals als Knabe bei einer Faustaufführung in der Szene der Hexenküche als Meerkatze mitgewirkt habe. In Wahrheit war es die «Zauberflöte», die von der Lingg'schen Wandertruppe im Oktober 1832 im Militärschopf an der Bärengasse draußen vor der Stadtmauer gespielt wurde. Ein Schauspieler hatte ihn und ein paar herumstehende Schüler als Statisten hereingeholt. Doch Gottfried zeigte sich auf der Bühne so unbeholfen, daß ihm unter den Mitschülern für eine Weile der Spitzname «de stiff Züriaff» blieb.

Als dann im November 1834 gegen den geharnischten Widerstand der Kirche ein stehendes Theater eingerichtet wurde, muß es ihn wie elektrisiert haben. Das Aktientheater war keine zweihundert Schritt vom Rindermarkt entfernt in der seit der Reformation ausgedienten Barfüßerkirche untergebracht. Eine Aufführung des «Freischütz» – es war jene vom 16. Januar 1835 unter dem später zu Unrecht als Schmierenhäuptling verschrienen Direktor Ferdinand Deny – blieb Keller so deutlich in Erinnerung, daß er noch Jahrzehnte später ein Vergnügen daran fand, eine der Arien vor sich hinzuträllern oder in überwältigend komischer Weise den Jägerchor oder mit aufgeblasenen Backen die Hornisten nachzuahmen.

An Ostern 1833 war Gottfried in die im Vorjahr eröffnete Kantonale untere Industrieschule übergetreten. Sie war für Knaben bestimmt, die

Im ehemaligen Carolinum beim Großmünster wurde nach der Eröffnung der Universität die Kantonale Industrieschule für praktische technische Berufe eingerichtet, die Keller von 1833 an besuchte. Nach zwei Jahren wurde er wegen einer Schülerrevolte ausgeschlossen. Er wurde als Sündenbock gebraucht, obwohl ihn keinerlei Schuld traf. Aquatinta nach Franz Schmid 1853.

einen technischen Beruf im Gewerbe oder als Handwerker ergreifen wollten, und im ehemaligen Chorherrengebäude des Großmünsters untergebracht. Die Schule verfügte wie andere Lehranstalten über ein eigenes Kadettenkorps, Gottfried fiel das fröhliche Amt des Tambours zu. Noch ein halbes Jahrhundert später, im Januar 1887, bei einer fastnächtlichen Schlittenfahrt nach Bassersdorf – es war die letzte seiner kleinen Landpartien –, gab der Dichter ein Müsterchen seiner Virtuosität. Er sang das Lied vom roten Schweizer, ein altes Landsknechtslied von unendlichen Strophen, mit denen er einst auch die Freischärler gegen Luzern begleitet hatte, dazu «schlug er immer dröhnendere Wirbel, bis er die Schläger plötzlich ärgerlich zu Boden warf». Ob sie ihn an seine

Das Aktientheater an den Unteren Zäunen rechts im Bild. Im Hintergrund der Grimmenturm am Neumarkt. Das Theater brannte in der Neujahrsnacht 1890 ab. Zum Beginn der Saison 1864/65 hatte Keller einen Prolog verfaßt. Aquarell von Johann Conrad Werdmüller 1871.

verpatzte Schulzeit erinnerten? Nach kaum mehr als Jahresfrist wurde der arme Gottfried nämlich unter skandalösen Umständen aus der Industrieschule entfernt.

Im ersten Zeugnis, das im ganzen erfreulich ausfiel, wird dem Schüler Keller «angesinnet, sich eines bescheideneren Tones gegen die Lehrer zu befleißigen». Vermutlich begann das Unheil in einer Geographiestunde, als der in irgendwelche Träumereien Abgeglittene vom Prorektor Johann Ludwig Meyer, dem ehrenwerten Kirchenrat und Großmünster-Leutpriester, jäh in die Schulstube zurückgeholt wurde:

Rechts: Aquarell aus einem selbstverfertigten Bilderbuch Kellers um 1830. Ein von Eulen und Raben verfolgter geflügelter Knabe flieht durch den Wald. Vermutlich eine kindliche Variation der Legende des hl. Meinrad von Einsiedeln, dessen Mörder von Raben bis Zürich verfolgt worden sein sollen.

Oben: Gottfried Kellers Schulheft aus dem Physikunterricht von Prof. Karl Löwig an der Industrieschule 1834. Löwig war es, der sich später bei der Regierung für die Förderung Kellers einsetzte.

«Wie heißt denn die Hauptstadt Italiens, Keller?» Der aus allen Wolken gefallene Schüler wußte nichts anderes herauszubringen, als was ihm ein übermütiger Banknachbar gerade einflüsterte: «Camera obscura!»

Zur Katastrophe kam es wenig später. Zwischen dem von den Schülern immer wieder schikanierten Rechenlehrer Egli und den renitenten oberen Klassen war es zu ernsten Spannungen gekommen. Johann Heinrich Egli war gleichzeitig Sekretär des Kantonalen Erziehungsrates. Eine erboste Eingabe von Eltern lag auf dem Tisch, das Ansehen der jungen Schule und der ganzen Erziehungsbehörde stand auf dem Spiel. Da beschloß die schon früher randalierende dritte Klasse, beim Egli an der Hofgasse mit einer «Katzenmusik» unrechtmäßig eingezogene Schülerhefte herauszufordern. Rädelsführer waren die Söhne des mit Meyer befreundeten Obristen Bürkli. Gottfried Keller von der zweiten Klasse, der sich eben auf dem Heimweg befand, wurde aufgefordert, auch mitzukommen. Er schlug die Bildung eines geordneten Zuges und beim Marsch über die Rathausbrücke das Singen eines Vaterlandsliedes vor. Im Hausflur Eglis wurden die beiden zum Abholen der Hefte abgeordneten Schüler von den Söhnen des Lehrers verprügelt. Die Sache artete in eine allgemeine Schlägerei aus mit «Bombardement des Hauses durch Steine, Holzstücke, Einschlagen der Fensterscheiben und dergleichen», wie es später im Untersuchungsbericht hieß.

In der Aufsichtskommission äußerte der um rasche Bereinigung der peinlichen Affäre bemühte Prorektor sogleich die Ansicht, der kleine Keller müsse der Anstifter gewesen sein, da er ohnehin auf die andern einen mächtigen Einfluß habe und über sie hinauswachse. Am 9. Juli 1834 wurde entsprechend beschlossen: «Gottfried Keller ist aus der Schule zu weisen.» Auch Egli trat darauf von seiner Lehrerstelle zurück. Bei einer letzten Begegnung mahnte der Prorektor: «Gib acht, Keller, du wirst gewiß noch einen Stein finden, der dir eine Beule in dein eisernes Gesicht drückt.»

War das nun der fortschrittliche, liberale Kanton Zürich, der für die allgemeine Volksbildung eintrat und dies durch engherzige, konservative Amtsinhaber Lüge strafte? Hier hätte Gottfrieds Pate von Meiss, der jetzt im Obergericht saß, zum Rechten sehen sollen. Der barmherzige Armenschullehrer Meisterhans hatte bei der hohen Kantonsregierung kaum das nötige Gewicht.

Aus dem Sitzungsprotokoll der Aufsichtskommission:

3. Juni 1834: Prorektor Meyer berichtet besonders über den Vorfall der stürmischen Abholung der Rechnungshefte im Hause jenes Lehrers. Herr Meyer äußert die Ansicht, es möchte der Gottfried Keller Anstifter dieser Geschichte sein, der ohnehin auf seine Mitschüler mächtigen Einfluß äußere und über sie hervorrage.

9. Juli 1834: Der Bericht der verordneten Kommission zur Untersuchung der Schuldigen bei dem Unfug im Hause des Herrn Egli wird verlesen und daraufhin nach gepflogener Beratung auf den motivierten Antrag des Herrn Prorektor Meyer, welcher als Beilage zum Protokoll aufbewahrt werden soll, beschlossen: Gottfried Keller ist aus der Schule gewiesen und dieses seiner Mutter von Seite der Aufsichtskommission anzuzeigen.

Auf eine Türfüllung des Doktorhauses in Glattfelden zeichnete Gottfried vermutlich bei seinem letzten längeren Aufenthalt im Sommer 1845 einen schwarzen Teufel und schrieb darunter als Pendant zu seinem antiklerikalen Jesuitenlied:

Schwarz ist der Teufel;
Schwarz ist die Nacht;
Schwarz sind die Pfaffen
In frommer Pracht!

Das betreffende Brett wurde nach Kellers Tod herausgesägt, 1909 von einem Sammler erworben und der Stadtbibliothek Zürich geschenkt. Heute hängt es in der Ausstellung des 1985 eröffneten Gottfried-Keller-Zentrums in Glattfelden.

Der später als wilder Pamphletist und Demagoge unrühmlich bekannt gewordene Systemgegner Dr. Friedrich Locher von der benachbarten Großen Brunngasse war mit Gottfried Keller aufgewachsen und zur Industrieschule gegangen. Er hatte auch an der zugegebenermaßen lümmelhaften Ausschreitung gegen Egli teilgenommen, war aber, laut seiner eigenen Darstellung, von der Untersuchungskommission «bestehend aus Großmünster-Chorherren und ihrem Leutpriester Meyer», als Sohn frommer Eltern ungeschoren weggekommen, während man Keller als Kind eines eher liberalen Vaters zum Sündenbock machte. Der Gottfriedli sei im übrigen ein stiller, friedfertiger Knabe gewesen, der aber ausgerechnet das G, das K und das R nicht aussprechen konnte.

Ein kleiner Sprachfehler wurde Keller auch im Alter noch nachgesagt, was ihn gehindert habe, in öffentlicher Rede seine Meinung zu sagen. Es sei vor allem «die mangelhafte Aussprache des Sch gewesen, das wie mit vorhergehendem L tönte», erinnerte sich sein Biograph Jakob Baechtold.

Daß der große und allmächtige Staat, wie Gottfried Keller im

Nach der Wegweisung von der Industrieschule begab sich Gottfried Keller zuerst nach der in Wiedikon gelegenen Ägertenwiese hinaus, wo vom 13. bis 19. Juli 1834 das Eidgenössische Ehr- und Freischießen stattfand. Die Bauten stammten von einem Nachbarn Kellers, dem jungen Schneidermeister Hans Jakob Wild, später Ingenieur der Straßburger Eisenbahn. In der Festhütte konnten an 148 Tischen gleichzeitig 3000 Gäste bewirtet werden. Im Zentrum des Festplatzes stand die Fahnenburg mit der Statue eines alten Schweizer Kriegers. Mancherlei Inschriften priesen die Eintracht, den Mut und den Freiheitswillen der Vorfahren, denen es jetzt in Zeiten der drohenden Entzweiung besonders nachzueifern gelte. Im «Grünen Heinrich» wird das Fest nicht beschrieben, aber gewiß ließ sich Keller schon damals von der gehobenen Festatmosphäre begeistern, die später im «Fähnlein der sieben Aufrechten» ihren schönsten Ausdruck fand. Kolorierte Aquatinta von Johann Jakob Sperli Vater und Sohn 1834.

«Grünen Heinrich» schrieb, einer hilflosen Witwe den einzigen Sohn vor die Türe gestellt hatte mit den Worten «Er ist nicht zu brauchen!», bedeutete nichts anderes, als daß der Betroffene aus der bürgerlichen Welt ausgeschlossen wurde. Wäre der unerschrockene Drechslerobmann noch am Leben gewesen, hätte es die «verordnete Kommission zur Untersuchung der Schuldigen bei dem Unfug im Hause des Herrn Egli» schwerlich gewagt, ein so messerscharfes Urteil zu fällen. So mußte der noch unmündige Sohn eines Mannes, der sich als Schulvorsteher immer wieder für Chancengleichheit eingesetzt hatte, als ein Aufwiegler und Unruhestifter den Weg ins Leben antreten. Wer dachte denn daran, welche Irr- und Umwege dieser von der Obrigkeit gezeichnete Gottfried

Nach seinem fünfzehnten Geburtstag begab sich der aus der Schule relegierte und zum Malerberuf entschlossene Gottfried im Sommer 1834 für mehrere Wochen nach Glattfelden, um dort Landschaftsstudien zu treiben. Sein Onkel und Vormund, der Arzt Johann Heinrich Scheuchzer, hieß ihn herzlich willkommen und wies ihn an, zuerst in der näheren Umgebung zu zeichnen.
Die vermutlich damals entstandene Bleistiftskizze Kellers zeigt eine Partie von Glattfelden mit dem Doktor- oder Scheuchzerhaus. Der Weg führt über die Brücke an der Mühle ins Dorf hinauf. Dicht am Glattkanal steht links das Doktorhaus, das im «Grünen Heinrich» als Pfarrhaus erscheint.

nun vor sich hatte? Es vergingen vierzehn verzweifelte Jahre, bis die Regierung ein Einsehen hatte und dem bereits Neunundzwanzigjährigen wieder auf die richtige Bahn half.

Im «Grünen Heinrich» stehen die bitteren Worte, daß «ein Kind von der allgemeinen Erziehung ausschließen» nichts anderes heiße, «als seine innere Entwicklung, sein geistiges Leben zu köpfen». Doch damals grämte sich der junge Mensch nicht allzusehr, ja in Gottfried reifte heimlich der noch vage Entschluß, ein Künstler zu werden. Es gab für ihn, den handwerklich ungeschickten Träumer, kaum einen anderen Ausweg.

Die «verfluchte Autodidakterei» trug für Keller erst späte, durch bittere Erfahrung gereifte Früchte. Bis dahin mochte er «schmerzlich durch die verschlossenen Gitter der reiferen Jugendbildung sehen». Worauf es für ihn, den Draußenstehenden, bei jeder geistigen Besitznahme künftig hinauslief, spricht ein Brief des Dreißigjährigen aus: «Ich muß immer alles und von vornherein erleben.» Dieses Wort könnte über sämtlichen Kapiteln seiner Entwicklung stehen.

Für die tapfere Mutter, die bereits ein kummer- und sorgenvolles Jahrzehnt hinter sich gebracht hatte, begann in ihrem siebenundvierzigsten Jahr ein neuer, schwerer Lebensabschnitt, der diesmal über zwei Jahrzehnte dauern und ihre ganze Kraft in Anspruch nehmen sollte.

Zuflucht in Glattfelden

Gottfried nahm seine Relegation fürs erste von der lockeren Seite. An seinem 15. Geburtstag wanderte er über die hölzerne Sihlbrücke hinaus nach Wiedikon, wo in jenen strahlenden Julitagen das große Eidgenössische Ehr- und Freischießen 1834 stattfand. «Vor der auf allen Seiten offenen Festhütte, in der gleichzeitig 3000 Gäste bewirtet werden konnten, erhob sich auf vier Pfeilern die Fahnenburg mit den Namen und Jahreszahlen von 28 Schweizerschlachten. Sie überwölbte wie ein Baldachin die Riesenstatue eines Schweizer Kriegers. Die ganze, großartige und geschmackvolle Anordnung der Festbauten, welche die ungeteilte Bewunderung aller Festbesucher erregte, war entworfen worden vom Scharfschützen-Leutnant Hans Jakob Wild in der Spiegelgasse, damals noch Schneidermeister, später Ingenieur der Straßburger Eisenbahn.»

Das fröhliche Festleben war nun ganz nach Gottfrieds Geschmack. Die bunten Kantonsfahnen, Trachten und Uniformen, die patriotischen Reden, die Knallerei, das viele Volk und der glänzende Gabentisch erfreuten Auge und Gemüt. Er tauchte unter in der wogenden Festfreude, trank wohl ein bescheidenes Becherlein und vergaß seine Misere vollends.

Darauf genoß er die neue, so unverdiente «Freiheit» in einem sechs- bis siebenwöchigen Sommeraufenthalt im vertrauten Scheuchzerhaus in Glattfelden, wo er schon vor zwei Jahren die Schulferien verbracht hatte. Mit einem Berg von Malerutensilien bepackt, wurde er nach langem Fußmarsch von seinem jovialen, jagdfreudigen Onkel, dem Landarzt Dr. Heinrich Scheuchzer, als Feriengast herzlich willkommen geheißen. Bei den vielen Cousinen und Cousins fehlte es dem angehenden Künstler nicht an Zerstreuung und Bewunderung. Eine «Flucht zur Mutter Natur» nannte er diese Heimkehr ins Dorf der Eltern. Er hatte das tröstliche Gefühl, kein Schulbub mehr, sondern bald ein rechter Maler zu sein.

Glattfelden, wo Kellers Eltern aufgewachsen und der Vater verbürgert war, zählte etwa hundertdreißig um die ländliche Kirche, den kleinen Friedhof und das herrschaftliche Pfarrhaus gescharte Häuser, aus denen «wie stumme Zeugen einer entschwundenen Zeit ein paar altersgeschwärzte Strohdächer herausragten». Die oft wilde Glatt, die neben dem Dorf dem nahen Rhein zufloß, war von einer einzigen Brücke überspannt. Die Gemeinde, in der zahlenmäßig zwei Geschlechter dominierten, die Lee und die Keller, galt als besonders wohlhabend; ihre Pfarrpfründe stand im angenehmen Ruf, die bestbesoldete im ganzen Kanton Zürich zu sein. Die Bevölkerung gehörte durchwegs dem Bau-

Das 1956 abgebrochene Doktorhaus in Glattfelden. Zu Gottfrieds Zeit bestand das Weinbauerndorf mit etwas Industrie aus etwa 130 Häusern rund um die typisch zürcherische Landkirche mit dem Friedhof. Die am häufigsten vorkommenden Geschlechter waren die Lee und die Keller, von denen viele Heinrich oder Gottfried hießen. So gesehen ist der «Grüne Heinrich» eine der vielen leichten Verschlüsselungen, die Kellers Werk kennzeichnen. Er habe nie etwas erfunden, sondern alles selbst erlebt.

ernstande an; Acker- und Weinbau nebst etwas Viehzucht waren die Haupterwerbszweige.

Wie Gottfried in Glattfelden aufgenommen wurde und mit Hilfe des einstigen Zürcher Idyllikers Salomon Gessner den Weg zur ernsten Malerei suchte, schilderte er in dem reizvollen Kapitel «Berufsahnungen» des «Grünen Heinrich»:

«Der nächste junge Tag ließ mich von allen Seiten mit dem Rufe: Maler! begrüßen. ‹Guten Morgen, Maler!› ‹Haben der Herr Maler wohl geruht?› ‹Maler, zum Frühstück!› hieß es, und das Völklein handhabte diesen Titel mit derjenigen gutmütig spottenden Freude, welche es immer empfindet, wenn es für einen neuen Ankömmling, den es nicht recht anzugreifen wußte, endlich eine geläufige Bezeichnung gefunden hat. Ich ließ mir jedoch den angewiesenen Rang gern gefallen und nahm mir im stillen vor, denselben nie mehr aufzugeben. Ich brachte aus Pflichtgefühl die erste Morgenstunde noch über meinen Schulbüchern zu, mich selbst unterrichtend; aber mit dem grauen Löschpapier dieser melancholischen Werke kam die Öde und die Beklemmung der Vergangenheit wieder heran; jenseits des Tales lag der Wald in silbergrauem Duft, die Terrassen hoben sich merklich voneinander los; ihre laubigen Umrisse, von der Morgensonne bestreift, waren hellgrün, jede bedeutende Baumgruppe zeichnete sich groß und schön in dem zusammenhaltenden Dufte und schien ein Spielwerk für die nachahmende Hand zu sein; meine Schulstunde wollte aber nicht vorübergehen, obschon ich längst nicht mehr aufmerkte.

Waldbach mit Wasserfällen und Huflattich. Feder- und Pinselzeichnung in Sepia, entstanden um 1835/36.

Ungeduldig ging ich, ein Lehrbuch der Physik in der Hand, hin und her und durch mehrere Zimmer, bis ich in einem derselben die weltliche Bibliothek des Hauses entdeckte; ein breiter alter Strohhut, wie ihn die Mädchen zur Feldarbeit brauchen, hing darüber und verbarg sie beinahe ganz. Wie ich denselben aber wegnahm, sah ich eine kleine Schar guter Franzbände mit goldenem Rücken, ich zog einen Quartband hervor, blies den dichten Staub davon und schlug die Geßnerschen Werke auf, in dickem Velinpapier, mit einer Menge Vignetten und Bildern geschmückt. Überall wo ich blätterte, war von Natur, Landschaft, Wald und Flur die Rede; die Radierungen, von Geßners Hand mit Liebe und Begeisterung gemacht, entsprachen diesem Inhalte; ich sah meine Neigung hier den Gegenstand eines großen, schönen und ehrwürdigen Buches bilden. Als ich aber auf den Brief über die Landschaftmalerei geriet, worin der Verfasser einem jungen Manne guten Rat erteilt, las ich denselben überrascht vom Anfang bis zum Ende durch. Die unschuldige Naivetät dieser Abhandlung war mir ganz faßlich; die Stelle, wo geraten wird, mannigfaltig gebrochene Feld- und Bachsteine auf das Zimmer zu tragen und danach Felsenstudien zu machen, entsprach meinem noch halbkindischen Wesen und leuchtete mir ungemein in den Kopf. Ich liebte sogleich diesen Mann und machte ihn zu meinem Propheten. Nach mehr Büchern von ihm suchend, fand ich ein kleines Bändchen, nicht von ihm, aber seine Biographie enthaltend. Auch dieses las ich auf der Stelle ganz durch. Er war ebenfalls ein hoffnungsloser Schüler gewesen, indessen er auf eigene Faust schrieb und künstlerischen Beschäftigungen nachging. Es war in dem Werklein viel von Genie und eigener Bahn und solchen Dingen die Rede, von Leichtsinn, Drangsal und endlicher Verklärung, Ruhm und Glück. Ich schlug es still und gedankenvoll zu, dachte zwar nicht sehr tief, war jedoch, wenn auch nicht klar bewußt, für die Bande geworben.

Es ist bei der besten Erziehung nicht zu verhüten, daß dieser folgenreiche und gefährliche Augenblick nicht über empfängliche junge Häupter komme, unbemerkt von aller Umgebung, und wohl nur wenigen ist es vergönnt, daß sie erst das leidige Wort Genie kennen lernen, nachdem sie unbefangen und arglos bereits ein gesundes Stück Leben, Lernen, Schaffen und Gelingen hinter sich haben. Ja, es ist überhaupt die Frage, ob nicht zu dem bescheidensten Gelingen eine dichte Unterlage von bewußten Vorsätzen und allem Apparate der Geniesucht gehöre, und der Unterschied mag oft nur darin bestehen, daß das wirkliche Genie

Föhren an der Sihl. Bleistift- und Federzeichnung, entstanden im Mai 1843.

diesen Apparat nicht sehen läßt, sondern vorweg verbrennt, während das bloß vermeintliche ihn mit großem Aufwande hervorkehrt und wie ein verwitterndes Baugerüst stehen läßt am unfertigen Tempel.

Den berückenden Trank schöpfte ich jedoch nicht aus einem anspruchsvollen und blendenden Zauberbecher, sondern aus einer bescheidenen lieblichen Hirtenschale; denn bei allen Redensarten war dies Geßnersche Wesen durchaus einfacher und unschuldiger Natur und führte mich für einmal nur mit etwas mehr Bewußtsein unter grüne Baumschatten und an stille Waldquellen.»

Eifrig zeichnend durchstreifte Gottfried die Dörfer und Städtchen der Nachbarschaft, die Wälder des Laubbergs und die stillen Ufer des Rheins, immer auf der Suche nach «poetischen Motiven». Geßner hatte 1772 seinem Berliner Freund Karl Wilhelm Ramler geschrieben: «Ich wagte mich zuerst an die Bäume», was Kellers Liebe zu allem Gewachsenen, Verwurzelten und Knorrigen entgegenkam. Im übrigen erfreute er sich am farbigen bäuerlichen Landleben mit seinen Lustbarkeiten, die zu seinem engen, kargen Zuhause in erfreulichem Widerspruch standen. «Mein Herz jubelte, als ich alles entdeckte und übersah. Hier war alles Farbe und Glanz, Bewegung, Leben und Glück, reichlich, ungemessen, dazu Freiheit und Überfluß, Scherz und Wohlwollen. – Ich glaubte den lieben Gott lächeln zu sehen, den Freund und Schutzpatron der Landschaftsmaler.»

In den zumeist verlorengegangenen Briefen an seine Mutter fehlte es nicht an Schilderungen flotter und vergnüglicher Ereignisse. Dabei war gerade ihr in diesen Wochen die schwerste Aufgabe zugefallen. Sie mußte zusehen, wie sie «eine taugliche Zukunft für den Sohn ermittelte». Anfang August schrieb sie: «Aus Deinem Brief merke ich wohl, daß es Dir in Glattfelden gut gefällt; und daß Du sehr flott Dich befindest, beweist mir der Inhalt des Briefes. Schon der Anfang, der Titel: ‹Guten Tag!› An wen? Ist es an mich, so darfst Du, hoffe wohl, den Mutternamen nennen. Bei Junker Meiss (Gottfrieds Pate), bin ich freilich gewesen, aber wie er mir früher gesagt, die Malerei sei nichts. Kupferstecher wäre besser. Er wies mich an einen sehr ordentlich und geschickten Mann, mit welchem Herr Münch (er war Kupferdrucker und bei Frau Keller in Kost) reden will. Allein, wie man sagt, soll diese Kunst sehr kostspielig sein und sich bis auf 1000 Gulden belaufen, bis einer als ein geschickter Künstler agieren kann.»

Eiche. Aquarell, datiert «Juli 1836».

Eine Woche später tadelte die Mutter: «In Deinem Schreiben machst Du mir große Aufschnitte von Spaziergängen und Ritten. Ich rate Dir, zum Reiten Dein Steckenpferd zu nehmen, welches weder Haber noch Heu frißt. Beiliegend erhältst Du ein Böckli von mir, damit kannst Du Haus halten und nicht mehr viel badisches Bier trinken. Von der Hauptsache, eines Meisters für Dich, weiß ich leider noch nichts. Es macht mir genug Kummer, angst und bang, bis Du eine Versorgung hast. Willst auf Deiner Malerei bleiben, so findet sich in ganz Zürich ein einziger – wo man sagen kann – geschickter Maler und dies ist der Wetzel, welcher aber keine Lehrbuben aufnimmt. Der geschickte Kupferstecher in Oberstraß, von dem Herr Münch sagt, verreist auch wieder fort, und ohne den Lumpen Esslinger sind die andern Pfuscher! Was ist nun zu machen? Entweder auch ein Pfuscher werden oder Dein Köpfchen brechen und einen andren Beruf wählen.»

Erstaunlich ist die natürliche Treffsicherheit von Frau Kellers Sprache und die Umsicht, mit der sie sich neben ihrem großen Haushalt für ihren unbekümmerten Sohn verwendet hatte. Das Züri-Böckli, das sie ihm schickte, war nicht viel Geld, nach heutigem Wert etwa zwanzig Franken. Aber sie hatte beim Paten vorgesprochen und sich da und dort über die Möglichkeiten einer Lehrstelle erkundigt. Bei dem erwähnten Kupferstecher in Oberstraß handelte es sich vermutlich um den damals einundzwanzigjährigen Johannes Ruff, der später Gottfrieds Freund werden sollte. Johann Jakob Wetzel, auf dessen Zusage als Lehrmeister die Mutter noch immer gehofft hatte, war ein begabter Zeichner, Landschaftsmaler und Schriftsteller, der aber noch im gleichen Sommer starb. Mit dem «Lumpen Esslinger» meinte sie den erfolgreichen Kupferstecher Johann Martin Esslinger. Er war zwei Jahre jünger als sie, stammte

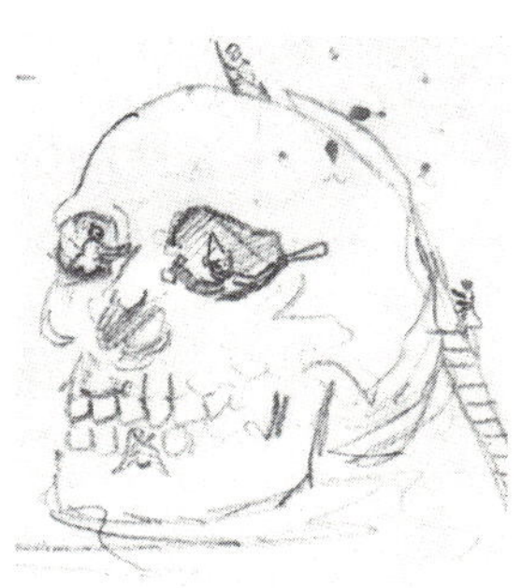

Vordergrundstudie mit Felsen und Wurzelstock in grotesken Formen. Bleistift und Aquarell, entstanden um 1838. Daneben groteske Totenkopfstudie, Bleistiftzeichnung (Ausschnitt) im ersten Skizzenbuch um 1836.

ebenfalls aus Glattfelden und war vermutlich mit ihr aufgewachsen, denn sein Vater betrieb im «Scheuchzer'schen Haus bei der Mühle» eine Seidenzwirnerei. Zur Zeit des Briefes der Mutter an Gottfried saß Esslinger auf Anklage des preußischen Staates im Ötenbachgefängnis. Im folgenden Jahr wurde er wegen fahrlässiger Mithilfe bei einer Fälschung zu drei Monaten Gefängnis verurteilt. Ein gewisser Wendling hatte bei ihm eine Druckplatte bestellt, die er kunstgerecht ausführte: die genaue Kopie eines preußischen Staatspapiers.

Im September kehrte Gottfried wohlgenährt heim, die künstlerische Ausbeute seiner Glattfelder Wochen war eher mager. Auf des Onkels Fürsprache, der sein Vormund geworden war, durfte er nun mit dem Malerberuf trotzdem Ernst machen. Er gab ihm einen Brief mit:

Gottfried werde es «in dem angefangenen Berufe zu einem wackeren Manne bringen», wenn er dazu nur genügend Eifer und Geduld aufbringe.

So kam Keller im September 1834 zu jenem Peter Steiger in die Lehre, der im «Grünen Heinrich» als Habersaat sein Unwesen treibt. Der Dreißigjährige stammte aus Altstetten im Limmattal und wohnte beim Spitalfriedhof hinter der Predigerkirche. Sein «Kunstinstitut» war kaum mehr als eine Kopier- und Kolorieranstalt lithographierter Schweizer Ansichten, mit denen er einen schwindelhaften Handel trieb. Zwar versprach Steiger, seinen Lehrbuben gegen Honorar im Verlaufe von zwei Jahren «zum eigentlichen Künstler heranzubilden» doch die «freche Manier», die sich Gottfried dort aneignete und bald in barocke Kompositionen umsetzte, entbehrte jeder echten Empfindung und genauen Beobachtung. Der begabte Schüler, wie Steiger wohl merkte, blieb weitgehend sich selbst überlassen. Fratzenhafte Wurzelstöcke, abenteuerliche Felsgespenster und bizarre Landschaften waren der Ausdruck einer knabenhaften Phantasie. An einem nächtlicherweile auf dem Krautgarten-Friedhof geraubten, gut erhaltenen Totenschädel – der kleine Friedhof, in dem Salomon Geßner 1788 beerdigt wurde, lag an der Stelle des heutigen Kunsthauses – studierte Gottfried auf eigene Faust Anatomie. Schließlich blieb er der Steigerschen Kunstanstalt fern, schmückte die Dachkammer mit dem Schädel und seiner Flöte aus und richtete ein eigenes Atelier ein.

Salomon Gessners Kupfertitel zu seinen «Schriften», 3. Teil, Zürich 1762. Der Verleger und Idyllendichter war auch ein origineller Maler und Radierer. 1770 publizierte er seinen «Brief über die Landschaftsmalerei», dessen Ratschlägen auch Keller anfänglich folgte: mit der Darstellung von Steinen und Bäumen zu beginnen und recht viel in den Dichtern zu lesen, da die Poesie eine Schwester der Malkunst sei.

Salomon Geßners «Brief über die Landschaftsmalerei an Herrn Füssli» wurde nun vollends seine Richtschnur. Der vornehme Zürcher Ratsherr und Verleger war eine seltene Doppelbegabung. Der junge Mozart und Goethe besuchten ihn und waren von der Liebenswürdigkeit des jungen Zürchers beglückt. Seine mit eigenen Radierungen versehenen Idyllen wurden neben Goethes «Werther» zum meistgelesenen Buch der Zeit: «Ich entwarf mit dem gleichen Griffel meine Zeichnungen und meine poetischen Gemälde», hatte er 1772 seinem Freund geschrieben. Er strebte nach Einfachheit und Natürlichkeit, nach einem tugendhaften Leben und sprach sich gegen die «Unterdrückung und Armut» der Landbevölkerung aus. Eine Bemerkung Geßners hatte es Keller besonders angetan: «recht viel in den Dichtern zu lesen, da die Poesie eine wahre Schwester der Malkunst ist».

Zu Weihnachten 1835 wurde Gottfried in der Predigerkirche konfirmiert. Mit dem Kauf des Hauses am Rindermarkt hatte sein Vater seinerzeit auch zwei «Kirchenörter» übernommen. Das waren gekaufte, reservierte Kirchenplätze. So setzte sich der Konfirmand neben seine Mutter in des Vaters seit Jahren leerstehenden Stuhl. Außer diesem Eintritt in des Vaters Rechte scheint die Feier keinen großen Eindruck auf ihn gemacht zu haben. Von da an betrat er die Kirche, deren goldener Türmchenhahn ihm einst als Gott selber vorgekommen war, erst nach über vierzig Jahren wieder, im Sommer 1879 zum Leichenbegängnis des Historienmalers Ludwig Vogel. Beim Anblick der unveränderten Holzbänke, auf denen er die Kinderlehre und vom Sigristen so manche Ohrfeige erhalten, namentlich aber, wie er den Platz schaute, wo einst jeden Sonntag sein Mütterlein zu sitzen pflegte, da hätte er – der nun sechzigjährige Dichter – «laut heulen können».

Erstes Lieben

Vor drei Jahren war Gottfried von der Schule ausgeschlossen worden, nun war er schon achtzehn und noch immer «ein ziel- und nutzloses Subjekt», das der Mutter auf der knappen Tasche saß. Es fehlte ihm weder an Willen noch an Begabung, doch an einer führenden Hand. Bezeichnend ist eine Notiz vom 19. Juli 1837: «Heute ist mein achtzehnter Geburtstag; von heute an über zwei Jahre gelobe ich mir einigen Ruf zu gewinnen; wo nicht, so werf ich die Kunst zum Teufel und lerne das Schusterhandwerk.» Unmittelbar unter diesen verzweifelten Vorsatz schrieb er kleinlaut: «Den 19. Juli 1838. Heute ist mein neunzehnter Geburtstag, und sehe ein, daß es dummes Zeug war, was ich vor einem Jahr geschrieben.»

In der Zwischenzeit hatte er zwar seinen neuen Lehrmeister, einen geschickten Zeichner und Maler, kennengelernt, aber auch erstes Liebesleid erfahren. Im Haus der Mutter wohnte unter den vielen Untermietern und Kostgängern die von einem Hafner geschiedene Frau Regula Keller, geb. Gattiker, mit einem Sohn und drei Töchtern. Zufällig hieß sie genau gleich wie Gottfrieds Schwester. Ihr Sohn, den Keller im Sonett «Der Schulgenoß» skizzierte, verkam in neapolitanischen Diensten; über die Töchter schrieb er 1841 aus München an die Mutter: «Karoline ist eben auch nicht solid versorgt als ‹Kellnerin›? Was macht denn wohl die Luise? Ich habe erst hier gehört, daß sie nicht viel mehr als eine H... sei.»

Das dritte Mädchen, Henriette, war einmal mit Gottfried in Glattfelden gewesen, wo man sie als «das Henriettli» noch lange in Erinnerung hatte. Sie arbeitete als Schneiderin. Mit siebzehn begann sie zu kränkeln, nun kam sie zum Vater ihrer Mutter nach Richterswil, wo sie im Mai 1838 an der Schwindsucht starb, gleichzeitig mit ihrem Großvater. Nach dem Richterswiler Kirchenbuch wurden am 22. Mai 1838 beerdigt: «Heinrich Gattiker, 69 Jahre, und Henriette Keller von Zürich, ihres Alters 19 Jahre, 6 Monate und 8 Tage.» Die beiden wurden ins gleiche Grab gelegt. Im ältesten Skizzenbuch Gottfrieds trifft man eine scheue Spur dieser ersten Liebe: «Den 14. Mai 1838. Heute starb sie.»

Der Bursche muß in den nächsten Tagen nach Richterswil hinaufgewandert sein. Er malte ein Aquarell des Friedhofs mit einem frischbekränzten Grab, dahinter in symbolischem Schnee die spätgotische Kirche von Richterswil, die leider seit 1905 nicht mehr steht. Dazu findet sich auf dem nächsten Blatt des Skizzenbuches Gottfried Kellers erstes eigenständiges Gedicht:

Das früheste überlieferte Keller-Porträt zeigt den Künstler im Freien skizzierend. Die Bleistiftzeichnung seines Freundes Johann Müller entstand vermutlich im Juni 1836. Ein Jahr darauf schrieb Keller an Müller: «Die Einsamkeit, verbunden mit dem Anschauen der Natur, mit einem klaren, heiteren Bewußtsein seines Glaubens über Schöpfung und Schöpfer, und verbunden mit einigen Widerwärtigkeiten von außen, ist, ich behaupt' es, die einzig wahre Schule für einen Geist von edlen Anlagen.»

Das Grab am Zürichsee

Wo die blaue Ferne dämmert
An dem hellen Wasserspiegel
Liegt ein flurenreiches Dörfchen,
Und im Dörfchen liegt ein Kirchhof.

Und im Kirchhof wölbt ein Grab sich
Frisch und weit, denn es umschließet
Eine früh verblichene Jungfrau,
Einen altehrwürd'gen Greis.

Auf dem teuren Grabe blühet
Eine keusche weiße Rose
Neben einem Lorbeerstrauche,
Von der Liebe drauf gepflanzet.

Und wenn ich das Grab erblicke,
Will es mir das Herz zerreißen:
Meiner Jugend schönstes Hoffen
Hat der Tod hineingelegt.

Den 29. Mai 1838 G. K.

Blick von der Burghalde auf Richterswil. Die aquarellierte Kreidezeichnung war vermutlich Entwurf für ein größeres Öl-bild aus der Münchner Zeit. Die Komposition gehört zu den markantesten Bildschöpfungen Kellers und zeichnet sich durch eine bemerkenswerte Freiheit in der Vordergrundgestaltung aus.

Der Kirchhof von Richterswil mit dem frischen Grab der am 14. Mai 1838 verstorbenen Jugendgespielin Henriette Keller. Das in Gottfrieds Skizzenbuch eingelegte Aquarell muß wenige Tage darauf entstanden sein. Die Winterstimmung und der bekränzte Anker haben wie in der Landschaftsmalerei der deutschen Romantik symbolische Bedeutung.

Leider hat Keller eine Reihe damals unter dem Titel «Liebesspiegel» verfaßter Gedichte, seine «Siebenundzwanzig Liebeslieder», unter dem Kapitel «Erstes Lieben» nur teilweise in seine Gesammelten Gedichte aufgenommen. «Als ich sie machte, glaubte ich selbst, sie wären so ziemlich erlebt, denn diese Jugendliebe oder erste Liebe war wirklich vorhanden, es ist aber eine ferne, unbestimmte und verblaßte Geschichte, ein verblichenes Bild, dessen Farblosigkeit ich erst bemerkte, als ich mich, nicht lange nach Beendigung der Lieder, wirklich mit aller Macht verliebte und einsah, daß ich eine Menge Gefühle vorher nicht gekannt hatte», gestand er Salomon Hegi am 10. Mai 1846, vier Tage vor Henriettes achtem Todestag.

Kaum ein Jahr vorher muß er seinen «Liebesspiegel» abgeschlossen haben; erst die Figur der Anna im «Grünen Heinrich» läßt wieder an das «verklärte, zarte Frauenbildchen» der Henriette denken. So schlug denn das abschließende Gedicht seiner ersten Liebeslieder, um jeder Gefühlsduselei Ade zu sagen, bereits ins Burleske um. Halb wehmütig, halb lächelnd blickt der dichtende Gottfried auf die scheinbar überwundene Episode zurück und liefert gleich noch eine flotte Selbstkarikatur nach: der junge Poet, der mit einem Komödiantenzylinder auf dem großen Kopf mächtig in die Saiten greift:

Wie ich fahr in stiller Nacht
Auf den Silberwellen,
Fängt mein Weh mit aller Macht
Wieder an zu schwellen.

Sieben Jahre sind dahin,
Sind dahin geschwunden –
Und noch immer glühn und blühn
Meine alten Wunden!

Fast klingt es wie bittrer Hohn,
Ich sei jung an Jahren:
Da so lang die Liebste schon
Mir dahin gefahren!

Wohl ergeh es, Engel, dir!
Werde licht und lichter!
Ach! dein Knabe wurde hier
Unterdeß ein Dichter –

Muß nun reimen früh und spat
Um sein täglich Leben! –
Willst du einen guten Rat
Dann und wann ihm geben?

Umbruch und Aufbruch

Nach seinem Abgang vom Steigerschen Institut, wie sich das Kolorier- und Kopierunternehmen nannte – «Ich kopierte getreulich die ländlichen Schweineställe, Holzschuppen und derlei Dinge» –, geriet Gottfried an den hervorragenden Zeichner und Aquarellisten Rudolf Meyer aus Regensdorf, der nicht nur im «Grünen Heinrich» «Römer» genannt wurde. Tatsächlich hatte er nach dem Studium bei Wetzel und im Atelier der Lory in Bern sich eine Weile in Rom der klassischen Malerei gewidmet. Nach dem engen Zürich zurückgekehrt, verfiel er der fixen Idee, er müsse ein Abkömmling fürstlicher Häuser sein.

Die flüchtige Beziehung zu einer römischen Principessa soll ihn aus dem Gleichgewicht gebracht haben, eine zufällige Begegnung mit dem Prinzen Louis Napoleon verrückte ihm den Kopf vollends. Als die Königin von Neapel in Zürich im Hotel Schwert abstieg, ging Meyer mit seinem Schüler unter geheimnisvollen Andeutungen vor den berühmten Gasthof, in dem seit Goethes Zeiten ungezählte Fürsten, Zaren, Dichter, Musiker, Generäle und Abenteurer gewohnt hatten. Als die Königin ins Hotel trat, stieg er hinter ihr kurzentschlossen die Treppe hinauf und ließ den verdutzten Keller unten warten. Dieser merkte dann am Schnapsduft, den sein Lehrer herunterbrachte, wo er wirklich gewesen war.

Anfang 1838 verschwand Meyer, dem Gottfried die ersten künstlerischen Begriffe verdankte, fast über Nacht nach Genf, und Gottfrieds Mutter mußte unter energischem Protest einen Teil des vorausbezahlten Lehrgeldes auf die Verlustliste schreiben. Keine acht Wochen hatte Gottfrieds Ausbildung gedauert. Meyer, der eine genialische Begabung war, starb zwanzig Jahre später, gänzlich vergessen, in der Irrenanstalt des alten Zürcher Spitals bei der Predigerkirche. Dreieinhalb Jahre zuvor war vom «Grünen Heinrich» der Band erschienen, der seine Geschichte enthält. Fast alles, was von Meyer erhalten ist, hat er in der Irrenanstalt geschaffen. Das im «Grünen Heinrich» beschriebene Gemälde «Ariosto, im Garten der Villa d'Este sich ergehend» befand sich später im Besitze von Kellers Gönner und Förderer Alfred Escher.

Nun war Keller wieder auf sich selbst gestellt. Er verbrachte seine Zeit mit allerlei zielloser Lektüre: er las «fort und fort vom Morgen bis zum Abend» – vor allem Jean Paul. Gelegentlich wechselte er mit seinem künstlerisch begabten Jugendfreund Johann Müller kraftgenialische Briefe, komponierte Landschaften oder trieb «derlei dummes Zeug. Von Verdienen war keine Rede, denn bei aller Ungeschicklichkeit hatte ich immer einen unbändigen Künstlerstolz und wollte nichts beginnen, was nicht meinen inneren Wünschen und Begriffen entsprach. Man ließ mich

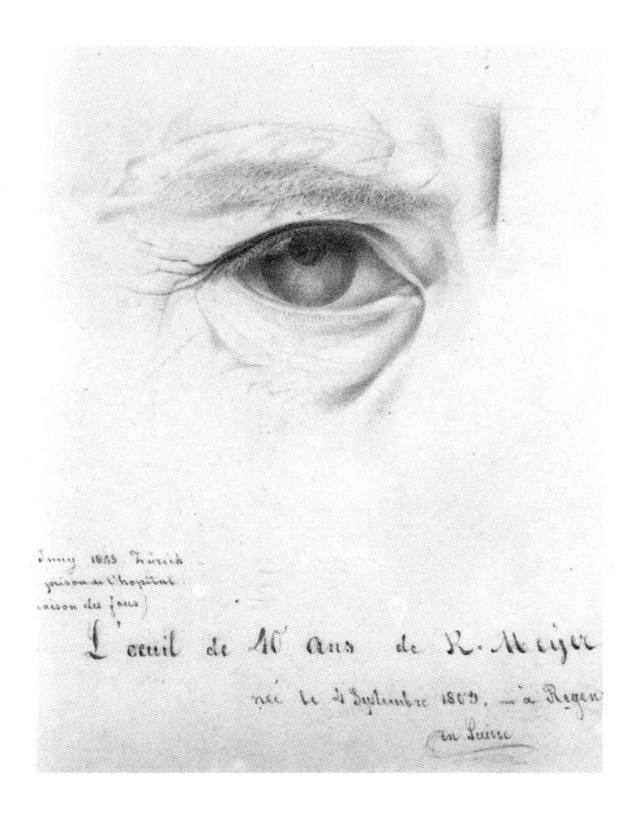

Landschaftsmaler Rudolf Meyer (1803 bis 1857) von Regensdorf, im «Grünen Heinrich» Römer genannt, war für kurze Zeit Kellers tüchtiger Lehrer. Im März 1838 verließ er Zürich in geistiger Verstörtheit, landete später im Spital von Lausanne und wurde 1845 in der Irrenanstalt des Zürcher Predigerspitals als Dauerinsasse aufgenommen, wo er schon früher vorübergehend gepflegt worden war. Dort hat er sein rechtes Auge gezeichnet und darunter geschrieben «prison de l'hôpital Zurich 1843.» Fast alles, was von Meyer erhalten blieb, ist in dieser Spätzeit entstanden.

Rechte Seite: Das im August 1837 entstandene Aquarell «An der Sihl» zeigt den Blick von der Zürcher Allmend flußaufwärts gegen den Üetliberg und die Ruine Manegg, die später in den «Züricher Novellen» erscheint.

Der Ziehbrunnen auf dem Stock in der Enge, in dessen Nähe Keller später wohnte. Das hervorragende Aquarell entstand unter Anleitung Meyers, der Keller zum genauen Naturstudium anhielt, wie es im «Grünen Heinrich» heißt: «Die Natur ist vernünftig und zuverlässig!» Das Blatt trägt die Bezeichnung: «Zürich August 37 nach der Natur, Zürich».

aus Mangel an eigener Kenntnis und dadurch auch an Autorität gewähren, und ehe ich mich besann, war ich zwanzig Jahre alt geworden, ohne eigentlich etwas Rechtes zu können.» Johann Müller, der im gleichen Jahr wie Keller geboren wurde und eben in München Architektur studierte, war der Empfänger jenes Briefes vom 20. Juli 1839, der schon deutlich von Kellers Doppelbegabung als Maler und Dichter zeugte:

«Gestern bin ich unter einem schrecklichen Donnerwetter in mein einundzwanzigstes Jahr eingezogen. Nun bin ich volle zwanzig Jahre alt, und kann noch nichts, und stehe immer auf dem alten Flecke, und sehe keinen Ausweg, fortzukommen, und muß mich da in Zürich herumtreiben, während andere in diesem Alter schon ihre Laufbahn begonnen haben. Meinen gestrigen Geburtstag habe ich auf eigne Weise gefeiert. Ich saß eben trüb und verstimmt in meiner Kammer, und übersah mein bisheriges regelloses und oft schlecht angewendetes Leben, welches wie ein verdorrter und abgehauener Baumstrunk hinter mir im Dreck lag, und guckte neugierig in meine Zukunft, welche wie ein unfruchtbarer Holzapfelbaum ebenfalls vor mir im Dreck stund und mir durchaus keine erfreulichen Aspekte gewähren wollte; also in meiner Kammer saß ich und hegte grämliche Gedanken; da dacht' ich, was frommt dir das Grübeln und Murren? Du mußt hinaus und deinen Jahrestag feiern mit Glanz und Freude.

Und auf sprang ich und nahm Mütze und Stock; wie ich aber in meine Tasche griff und ich da unter Feuersteinen und abgerissenen Knöpfen bloß einen rostigen Batzen vorfand, da verschwamm aller Glanz und Schimmer wieder in einen nichtigen stinkenden Rauch, und ich sank ganz mechanisch und langsam wiederum in meinen Sorgenstuhl zurück. Da wäre es mir bald weinerlich im Herzen geworden; von allen meinen Bekannten hatte sich heut kein einziger sehen lassen; denn wo kein Geld ist, da gibt's auch keine Freude, das ist ein alter Satz, und ich mußte also meinen Geburtstag mit durstiger Kehle und niedergeschlagenem Herzen in meinem Kämmerlein versitzen.

So klebte ich auf meinem Sessel und schnitt jämmerliche Gesichter gegen meine Staffelei, auf welcher die große Linde im Schützenplatz angefangen stand, als der Föhn einige Wolken über die Sonne jagte und ein Gewitter verkündigte. Plötzlich stach ein wunderlicher Gedanke durch meinen Kopf, und ich sprang zum zweitenmal auf, die Treppe hinunter und hinaus über die Sihlbrücke und hielt nicht an, als bis ich oben auf der Spitze des Üetliberges stand. Dort setzte ich mich unter den großen Felsen am ‹Leiterli›, stopfte etwas ruhiger meine Pfeife und fing mit langen, majestätischen Zügen an zu rauchen, daß ich hinter dem Dampfe die Ferne nicht mehr sah. Unterdessen hatte sich der Himmel ganz mit Gewölke überzogen, nur gegen die Alpen hin war es noch offen, obgleich dunkel. Bald begannen die Blitze sich zu kreuzen, und der Donner stimmte seine untersten Baßsaiten an zum bevorstehenden Konzerte. Ich merkte schon, daß ich nicht vergebens da hinauf gerannt sei, und freute mich inniglich auf das Schauspiel, das sich jetzt wirklich mit aller Pracht vor mir eröffnete. Rings um mich her breitete sich die weite Ferne aus, vom Gewitter verdunkelt, und nun denke Dir den göttlichen Anblick, wenn der rote Blitz auf einmal die ganze finstere Landschaft erleuchtete, so daß man einen Augenblick lang tief in die glühenden Schneeberge und Gletscher hinein sah und nördlich durchs

August 1827

Unter dem Titel «Der 6te Herbstmonat 1839 in Zürich» veröffentlichte der Solothurner Künstler Martin Disteli in seinem Kalender eine wohl etwas übertriebene Darstellung des Zürcher Bauernaufstandes, der als «Züriputsch» in die Geschichte einging. Die Landschäftler erhoben sich gegen die vor allem in Religionsfragen allzu liberale Regierung, die sie aber selber gefordert hatten. Keller eilte von Glattfelden nach Zürich, um den Liberalen beizustehen, doch er kam zu spät: die Schlacht auf dem Zürcher Münsterhof hatten die Bauern für sich entschieden und vorübergehend eine unfähige konservative Regierung eingesetzt.

ganze Limmattal hinunter ins Rheintal hinüber alle die Kirchlein und Dörflein glänzend im rötlichen Lichte, bis wieder plötzliche Finsternis alles bedeckte; und dann im Vorgrund die krachenden Eichen und Fichten und die schwarzen Nagelfluhmassen, unter denen ich saß. Ich sage Dir, es war ein himmlischer Anblick: und ich hätte mir diese Stunde um 100 Maß Bier nicht abkaufen lassen. Das Gewitter ging vorüber; die Sonne stach blutrot noch einmal durch Wolken hervor und sank dann hinunter, und ich humpelte ebenfalls wieder zufrieden und glücklicher, als ich gehofft hatte, den Berg hinunter. So habe ich diesen Tag gefeiert und mache Dir die Beschreibung davon, auf die Gefahr hin, daß Du mich als ein Kamel auslachst.»

Früher als in Deutschland und Österreich begann in der Schweiz die Entwicklung zum bürgerlichen Staat gegen die noch weitgehend patriarchalisch regierenden Konservativen vornapoleonischer Prägung. Als «des Regiments» galten nur wenige Geschlechter der Stadt, die «Landeskinder» hatten wenig Stimme im Staat. Gegen Ende Juli 1830 wurde bekannt, daß der französische König Karl X. die vom Volk gewählte Kammer aufgelöst und die Pressefreiheit abgeschafft habe. Einige Tage später verbreitete sich in Zürich die Nachricht, Paris habe den verfassungsbrüchigen König in dreitägigem Straßenkampf vom Thron gefegt. Bald kehrten seine Beschützer, die Schweizer Soldregimenter, in erbärmlichem Zustand in die Heimat zurück. Von Kanton zu Kanton begannen sich jetzt die Unzufriedenen zu regen, entschlossen, den

Augenblick zu nutzen. Am 22. Oktober versammelten sich die Thurgauer in Weinfelden und forderten eine liberale Verfassung. Einen Monat später traten gegen 10 000 Zürcher in Uster zusammen. Sie verlangten die Abschaffung aller Vorrechte, eine angemessene Vertretung im Rat, bessere Schulen und Straßen und als sichtbares Zeichen der Gleichberechtigung den Abbruch der Zürcher Fortifikationen, die im Kriegsfall nur den Städtern genützt, die Landschaft aber dem Feinde schutzlos preisgegeben hätten.

Unter der neuen liberalen Regierung änderte sich nun auch das Stadtbild. Seit 1833 arbeitete man an der Abtragung der Mauern, Tore und Schanzen. Kantonsschulen, u. a. die Industrieschule und ein Lehrerseminar, wurden geschaffen, im April 1833 wurde die Universität eröffnet. Seit 1835 befuhr das erste Dampfschiff, die eiserne «Minerva», den Zürichsee. 1847 nahm die «Spanischbrötlibahn» von Zürich nach Baden den Betrieb auf, so benannt, weil sie eine Spezialität der Bäderstadt, die Spanischbrötchen, noch ofenfrisch nach Zürich brachte.

Im Schwunge der Begeisterung, die alles neu und besser machen wollte, schoß die radikale Regierung über das Ziel hinaus. Im Januar 1839 berief sie den dreißigjährigen Schwaben Dr. David Friedrich Strauss auf den neutestamentlichen Lehrstuhl der Universität. In seinem Werk «Das Leben Jesu» hatte er den Quellenwert der Evangelien bestritten. Nun erhob sich die sittenstrenge und bibeltreue Landbevölkerung im «Züriputsch» vom 6. September 1839 gegen die gottlose Regierung und ihren «Gottesleugner». Mit Sensen, Dreschflegeln und Flinten zogen die Bauern psalmensingend in die Stadt.

Gottfried Keller war draußen in Glattfelden, frühmorgens beim Grasschneiden, als der aufkommende Herbsttag vom Gellen der Sturmglocken zerrissen wurde. Er warf seine Heugabel weg und lief, ohne das Essen abzuwarten, nach Zürich, um seiner Regierung beizustehen. Man riet ihm, die Stadt nicht auf offener Landstraße, sondern auf Fußwegen zu gewinnen, da er als «Straussianer» von den Bauern totgeschlagen werden könnte. In Zürich kam es zu bürgerkriegsähnlichen Auseinandersetzungen, einer der ersten Redner auf der damaligen Ustermer Volksversammlung wurde auf dem Paradeplatz von einer tödlichen Kugel getroffen.

Der Regierung war nicht mehr zu helfen, vorübergehend gelangten die Konservativen ans Ruder. Strauss wurde pensioniert, bevor er sein Amt antrat. Als Andenken an Zürich nahm er als seine Braut die schöne Sängerin Agnes Schebest vom Zürcher Aktientheater mit. Ein Gesuch der Hallenser Studenten, Strauss nun an ihre Universität zu berufen, schlug ebenfalls fehl: Die drei Studenten, welche die Petition als erste unterzeichnet hatten, wurden von der Universität verjagt.

Nach der Abdankung der Zürcher Regierung rettete sich Gottfried schleunigst nach Glattfelden zurück, um von dort mit doppelter Energie sein Fortkommen von Zürich zu betreiben. Das Ziel des Zwanzigjährigen war die Akademiestadt München, wo er in einer regelrechten Schule als Maler noch einmal von vorne anfangen wollte. Durch den Verkauf eines Gültbriefes aus dem großmütterlichen Erbe konnte – wie es im Glattfelder Gemeinderatsprotokoll vom 15. Februar 1840 heißt – «zur Vervollkommnung seiner Malerkunst» der bescheidene Betrag von 150 Gulden flüssig gemacht werden.

Auf Maler Distelis Tod

Sie haben Ruh, die Kutten braun und schwarz,
Die Fledermäuse, Raben-, Eulenköpfe,
Spießbürger alle, mit und ohne Zöpfe,
Und was da klebt im zähen Pech und Harz!

Er hat sie drangsaliert und ließ sie tanzen,
Die faulen Bäuche wie die krummen Rücken,
Die dicken Käfer und die dünnen Mücken,
Die Maulwurfsgrillen und die Flöh und Wanzen!

Schaut her, ihr draußen, denen im Genick
Der Adler und der Geier Fänge lasten,
Schaut dies Gewimmel ohne Ruh und Rasten,
Den Bodensatz in einer Republik!

Solch einen Sabbat wohlgemut zu schildern,
Braucht es fürwahr ein unerschrocknes Blut!
Nun warf er hin den Stift, nahm Stock und Hut,
Und fluchend steht das Volk vor seinen Bildern.

Gottfried Keller

Antiklerikales Gedicht Kellers zu den Freischarenzügen gegen die Jesuiten. Es erschien im Illustrierten Schweizer Kalender 1848. Das zugehörige Porträt Martin Distelis schuf Jakob Ziegler.

An Ostern 1840 war Gottfried reisefertig. In der ersten Fassung des «Grünen Heinrich» sind die Ermahnungen der Mutter beim Einpacken eindrücklich wiedergegeben: «Halte auch Deine zwei Röcke ordentlich und hänge sie immer in den Schrank, anstatt sie zu Hause anzubehalten und halbe Tage so zu lesen, wie ich Dich schon oft ertappt habe. Besonders wenn Du sie aufbürstest, fahre nicht mit der Bürste darauf herum wie der Teufel im Buch Hiob, daß Du alle Wolle abschabst.» Neben dem Malgerät, neben Mappen und Skizzenbüchern packte er auch seine Flöte ein und den Totenschädel. Dazu kamen zwei Bände Goethe, ein paar Werke über Malerei, ein vollständiges Wörterbuch der Mythologie aller Völker und der heute als «Benimm-Buch» verkannte Knigge,

Bleistiftzeichnungen in Kellers erstem Skizzenbuch, entstanden im Juni 1836. Zwei der fünf Figurenstudien sind eigenhändig mit dem Namen «Müller» bezeichnet. Keller lernte den Thurgauer Johann Müller (1819–1888) in Zürich kennen, bevor dieser nach dem Tod seines Vaters 1835 nach Frauenfeld zurückkehrte. Der nun einsetzende Briefwechsel zwischen den beiden enthält aufschlußreiche Äußerungen Kellers über seine innere Entwicklung. Als er 1840 nach München fuhr, besuchte er auf der Durchreise seinen Freund in Frauenfeld, der ihm fürs erste sein Zimmer in München zur Verfügung stellte. Im September 1845 schrieb er Johann Rudolf Leemann: «Müller, der Architekt von Frauenfeld, hat sein Vermögen in kurzer Zeit durch ungeschickte Praktik und Leichtsinn verloren, mußte alles verkaufen, trieb sich in Basel und nachher in Wien herum und ist nun in den elendesten Umständen. Ich kann nichts für ihn tun, obgleich ich es ihm schuldig wäre. Wenn das Luder nur selbst Hand anlegen wollte.»

«Umgang mit Menschen». Gewiß hat sich der kleine Gottfried für sein Fortkommen in der großen Welt daraus manchen guten Rat versprochen, etwa aus dem Kapitel «Über den Umgang mit Gelehrten und Künstlern». Der «Umgang mit Buchhändlern» lag noch nicht in seinem Sinn.

In Frauenfeld, wo er bei seinem Freund Müller zuerst Station machte, schrieb er am 1. Mai: «Ich danke Dir, liebe Mutter, nochmals für alles, was Du an mir getan hast, und bitte Dich, nicht zu denken, daß ich es nicht anerkenne, weil ich eine rauhe Außenseite habe; ich kann halt keine schönen Worte machen, aber deswegen empfinde ich alles, was ein rechter Sohn empfinden muß. Ich hoffe nur, Dir einst alles noch vergelten zu können.»

Kummerjahre in München

Im «Grünen Heinrich» der ersten Fassung beginnt Keller mit dem verklärten Bericht, wie der junge ungeduldige Mensch mit einem Herzen voll blühenden Weltmutes als ein wahrer König in die hehre Welt hinausfuhr. Tatsächlich wurde Gottfrieds Fahrt aber zu einer «Eile mit Weile». In Frauenfeld mußte er auf das Nachsenden des falsch ausgestellten Passes warten. «Ich logiere im ‹Kreuz›, aber Müller zahlt alles für mich.» Dann gings mit einer «Chaise» nach Konstanz, «wo ich wegen Unannehmlichkeiten mit dem Gepäck vier Tage warten mußte.» Reisebegleiter war nun der taubstumme Zürcher Bildnismaler Albert Steffen. Am Dampfschiff nach Lindau «zerbrach die Maschine», was zu einer Übernachtung in Rorschach zwang, «indessen lud uns ein katholischer Kaplan zum Essen ein». Von Lindau aus fuhren die beiden mit billiger Fahrgelegenheit in einer «Retourkutsche» nach München, «mußten aber mehr übernachten als mit der Post».

In München bezog Gottfried fürs erste das Zimmer Johann Müllers, Neuhauserstraße 22, rückwärts vom Hof über drei Stiegen. Auch seine späteren, immer bescheidener werdenden Unterkünfte an der Lerchenstraße 40 und in der Schützenstraße 3 lagen in der Nähe des Karlstors, wie sich sein Leben überhaupt vorwiegend um Karlstor, Sendlinger Tor und Frauenkirche abspielte.

Gottfried Keller 1841 im Alter von 22 Jahren in München. Radierung von seinem gleichaltrigen Malerfreund Johann Conrad Werdmüller (1819–1892). Im angelehnten Wappen ist als eine Art Kellersymbol ein Bierfaß abgebildet. In der Hand hält Gottfried das vom Großvater geerbte spanische Rohr, das ihm dann im Frühling 1842 abhanden kam. Auf dem Spruchband steht der verschnörkelte Spruch: «Hier steht Herr Gottfrid Keller»

«Endlich bin ich angekommen in dem Gelobten Lande», schrieb er am 18. Mai 1840 an seine Mutter. Er berichtete von der Reise und seinem schönen Zimmer, das trotz zentraler Lage, Sofa, gutem Bett, Kommode und gepolsterten Stühlen nur vier Gulden Zürichgeld koste, «wobei mir noch die Stiefel und Kleider geputzt werden».

Es war das München Ludwigs I., das Keller betrat, die Stadt von hunderttausend Einwohnern, die nach den Plänen des ehrgeizigen königlichen Bauherrn zur schönsten in Deutschland werden sollte. Am 25. August 1839, dem Geburtstag des Königs, fuhr die erste Eisenbahn, vorbei am Nymphenburger Park, hinaus nach Lochhausen. 1840 eröffnete der König die Universität. Ganze Straßenzüge und Plätze wurden neu angelegt. Hunderte von Künstlern arbeiteten für den Hof. «In der Ludwigstraße triumphiert der Geist von Florenz und Rom.»

Welchen hinreißenden Eindruck die Stadt auf den staunenden Gottfried machte, hielt er in der ersten Fassung des «Grünen Heinrich» fest: «Da glühten im letzten Abendscheine griechische Giebelfelder und gotische Türme; Säulen der verschiedensten Art tauchten ihre geschmückten Häupter noch in den Rosenglanz, helle gegossene Bilder, funkelneu, schimmerten aus dem Helldunkel der Dämmerung, indessen buntbemalte offene Hallen schon durch Laternenlicht erleuchtet waren und von geschmückten Frauen durchwandelt wurden. Steinbilder ragten in langen Reihen von hohen Zinnen in die Luft, Königsburgen, Paläste, Theater, Kirchen bildeten große Gruppen zusammen, Gebäude von allen möglichen Bauarten, alle gleich neu, sah man hier vereinigt, während dort alte geschwärzte Kuppeln, Rat- und Bürgerhäuser einen schroffen Gegensatz machten. Es herrschte ein aufgeregtes Leben auf den Straßen und Plätzen. Aus Kirchen und mächtigen Schenkhäusern erscholl Musik, Geläute, Orgel- und Harfenspiel; aus mit allerlei mystischen Symbolen überladenen Kapellentüren drangen Weihrauchwolken auf die Gasse; schöne und fratzenhafte Künstlergestalten gingen scharenweis vorüber,

München zur Zeit von Kellers Aufenthalt. Aquatinta von Caspar Burkhardt, Mittelbild (Ausschnitt) auf einem Sammelblatt mit 12 Randbildern im Verlag von Johann Baptist Isenring in St. Gallen 1836.

Studenten in Schnürröcken und silbergestickten Mützen kamen daher, gepanzerte Reiter mit glänzenden Stahlhelmen ritten gemächlich und stolz über einen Platz, üppige Kurtisanen mit blanken Schultern zogen nach hellen Tanzsälen, von denen Pauken und Trompeten herniedertönten; alte dicke Weiber verbeugten sich vor dünnen schwarzen Mönchen, welche zahlreich umhergingen; unter offenen Hausfluren saßen wohlgenährte Spießbürger hinter gebratenen Gänsen und mächtigen Krügen und genossen den lauen Frühlingsabend; glänzende Wagen mit Mohren und Jägern fuhren vorbei und wurden aufgehalten durch einen ungeheueren Knäuel von Soldaten und Handwerksburschen, welche sich die Köpfe zerbläuten. Es war ein unendliches Gesumme überall.»

Das freie Leben in München behagte Keller zuerst gar wohl. «Man kann», schreibt er nach Zürich, «hier über die Straße gehen, ohne daß man von allen Seiten begafft oder für stolz angesehen wird.» Die Leute seien höflich und gefällig; die Weibsbilder hingegen, auch die von der bürgerlichen Klasse, wären ungemein roh. «Sie fluchen und schimpfen, wie bei uns die Stallknechte, und sitzen alle Abend in der Kneipe und

saufen Bier.» In unwirscher Erinnerung trug er 1843 als Anfang eines Sonetts die Verse in sein Schreibbuch ein:

«Ein liederliches, sittenloses Nest
Voll Fanatismus, Grobheit, Kälbertreiber,
Voll Heil'genbilder, Knödel, Radiweiber.»

Zunächst hielt sich Gottfried an den Kreis seiner Landsleute wie J.C. Müller, den Zürcher Kupferstecher, die Maler Eduard Süffert aus Basel, Emil Rittmeyer aus St. Gallen und den Architekten Karl Curti, später kunstfördernden Stadtschreiber von Rapperswil. Die hervorragendsten waren die Maler Salomon Hegi, Hans Bendel aus Schaffhausen und Rudolf Leemann aus dem Aargau.

Johann Salomon Hegi, 1814 geboren, und wie Keller vom Rindermarkt stammend, wurde sein lebenslanger Freund, «ein vortrefflicher Mensch». Seit drei Jahren besuchte er die Münchner Akademie. Wie die beiden in München zusammenkamen, schilderte Hegi später in seinen Erinnerungen:

«Wie üblich saß ich eines Abends im Mai 1840 mit Ferdinand Wydler in der Kneipe der Schweizer, im Wagnerbräu, beim Kruge, als ein junges Männchen hereintrat, dessen Gestalt ziemlich unter mittlerer Höhe geblieben war. Auf dem schmächtigen Körper saß ein großer Schädel, mit einem aufs linke Ohr gedrückten Barette geschmückt. Ich erkannte in dem auffallenden Ankömmling sogleich meinen Nachbar aus dem Rindermarkt in Zürich, Gottfried Keller, und rief ihn zu uns. Der Unterschied des Alters sowohl als der Besuch verschiedener Schulen hatte uns zu Hause nie zusammengeführt. In München dauerte es keine vierundzwanzig Stunden, so waren wir drei fest zusammengewachsen. Jeden Abend und gewöhnlich auch mittags trafen wir uns. Den obligatorischen Kneipabenden der im Verfalle begriffenen Landsmannschaft wohnten wir gewissenhaft bei. Hier machte sich Gottfried oder – wie wir ihn nannten – ‹Strabo› rasch bemerkbar. Entspann sich eine Diskussion, so erregten seine trocken hingeworfenen Witze Gelächter; indessen rief er durch derbe, ja beleidigende Reden nicht selten recht stürmische Auftritte hervor. Als Liebhaber des Gesanges war er sehr erstaunt, auf meinem Zimmer im Leipziger Kommersbuche die Melodie des Liedes: ‹Wohlauf noch getrunken› zu finden. Wir mußten sie mit unseren rauhen Kehlen sofort einstudieren. Abends wurde der Cantus auf der Kneipe mit Beifall aufgenommen und blieb seitdem eingebürgert.»

Gottfried Keller in München im August 1840. Bleistiftzeichnung von Johann Salomon Hegi (1814–1896). In der gleichen Gasse aufgewachsen, schlossen sich Keller und Hegi erst in München zusammen, wo sie sich in der Studentenkneipe Wagnerbräu begegneten. Der finanziell besser gestellte Hegi half Gottfried mehrere Male aus der Patsche, was dieser seinem Freund später in taktvoller Art vergalt. Hegi hatte in München bei Kaulbach studiert, ging dann als Historien- und Genremaler nach Genf, 1849 für elf Jahre nach Mexiko, wo seine künstlerische Entwicklung völlig zum Stillstand kam. Er starb in Genf als Illustrator.

Die Verbindung mit zu Hause hielt Gottfried durch Briefe an die Mutter aufrecht, jeden Monat einen. Bei allen Schilderungen über München und die Münchner, über sein Tun und Treiben, vergaß er nie, auf seine mißlichen finanziellen Verhältnisse hinzuweisen. Die Bitte um Geld wurde zum Generalthema, nicht immer direkt, aber in nicht zu überhörenden Anspielungen. Am 27. Juni 1840 bat er sie um eine «Portion von seinem Reichtum» aus dem vorausgewährten großmütterlichen Erbe, das ihm die Mutter immer nur in kleinen haushälterischen Raten übermittelte. «Hegi hat vor zwei Monaten 250 Gulden und jetzt noch viel mehr erhalten, was zu beweisen scheint, daß Herr Hegis sehr reich sein müssen. Was mich betrifft, so habe ich im Anfang gewaltig gegeizt, und ich bin nirgends hingegangen, wann ich an einem Tag etwas über das bestimmte Maß hinaus gebraucht habe, so fraß ich den andern Tag gar nichts, allein das war sehr dumm.»

Am 5. Juli meldete die Mutter, das Geld sei unterwegs, und fügte dann bei: «Frau Hotz (eine ihrer Zimmermieterinnen) wird bald sterben. Sie hat das Bett nie mehr verlassen. Ihre Körper- und Geisteskräfte sind gänzlich dahin; spricht kein Wort mehr vernehmbar. Ich sagte ihr Deine Grüße. Einmal, als sie noch gut reden konnte, sagte sie von Dir: ‹Du guter

Bub, Du siehst mich nicht mehr! Du mußt auch noch etwas haben!› Aber damit war's getan. Jetzt ist ihr die ganze Welt gleich viel. Jetzt bekomme ich auf Kirchweih ein leeres Gemach ...»

«Was Du mir von Frau Hotz geschrieben hast, hat mich tief ergriffen», antwortete Gottfried am 14. Juli, «ich soll also diese Frau, welche ich von der frühesten Kindheit an kannte und beinahe täglich sah, welche es immer so gut mit mir meinte, sie soll ich nicht wieder sehen. So sehr sie auch von Vorurteilen und falschen Meinungen eingenommen, so hatte sie doch ein gutes, wenn auch schwaches Herz, und ich werde sie nie vergessen.» (Frau Anna Hotz erscheint später im «Grünen Heinrich» als Frau Margret.) – «Den 20. Juli. Ich muß zweimal schreiben an diesem Brief. Gestern war mein einundzwanzigster Geburtstag. Ich bin also jetzt einundzwanzig Jahre alt und endlich in die Welt hinausgetreten, will gerne sehen, wie's weiter geht.»

Das 1730 erbaute Asamschlößchen an der Isar südlich von München war zu Kellers Zeit als Gartenwirtschaft «Maria Einsiedel» ein Ausflugsort der Münchner Künstler. Aquarell, datiert Oktober 1840. Depositum der Gottfried Keller-Stiftung in der Zentralbibliothek Zürich.

Es fehlte nicht viel, so wäre Gottfried der guten Frau Hotz ins Grab gefolgt. Schon am 27. Juni hatte er der Mutter in ergreifender Weise vom Leichenbegängnis des ebenfalls einundzwanzigjährigen Grafen d'Affry von Fribourg berichtet: «Es war ein schöner Zug. Voraus die Geistlichkeit mit Kreuz und Fahne und Rauchfaß usw. Dann der Sarg von acht

«Heroische Landschaft». Kellers im Frühjahr 1842 vollendetes Hauptwerk aus der Münchner Zeit. Dem Ölbild gingen zweijährige Studien voraus. Das Leinwandgemälde wurde im Juni 1842 an der Schweizerischen Kunst-Ausstellung in Zürich unter dem Titel «Landschaftliche Komposition» ausgestellt. Es traf aber zu spät ein, um von der Künstlergesellschaft noch in die Wahl für die Verlosung aufgenommen zu werden, obwohl Kellers Mutter sich bei verschiedenen maßgeblichen Persönlichkeiten darum bemühte. 1920 erwarb es die Gottfried Keller-Stiftung aus Wiener Privatbesitz mit Beitrag der Zentralbibliothek Zürich, wo es seitdem deponiert ist.

Schweizern getragen, welche schwarze Kleidung und weiße Florschärpen um den Leib trugen. Dann vier mit weißen und roten Schärpen, dann einundzwanzig mit allen Kantonsfahnen und endlich die übrigen alle.» Gottfried schilderte die ganze Totenfeier, den Studentensalamander und verschiedene Messen, um gewissermaßen zur Moral der Geschichte zu kommen: «Heute nacht um zwölf Uhr bringen wir dem Toten einen Fackelzug mit Gesang und Musik aufs Grab. Das gilt aber nicht nur den Vornehmen und Reichen, sondern jedem Schweizer, der hier stirbt. Überhaupt sind sehr viele Schweizer hier krank, und meistens sehr gefährlich am Schleimfieber. Die Münchner sagen zwar, wenn einer gleich anfangs sich ans Biertrinken halte, so werde man weniger krank,

Abendlandschaft. Die unvollendete Ölstudie über Federzeichnung entstand vermutlich 1843. Der Aufnahmestandort ist nicht mehr bestimmbar; der untere Bildteil erscheint frei komponiert.

und das habe ich mir hinter die Ohren geschrieben...»

Die primitive Wasserversorgung Münchens machte die nach außen prunkvolle Stadt damals zum Herd einer schnell um sich greifenden Typhusepidemie. Allein im Sommer 1840 fielen ihr über sechzig Studenten und junge Künstler zum Opfer, darunter etliche aus der

Schweiz. Die Angst der Mutter und Schwester blickte fragend aus jedem ihrer Briefe. «Ja, es hat mich auch gepackt», schrieb Gottfried am 9. September nach Hause, «ich hatte das Schleimfieber im höchsten Grade.» Vierzehn Tage lang sei er ohne Bewußtsein gelegen und er erinnere sich nur noch daran, wie Hegi zuweilen an sein Bett getreten sei: «Hat's dich, Strabo?» Es hätte ihn fast «genommen», und natürlich sei er dabei noch tiefer in die Kreide geraten: acht Gulden für Arzt und Apotheke, einen Taler für Pflege und Nachtwache und obendrein die Zimmermiete. «Dazu mußte ich, als ich wieder essen und ausgehen durfte, feinere und kräftigere Speisen nehmen und Rheinwein trinken, um wieder zu Kräften zu kommen.»

Am 28. September bemerkte die Mutter: «Der Herr Onkel (gemeint war der Arzt Dr. Scheuchzer in Glattfelden) wundert sich, daß Du so viel Geld brauchest und zweifelt halb an Deiner Krankheit. Vielleicht, dachte er, seiest Du etwas in Schulden geraten und habest dafür eine Krankheit angegeben.»

«Daß ihr zu Hause mich für fähig gehalten habt, eine Krankheit zu erlügen, war mir eben keine große Erquickung», kam es am 19. Oktober aus München zurück, «eben damals, als ich den Brief erhielt, konnte ich kaum mehr auf den Beinen stehen. Ich lag ganze vier Wochen im Bett und bekam nichts als Fleischbrühe und Wasser zu saufen.»

Noch zweimal kam er später auf sein Fieber zurück. Am 5. Dezember 1840: «Meine Krankheit hat mir doch einen schlimmeren Streich gespielt; nämlich den, daß sie mich zum Kahlkopf macht; jeden Morgen, wenn ich mich kämme, gehen mir fürchterlich Wische Haare aus, und das schon bei zwei Monaten. Ich bin in Verzweiflung!» Und am 11. November 1841: «Mein Kopf ist wieder behaart, schon lange, aber dennoch sind zwei verdächtige Winkel darauf, welche keinen guten Aspekt machen. Meine Stirne wird auf jeden Fall ein wenig hoch werden.»

Gottfried Keller 1842 in München. Johann Rudolf Leemanns Bleistiftzeichnung mit Kellers Unterschrift zeigt den Maler in jenen Tagen, in denen seine «Heroische Landschaft» in Zürich ausgestellt werden sollte, aber zur Verlosung zu spät und beschädigt ankam. Der lustige «Ruedi» (1812–1865) gehörte in München und von 1854 an in Zürich zu Kellers intimem Freundeskreis. Bei aller Begabung war er zu wenig zielstrebig. Kellers Sonett «Ich sehe dich mit lässig sichrer Hand» zielt in der Charakteristik unzweifelhaft auf Leemann.

Seine Finanzlage hatte sich keinesfalls verbessert, im Gegenteil. Schon zu Anfang des Jahres hatte er Hegi, der vorübergehend in die Schweiz zurückgekehrt war, seinen «pechiösen Zustand» mitgeteilt und daß er aus Zürich keinen Pfennig mehr zu erwarten habe. «Meine Mutter schrieb es mir mit dem größten Kummer und bat mich, nach Hause zu kommen. – Jetzt heißt's in die Hände gespuckt. Ich arbeite wie ein Neger in einer Zuckerplantage und das gerne. Doch bitte ich Dich, meinen Bankrott juhee, noch niemandem zu erzählen, denn ich möchte den Übergang in meine Selbständigkeit ganz unbemerkt machen.»

Daß es sich der Plantagearbeiter zuweilen auch über alle Maße wohl sein ließ, verrät ein Brief, den Keller am 26. Dezember 1840 dem kurz vorher heimgekehrten Hegi schrieb: «Als wir, Bendel, Leemann, Süffert und ich, Dich an jenem Tage aus dem Gesichte verloren hatten, standen wir noch traurig beisammen vor der Post, sahen den schönen Tag und den blauen heitern Himmel, sahen ferner die bereitwilligen Fiacker auf dem Residenzplatze vor uns stehen, und sahen endlich einander selbst an und lasen gegenseitig in unseren Gesichtern. Süffert las am richtigsten; denn er lief ohne ein Wort zu sagen nach dem nächsten Fiacker, akkordierte mit ihm, wir ohne ein Wort zu sagen folgten ihm, stiegen ein, und fuhren, statt in Dein altes Logis zu gehen (und dessen Utensilien einzupacken), nach Harlachingen, spiesen dort zu Mittag; begaben uns dann zur Menterschwaig, zechten dort bis um Mitternacht. Als wir aber nach Hause wollten, überfiel uns ein heftiger Platzregen, so daß wir bleiben mußten. Wir übernachteten also dort und wurden mehr als einmal durch Süfferts Tollheiten aufgeweckt. Den folgenden Morgen machten wir uns auf und gelangten mit genauer Noth um 12 Uhr im Lettinger an; dort spiesen wir abermahls zu Mittag und wie wir hinaustraten um vollends in die Stadt zu kommen, ersahen wir abermals den herrlichen Tag, kehrten wieder um und wandelten harmlos am andern Ufer der Isar hinauf bis nach Großhesseloh, dann wieder zurück nach Einsiedeln und wieder zum Lettinger und endlich zum Schuhmann.»

Bei allem Fleiß und einigem Lob für seine malerischen Arbeiten hatte Gottfried kein einziges Bildchen verkaufen können. Am 13. August 1841 sah er sich zu einem verzweifelten Schritt gezwungen: «Wenn Du etwa 500 Gulden auf das Haus aufnähmest», schrieb er der Mutter, «würde das Euch gegenwärtig nicht in Eurer Haushaltung beschränken; die 20 Gulden Zins alljährlich könnte ich in jedem Fall selbst bezahlen.» Auf Anraten Gottfrieds wandte sich die Mutter an den erfolgreichen Zürcher Maler Ludwig Vogel, der sich aber auf allgemeine Bedenken über Gottfrieds Können und seine Zukunftsaussichten als Autodidakt beschränkte und Gottfrieds strikte Weigerung, sich mit Kolorieren über Wasser zu halten, äußerst kurios fand.

In der Gartenlaube, 1820 von Ludwig Vogel. Der als Historienmaler bekannt gewordene Zürcher Künstler, Sohn des Ratsherrn David Vogel, wuchs im Haus zum Schneggli beim oberen Schönenberg über dem französischen Garten des Rechbergs auf. In der Gartenlaube malte er sich selbst, seine Frau und seine Eltern. Das Gemälde wurde zum Inbegriff des Zürcher Biedermeiers. Kellers Mutter konsultierte ihn wegen der Begabung und den Zukunftsaussichten ihres Sohnes, ohne aber eine klare Antwort zu bekommen. Beim Leichenbegängnis Vogels im Sommer 1879 betrat Gottfried Keller zum erstenmal seit seiner Konfirmation wieder die Predigerkirche.

Daß Frau Keller ihr Haus am Rindermarkt dann doch belehnte, war das Ergebnis einer peinlichen Begegnung mit der Polizei: Anfangs Dezember 1841 wurde sie auf das Stadthaus befohlen und inquisitorisch nach ihrem Herrn Sohn und dessen genaueren Umständen befragt. Man wolle ihn in München pfänden und ausweisen, wenn er seinen Verpflichtungen nicht sofort nachkomme. Am 7. Dezember ließ ihm die Mutter fürs erste 150 Gulden überweisen, wofür er umgehend dankte und versprach, den erdrückenden Schuldenberg noch vor sechs Jahren abzutragen. Dabei verriet er, was er sonst nicht gesagt hätte: «daß ich oft mehrere Tage nichts genossen habe, als Brot und ein Glas Bier, was mir aber im geringsten nichts macht, ich kann mich an alles gewöhnen, und es soll's mir kein Mensch ansehen.» Später schreibt er im «Heinrich»: «Die Schulden sind für den modernen Menschen eine ordentlich hohe Schule, in welcher sich sein Charakter auf das trefflichste entwickeln und bewähren kann.»

In den Briefen nach Hause nannte Keller sich «Eleve der königlichen Akademie», deren Schüler er aber nie war, wie es auch sonst zu keinem geordneten Unterricht kam. Statt dessen tat er, was der große Haufen der Kunstjünger tat: man lief in die Pinakothek, in die Ausstellungen des Kunstvereins und besuchte gelegentlich das Atelier eines Malers.

Als er einmal im Kunstverein Bilder betrachtete, erschien gerade der König mit einigen devoten Herren im Kielwasser. Keller flüchtete von Zimmer zu Zimmer, bis er im hintersten in der Falle saß. Hier vertiefte er sich eifrigst in ein Gemälde. Die Gruppe nahte, und Keller trat bescheiden zurück. «Auch Künstler?» fragte der König. «Ja, Majestät», antwortete er. Immerhin habe ihm, dem überzeugten Demokraten, das Herz mehr als gewöhnlich geklopft, meinte er abends in der Kneipe, wo man ihm aber die Geschichte nicht glaubte. Als sie jedoch am nächsten Vormittag in die Schwanthalerstraße einbogen, stießen sie auf den König. Ludwig schritt an Keller vorbei und schlug ihm leicht auf die Schulter mit den Worten: «Haben uns auch schon gesehen!»

Seine Not in München läßt sich dort am deutlichsten ablesen, wo er nicht von sich selber sprach: im studentischen «Wochenblatt der Schweizergesellschaft», dessen ehrenamtlicher Redakteur er 1841 wurde. Seine Beiträge und humoristischen Leitartikel waren drastische Tagesschilderungen voll barocken Witzes und komischen Persiflagen über die Nöte des Durstes und dessen ungezügelte Befriedigung, über die Qualen des Hungers und des nicht eintreffenden Geldes. Grotesk waren vor allem die «Phantasien eines Redakteurs in den Hundstagen»: Mit der drohenden Mahnung, endlich seine Schulden zu begleichen, wird der Durstige

Der geplagte Landschaftsmaler. Die humoristische Bleistiftzeichnung des von Teufelchen geneckten und gezwickten Künstlers findet sich in Kellers Skizzenbuch aus der Zeit, als er bei Peter Steiger, dem Habersaat im «Grünen Heinrich», zum Künstler ausgebildet werden sollte. Doch Steigers Kunstinstitut war kaum mehr als eine Kopier- und Kolorieranstalt für bekannte Schweizer Ansichten, mit denen er einen schwindelhaften Handel trieb. Zum Spitznamen Habersaat wurde Keller vermutlich durch Uhlands satirisches «Schwindelhaber»-Lied inspiriert.

aus der Kneipe komplimentiert. Auf seiner Bude träumt er sich in seine Heimat zurück. Gleich einem glänzenden Meteor schimmert ihm die Bratpfanne der Mutter entgegen. Lieblich spielen die Wellen um seines Onkels wohlgefüllten Fischbehälter, aus dem ihm so mancher Aal gemundet hat, während jetzt die stinkende Haut eines miserablen Herings vor ihm liegt. Schließlich sinkt er in Schlaf, bis ihn am Morgen ein liebliches Klingeln weckt. «Der Wechsel, der Wechsel! rief ich freudig erschreckt und riß dem dienstbaren Geist das Papier aus der Hand: – es war nur eine Zitation von der Polizei!»

Bis im Herbst 1842 waren Not und Hunger aufs höchste gestiegen. Beinahe seine ganze Künstlerhabe, «die schönen Aquarelle und Skizzen, ungeheure Kartons mit ossianischen Landschaften,» wanderten zu einem kleinen Trödler bei der Kaufingerstraße. Jedes Stück, ob klein oder groß, gut oder schlecht, Wasser- oder Ölfarbe, wurde zu vierundzwanzig Kreuzern losgeschlagen.

Einmal blieb Keller, von allen Mitteln entblößt, zwei Tage ohne Nahrung im Bett. Er stand nur auf, weil er befürchtete, der Hauswirt könnte seine Insolvenz entdecken. Dann verkaufte er ein goldenes

Rechte Seite: «Eine Judith von Riedel in Rom war da, vom König angekauft. Ich habe noch nichts so schön gemaltes gesehen, es ist vollkommen in jeder Beziehung», schrieb Keller im Februar 1841 an Hegi nach einem Besuch im Münchner Kunstverein. Der Bayreuther August Riedel (1799–1883) hatte das Bild 1840 gemalt. Neue Pinakothek München.

Agnes. Aquarellierte Federzeichnung von Johann Rudolf Leemann, München 1840. Die unbekannte Schöne erscheint im «Grünen Heinrich» als Agnes, «still, harmonisch und eine unerschöpfliche Quelle schöner Bewegungen». Die Zeichnung hing später über Kellers Schreibtisch. «Das ist die Agnes, die sich mit dem Grünen Heinrich betrunken hat», sagte er einmal zu Jakob Baechtold.

Ringlein, das er an der Mütze trug. Mit den drei Gulden eilte er in eine Kraftsuppenanstalt, wo er mehrere Portionen hinunterschlang. Zuletzt versilberte er beim Trödler seine Flöte, nachdem er ihm vorher eine Arie darauf hatte vortragen müssen.

Im Oktober 1842 heiratete Kronprinz Maximilian von Bayern die schöne preußische Prinzessin Marie. Sie wurde die Mutter von Ludwig II., der seine Geisteskrankheit von ihr geerbt haben soll. Auf diese prunkvoll aufgezogene Hochzeit hin organisierte das Trödelmännchen ein großes Geschäft. Es ließ Hunderte von Fahnenstangen anfertigen, die beim Einzug der Braut die Straße schmücken sollten. Unter Fluchen und Seufzen malte nun Keller, der sich dem Kolorieren von Stichen stets empört widersetzt hatte, tage- und nächtelang in den Landesfarben endlose blauweiße Spiralen um die Fahnenstangen und verdiente damit täglich zwei Gulden. Die gelegentlich angezweifelte Geschichte bestätigte Keller über vierzig Jahre später seinem Biographen Baechtold bei einem Spaziergang ins Zürcher Ausflugsrestaurant «Muggenbühl.»

Doch dieser verzweifelte Versuch, seine finanzielle Lage aus eigener Kraft zu verbessern, reichte nicht weit. Die Wohnung wurde ihm gekündigt und Keller auf die Straße gestellt.

Im Februar 1842 verbrannte ihm ein Bild, das der Kunstverein kaufen wollte und er zum Trocknen an den Ofen gestellt hatte, während er im Wirtshaus ein Glas Bier auf den glücklichen Handel von sechzig Gulden trank. Ein anderes Bild, das er im Juni auf die alljährliche Zürcher Ausstellung in der Kantonsschule schickte und auf das er große Hoffnung gesetzt hatte, kam so verschmutzt an, daß es erst nach der Jurierung aufgehängt werden konnte. Alles Laufen, Bitten und Betteln der Mutter nützte nichts mehr.

Gottfried Kellers ganze stumme Verzweiflung hatte sich schon Anfang Mai am Frühlingsfest der Münchner Künstlergesellschaften gezeigt. Mit seinem Malerfreund Hegi schloß er sich dem fröhlichen Zuge aufs Land hinaus an. «Es war ein wonniger Morgen, gefüllte Bierwagen standen unter den Bäumen, und ganze Hämmel schmorten am Spieß. Wir versahen uns mit einem schäumenden Krug und ließen uns an einem hübschen Plätzchen nieder», erzählte Hegi später, «man pflanzte die Stöcke hinter sich in die Erde, hängte Rock und Mütze daran, steckte die Pfeife in Brand und gab sich gemütlichen Plaudereien hin.» Nach einem anschließenden Rundgang lagen Gottfrieds Utensilien am Boden, und der Meerrohrstock, ein Erbstück seines Großvaters aus preußischen Diensten, war verschwunden. «Wie ein Adler stürzte er sich nun auf alle Stöcke, die einem Rohr ähnlich sahen, riß sie den Trägern aus den Händen und gab sie ihnen ebenso wortlos zurück. Die wilde Jagd ging fort, bis alle Hoffnung, den gestohlenen Stock zu entdecken, geschwunden war. Bei der Rückkehr setzte sich Gottfried an den Rand des Weges und fing heftig zu weinen an. Ich suchte ihn lange vergeblich zu trösten und hatte schließlich Mühe, ihn zur Rückkehr nach München zu zwingen. Damals konnte ich mir nicht erklären, daß der Verlust ihn so gänzlich außer Fassung gebracht hatte. Später begriff ich es. Er war nur der letzte Tropfen in den übervollen Becher des Kummers. Seine unsichere, ärmliche Lage, fehlgeschlagene Künstlerhoffnungen bedrückten und bestürmten sein aufgeregtes Gemüt, und die Wellen warfen das Schiffchen nach allen Seiten.»

Ende Oktober 1842 verkündete Gottfried Keller der Mutter seinen Entschluß, heimzukommen. Den Hauptteil seiner Bilder habe er dem Hausherrn überlassen müssen, erinnerte er sich später. Die «Ossianische Landschaft», die verschmutzt und verspätet an die Ausstellung gekommen war, habe er dann doch noch verkaufen können, für 60 Gulden an einen Münchner Sammler. Im übrigen hatte er im letzten Brief vor seiner Heimkehr der Mutter geschrieben: «Ich kann Dir nur versichern, daß es zwei Dritteln von den Künstlern so gegangen ist, die jetzt geborgen sind. Freilich quält's mich genug, daß Du am meisten dabei zu leiden hast.»

Erst drei Jahrzehnte später, im Herbst 1872 – der Herr Staatsschreiber Keller hatte endlich einen Urlaub genommen –, da zog es ihn wieder nach München, «um sich mit eigenen Augen von den Zuständen im neuen Reich zu überzeugen und auf den grünen Pfaden der Erinnerung zu wandeln». Manche Stunde forschte er jenem Trödelmännchen nach, bei dem er seine Bilder und die Flöte versilbert hatte, «doch jede Spur war verloren». Im «Franziskanerbräu» traf man sich bei Bier und Rettich. Kellers schönstes Erlebnis wurde der Besuch der Schack-Galerie, wo er sich lange in die Landschaften von Böcklin vertiefte. Sie paßten ihm eigentlich gar nicht. Noch zehn Jahre später schrieb er: «Es heißt, daß Böcklin nur einmal in seiner Jugend sorgfältige Studien nach der Natur gemalt habe und seither sich mit Spazierengehen und Anschauen begnügte.» Hatte es Keller in München nicht ähnlich gehalten?

Zum Empfang der preußischen Braut des Kronprinzen Maximilian von Bayern im Oktober 1842 ließ sich der völlig abgebrannte Gottfried verpflichten, tage- und nächtelang Fahnenstangen mit blauweißen Spiralen zu bemalen. Die unglaubliche Episode wurde gelegentlich den vielen frei erfundenen Keller-Anekdoten zugewiesen, da sich Keller stets geweigert hatte, sein Brot mit Kolorieren zu verdienen. Er selbst hat sie später seinem Biographen Baechtold erzählt. Illustration von Burkhard Mangold, 1906.

Vom Pinsel zur Poesie

Gottfrieds späte Heimkehr zu den Suppentöpfen der Mutter war das Ende eines langen, langsamen Zermürbungsprozesses. Noch im Oktober 1840 hatte er ihr auf die Bitte, zurückzukehren, entschieden getrotzt: «Die Leute würden ein schönes Gelächter haben. Ich habe einmal meine Bahn angetreten und werde sie auch vollenden, und müßte ich Katzen fressen in München.»

Ein Jahr später, am 11. Oktober 1841, gab er dem Schaffhauser Bendel, der über Zürich heimreiste, einen bereits argumentierenden Brief mit: «Er ist einer meiner besten Freunde und hat mir schon viele Gefälligkeiten erwiesen. Ich bin ihm noch drei Taler schuldig, welche ich ihm nicht geben konnte, und ersuche Dich daher, ihm dieselben auszubezahlen. Auch er hatte im Anfange, als er herkam, keine Hülfe von zu Hause und mit tausend Schwierigkeiten und Sorgen zu kämpfen, so daß er schon glaubte, die Kunst aufzugeben, und jetzt stellt er sich doch über 1000 Gulden jährlich.»

Ein Jahr darauf war Gottfried seiner Sache nicht mehr so sicher. Den Ausschlag, seine Zelte an der Isar abzubrechen, mag der sehnsuchtsvolle Brief seines Schulfreundes Matthias Spinner gegeben haben, eines mausarmen, kränklichen Burschen, der sich mit Kolorieren, später als Briefkastenleerer, kärglich durchs Leben schlug. Am 15. Oktober 1842 schrieb er:

«Du mußt kommen auf Zürich; denn Deine liebe Mutter spricht immer nur von Dir, wann Du kommest. Sie schaue vielmal auf die Straße, und wenn sie irgend einen so kleinen Bursch sehe, so meine sie, sie müsse rufen: ‹Regeli, der Gottfried kommt!› Sie sind beide ganz wohl. Deine Mutter war schon mehreremal bei uns und meine auch schon bei Deiner. Deine Mutter sagte gestern zu mir, sie habe gehört, Du habest einen so großen Bart; sie wolle Dir aber schreiben, Du sollst diesen in München lassen. Ich aber sage Dir: bringe ihn mit! Es wäre schade, wenn Du ihn abschneiden würdest. Wenn Du nach Zürich kommst, so mache mir die Freude, daß Du mich besuchst. Wenn ich schon nur der Matthias bin, so glaube mir, ich fühle dann noch mehr, daß Du mein Freund, mein einziger bist, obschon ich mir wohl denken und Dir nicht zumuten kann, daß Du so viel zu mir kommst und so viel mit mir gehen sollst wie früher. Du gehörst jetzt den größern Männern zu!»

Vermutlich noch im Herbst 1842 hatte Gottfried sein Aquarell «Landschaft mit Gewitterstimmung» gemalt. Wie auf seinen frühesten «poetischen Landschaften» erscheint auf ihm der einsame Wanderer, aber diesmal nicht in die Betrachtung der Gegend versunken, sondern

Kellers Mutter und Schwester. Frau Keller war 73, Regula 38 Jahre alt, als sie sich 1860 im Atelier von Jakob Schneebeli photographieren ließen. Die beiden Frauen haben den unverheiratet gebliebenen Dichter sein ganzes Leben lang umsorgt. 1912 und 1919 wurde die Asche der beiden ins Grab des Dichters auf dem Friedhof Sihlfeld überführt. Auf einer 1950 angebrachten Gedenktafel stehen die Worte, die Keller 1852 aus Berlin nach Hause schrieb: «Und wenn ich einst mir einige Ehre erwerbe, so habt Ihr den größten Anteil daran durch Euere stille Geduld.»

mit halb aufgespanntem Malerschirm gegen den Sturm ankämpfend. Und es sieht aus, als trage er alle seine Habe bei sich: eine Flöte, einen Feldstuhl, eine Pinseltasche und ein Bündel wärmender Briefe von zu Hause in der Brusttasche.

Nach zweieinhalbjähriger Abwesenheit verschwand Keller plötzlich aus München, wo das verwegene Schweizer Männchen mit dem schwarzen Hut und der großen Zeichenmappe bereits zum Straßenbild gehört hatte. Doch wie der grüne Heinrich in der ersten Fassung seines Jugendromans drei Tage am Schützenfest in Basel bleibt, bevor er zur toten Mutter geht, oder Martin Salander sich nach der Heimkehr zuerst bei einem Nachmittagsschöppchen Mut antrinkt, ehe er die armen Seinen begrüßt, so hielt sich auch Gottfried – sein Leben lang war er ein Zögerer – zuerst bei seinem Freund Müller in Frauenfeld auf, bevor er kleinlaut den Weg zur Mutter fand. Ihr Traum, den sie einst in der Schleimfieberzeit nach München geschildert hatte, war Wirklichkeit geworden: «Mir träumte letztlich von Dir, nämlich Du seiest heimgekommen in zerrissenen Kleidern und so mager und blaß, daß ich erschrak über Dein furchtbares Aussehen.»

Rechte Seite: Landschaft mit Gewitterstimmung. Aquarell, vermutlich um 1842 in München entstanden. Den «Malerschirm mit dem langen eisenbeschlagenen Hocker und den zwei Riemlein» hatte sich Keller im Juli 1840 von der Mutter nach München schicken lassen. In der ersten Fassung des «Grünen Heinrich» schrieb Keller, er habe damals Landschaften mit einem Wanderer gemalt, «unter dem ich, halb unbewußt, mein eigenes Wesen ausdrückte».

Ein Epilog auf die Münchner Kummerjahre findet sich in einem Brief, den Keller drei Jahre später an Leemann schrieb: «Du bist in Deinem schwarzen Habit und mit Deinen schwarzen Haaren die dunkle Gestalt, an die sich meine meisten Erinnerungen an eine graue, kummervolle Zeit knüpfen, an eine Zeit, wo ich Jugend und Leben beinah für verloren hielt, und ich darf Dir jetzt schon sagen, daß ich damals, in meinem Zimmer an der Schützenstraße, manchmal trostlos auf meinem Bette herumgekugelt bin. Ich muß hier dankbarst den Witz und den Leichtsinn hochleben lassen, die uns durch diese greulichen Drangsale hindurch halfen. Ein guter Witz geht immer für ein Stück Brot, und ein leichter Sinn ersetzt manchen Becher Wein.»

Stets hoffte Gottfried, wieder nach München ins Künstlerleben der Bohème zurückzukehren, aber die Sache scheiterte wie so vieles am Geld. Und was hätte ihm diese weitere Flucht aus der Wirklichkeit gebracht?

Kellers «grauer, kummervoller» Münchner Zeit folgten sechs Jahre der Ungewißheit, an die er später nur mit «gemischten Gefühlen» zurückdachte. Das Dachstübchen im Haus am Rindermarkt war für die großen Malkartons, die er mit heroischen Landschaften füllen wollte, zu klein geworden. In der Nähe mietete er ein Atelier. «Es war Winter und jener Raum so unheizbar, mein inneres Feuer für die spröde Kunst auch so gering, daß ich mich meistens an den Ofen zurückzog und in trüber Stimmung über meine Lage hinter jenen Kartonwänden versteckte, die Zeit mit Lesen und Schreiben zuzubringen. Allerlei Not und die Sorge, welche ich der Mutter bereitete, ohne daß ein gutes Ziel in Aussicht stand, beschäftigte meine Gedanken und mein Gewissen, bis sich die Grübelei in den Vorsatz verwandelte, einen traurigen kleinen Roman zu schreiben über den traurigen Abschluß einer jungen Künstlerlaufbahn, an welcher Mutter und Sohn zugrunde gehen. Es schwebte mir das Bild eines utopisch-lyrischen Buches vor mit heiteren Episoden und einem zypressendunkeln Schluß, wo alles begraben wurde.» Man errät es leicht: Es ging um den «Grünen Heinrich», doch es dauerte noch über ein Jahrzehnt, bis Gottfried wiederum in der Fremde, elend und geschunden, das letzte Kapitel «unter Tränen zusammenschmierte».

Dieser vage Gedanke, gefaßt zwischen heroischen Landschaften und dem knisternden Ofen, «war meines Wissens der erste schriftstellerische Vorsatz, den ich mit Bewußtsein gefaßt hatte. Die Mutter kochte unterdessen an ihrem Herd die Suppe, damit ich essen konnte, wenn ich aus meiner merkwürdigen Werkstatt kam.» Am 11. Juli 1843 notierte er in sein Tagebuch: «Ich habe nun einmal einen großen Drang zum Dichten; warum sollte ich nicht probieren, was an der Sache ist?»

Doch eine «klangvolle Störung» durchkreuzte seine Roman-Idee. «Eines Morgens, da ich im Bette lag, schlug ich den ersten Band der Gedichte Herweghs auf und las. Der neue Klang ergriff mich wie ein Trompetenstoß.» Tagelang wußte er sich «der Masse ungebildeter Verse,

welche sich stündlich hervorwälzten», kaum zu erwehren. «Das erste Produkt, welches von mir in einer Zeitung (dem in Basel erscheinenden Wochenblatt «Die freie Schweiz») gedruckt wurde, war ein Jesuitenlied: ‹Hussah! Hussah! Die Hatz geht los!›, dem es aber schlecht erging. Eine konservative Nachbarin, die in unserer Stube saß, als das Blatt zum Erstaunen der Frau gebracht wurde, spuckte beim Vorlesen der greulichen Verse darauf und lief davon.» Andere Dinge dieser Art folgten.

Noch hatte Keller seine Malerabsichten nicht aufgegeben. «Mein vierundzwanzigster Geburtstag ist regnerisch und stürmisch an meinem Innern vorübergezogen. Meine Hoffnungen sind um nichts besser geworden, und wenn ich etwas Weiteres gelernt habe», notierte er am 5. August 1843 in sein Tagebuch, «so muß es durch inneres Anschauen und durch von Erfahrung gestärkte Auffassungskraft geschehen sein, denn in der gedrückten, kummervollen Lage, in welcher ich mich fortwährend befinde, kann ich wenig mit meinen armen Händen arbeiten und mutig zutage bringen. Schreiben oder lesen kann ich immer, aber zum Malen bedarf ich Fröhlichkeit und sorglosen Sinn. – Die Zeit ergreift mich mit eisernen Armen. Es tobt und gärt in mir wie in einem

Waldlichtung. Diese um 1843 in der Umgebung Zürichs entstandene, unvollendete Ölstudie auf Papier gehört hinsichtlich Subtilität und atmosphärischer Wirkung zu Kellers besten Arbeiten.

Vulkane. Ich werfe mich dem Kampfe für völlige Unabhängigkeit und Freiheit des Geistes und der religiösen Ansichten in die Arme; aber die Vergangenheit reißt sich nur blutend von mir los. Ich habe in den letzten Tagen Schriften der deutschen politischen-philosophischen Propaganda gelesen, viele Überzeugung daraus geschöpft; aber ich kann mich mit dem zersetzenden, höhnischen Wesen derselben noch nicht aussöhnen; denn ich will eine so zarte schöne Sache, wie das Christentum ist, auch mit Liebe behandelt wissen, und wenn es auch zehnmal ein Irrtum wäre.»

Und drei Tage darauf ergänzte er: «So weh es mir tut, muß ich jetzt für einige Zeit die Malerei in den Hintergrund stellen, wenn ich in der Dichterei etwas tun will.»

Damit war er an einen entscheidenden Wendepunkt gelangt. Zwar hatte er seine schwerste Lebenskrise – innerlich wenigstens – überwunden, aber er kam auch weiterhin nur über Irr- und Umwege zum Ziel. «Dennoch», sagte er später gelegentlich, «beklage ich heute noch nicht, daß der Ruf der lebendigen Zeit es war, der mich weckte und meine Lebensrichtung entschied. Das Pathos der Parteileidenschaft war eine Hauptader meiner Dichterei, und das Herz klopfte mir wirklich, wenn ich die zornigen Verse skandierte.»

Mit dem Sommer 1843 begann Kellers liederreiche Zeit. In seinem Sammetfräcklein, das ihn als Poeten auszeichnete, begab er sich jeden schönen Morgen nach dem Platzspitz, wo als erstes Zürcher Monument im Grünen Salomon Gessners Gedenkstein steht. In seiner Nähe, unter einem der alten, von Rosenhecken eingefaßten Bäume richtete er sich wohnlich ein. Eine Menge Gedichte entstand dort, «mit dem vorbeirauschenden Wasser zogen auch die Verse heran», auch ein Sonett «Herwegh» war darunter. Schließlich packte er ein paar Gedichte zusammen und schickte sie an Julius Fröbel, der Herweghs Gedicht «Lieder eines Lebendigen» herausgegeben hatte. Daß Fröbel, ein politischer Flüchtling aus Thüringen, einst sein Geschichts- und Geographielehrer an der Industrieschule gewesen war, verschwieg er im Begleitbrief. «Diesen ersten Schritt zur Ruhmeshalle deutscher Dichter», wie es in einer Biographie heißt, «tat Keller am 17. August 1843.»

Fröbel erkannte Kellers Talent sogleich und eröffnete ihm den Kreis jener literarischen deutschen Vormärzflüchtlinge, die sich in Hottingen zusammengefunden hatten: Schulz, Fröbel, Follen, Freiligrath und Herwegh, bei denen auch Hoffmann von Fallersleben verkehrte, der Dichter des Liedes «Deutschland, Deutschland über alles...»

Am 13. September 1843 entstand Kellers populär gewordenes Lied «O mein Heimatland, o mein Vaterland», eine Erinnerung an seine Münchner Jahre. Das Gedicht, von dem Keller aber nie viel hielt, habe seine Volkstümlichkeit nur der am 10. Juni 1846 komponierten Melodie Wilhelm Baumgartners zu verdanken. Der Komponist, «auch so ein kleiner schwarzer Kerl wie ich», hatte sich ihm einmal bei einer Begegnung unter dem Helmhaus vorgestellt, und seither verband eine herzliche Männerfreundschaft die beiden. Die «Lieder eines Autodidakten – Gottfried Keller von Glattfelden bei Zürich» erschienen Anfang 1845 in Fröbels «Deutschem Taschenbuch» und fanden eine sehr gute Aufnahme. Das Stuttgarter «Morgenblatt» feierte den jungen Mann als das bedeutendste lyrische Talent, das in der Schweiz laut geworden. Die wenigsten wußten damals, daß diese Gedichte nicht allein von Kellers Hand stammten. Der erfolgreiche Alleskönner August Adolf Ludwig Follen hatte daran tüchtig herumgefeilt und mit «herben Hammerschlägen aus dem Unbeholfenen und Grobknorrigen den edlen Goldklumpen herausgearbeitet.»

Follen war der glänzende Mittelpunkt des Hottinger Emigranten- und Literatenkreises entflohener Vormärz-Revolutionäre. Als Heidelberger Burschenschafter hatte er 1817 am überbordenden Wartburgfest mitgemacht, das dann zum Mord des Studenten Karl Ludwig Sand am

Männer aus dem Kreis literarischer Vormärzflüchtlinge in Hottingen:
Oben links: Julius Fröbel (1805–1893).
Oben rechts: August Adolf Ludwig Follen (1794–1855), Zeichnung von Joh. Ruff, 1847.
Unten links: Georg Herwegh (1817 bis 1875).
Unten rechts: Ferdinand Freiligrath (1810–1876).
Diese Männer entdeckten Kellers Begabung und förderten ihn als erste. In ihrem Kreis begegnete er Marie Melos und Luise Rieter.

erzreaktionären Politiker und Theaterdichter Kotzebue führte. Wie Fritz Reuter lag Follen viele Monate in der Festung, entfloh 1821 in die Schweiz, wo er sich ein Lehramt, eine reiche Frau, einen Ratsitz und das Bürgerrecht erwarb. 1840 erbaute er sich in Hottingen ein geräumiges Haus, das in Anspielung an seinen einstigen Studentennamen «der deutsche Kaiser» scherzweise «Kaiserburg» genannt wurde. Er muß eine imponierende Persönlichkeit gewesen sein, überaus gastfreundlich und hilfsbereit, aber eitel, in Kleidung und Manieren wie ein Fürst auftretend. Durch Fröbel war Keller gerade in dem Augenblick mit Follen zusammengekommen, als dessen Freundschaft mit dem Revolutionsdichter Georg Herwegh «zum Erbleichen kam». Den entscheidenden Fingerzeig auf Kellers Begabung hatte Follen von Hoffmann von Fallersleben erhalten, der auf der Durchreise im Herbst 1844 in der «Kaiserburg» abgestiegen war.

Georg Herwegh, der «feuerspeiende Salonrevolutionär», hatte eben eine schwerreiche Berlinerin geheiratet und war ein «widerlicher Kerl» geworden. Er hielt sich Livreediener und trank nur noch Champagner. «Das kommt mir zu», pflegte er zu sagen. Im Juli 1852 notierte Keller: «Was Herwegh betrifft, so dürfte er am wenigsten imstande sein, wahre Leidenschaft zu bezeichnen, da er nie welche gefühlt hat.»

Gottfried Keller als Freischärler 1845, Aquarell von Johannes Ruff. Vorn in Bildmitte Gottfried Keller mit Brille, Bocksbärtchen und einer großen Trommel. Um ihn seine Zürcher Malerkollegen. Die Gruppe Kellers sammelte sich vor einer ihrer Stammkneipen, der Häfelei in der Schoffelgasse. Der schlecht organisierte Zug gegen die konservativen Luzerner kehrte in der Nacht vom 31. März auf den 1. April unter militärischer Bedekkung wieder heim.

Anders der Dichter des «Jesuitenliedes»: Keller fühlte sich verpflichtet, sich auch aktiv an der Bekämpfung der Reaktion zu beteiligen. Als die Luzerner Regierung im Oktober 1844 den Jesuiten den Religionsunterricht übertrug, griffen in Zürich und anderen Kantonen empörte Freischärler zu Messer und Flinte, um der liberalen Mehrheit der Stadt Luzern gegen die bigotte Landbürgerschaft zu Hilfe zu eilen. Mit der Zürcher Schar zog auch Gottfried Keller ins Feld. Zwar hatte er noch kurz vorher zu Freiligrath gesagt, er sei zu arm, um sich fürs Vaterland totschießen zu lassen, aber Gottfried war kein Mucker. Wie leidenschaftlich die Jesuitenfrage damals umkämpft wurde, zeigt im übrigen der Aufruf des Aargauer Radikalen Augustin Keller, der selber ein Katholik war: «An der Hand der Religion macht der Jesuit den Menschen zum Tier und zur Furie. Es ist Pflicht eines jeden Menschenfreundes, gegen dieses Ungetüm aufzutreten.»

Der Freischarenzug 1844 wurde schon in Albisrieden aufgelöst. Gottfried wird so kleinlaut und «vom vielen Weintrinken abgespannt» heimgekehrt sein wie Frau Regel Amrains Jüngster. Ende März 1845 sollte es wieder losgehen. Gottfried versah sich beim Schneidermeister Wuhrmann, der auch mitzog, mit Gewehr und Hirschfänger, nur hatte er nicht darauf geachtet, ob die Mordwaffe auch gebrauchsfähig sei. Wuhrmann, der im «Fähnlein der sieben Aufrechten» den Schneidermeister Hediger abgab, hatte in der Aufregung vergessen, den Feuerstein statt des sichernden Sperrhölzchens einzusetzen. So kam es, daß Kellers Freund, der spätere Bundesrat Jakob Dubs, der den Mannen auf einem Erkundungsritt begegnete, lachend ausrief: «Gottfried, du hast ja einen hölzernen Feuerstein!» Der zu allem entschlossene Zug kam nur bis Maschwanden, wo der erwartete Zuzug ausblieb. Im Schutze der Dunkelheit fuhr man unter militärischer Bedeckung auf Leiterwagen wieder heim. Keller hat den zweiten Freischarenzug in der «Frau Regel Amrain» später erzählerisch abgewandelt, wobei er den Fritz vor seinem Auszug das Schloß seines Gewehrs sorgfältig prüfen läßt.

Unterdessen vermochte Follen den Heidelberger Verleger Anton Winter zu bestimmen, ein Bändchen «Gedichte» von Keller herauszugeben, das Anfang 1846 erschien. Auch diesmal fehlte es keineswegs an Lob, nur die radikale Eisenfresserei der politischen Lieder wurde getadelt. Gottfried war nun bald dreißig Jahre alt und streckte die Füße noch immer unter Mutters Tisch. Schreiben, Träumen und Ausgehen war zu seiner täglichen Gewohnheit geworden.

Ein Nachbar Herweghs draußen in Hottingen war Ferdinand Freiligrath, ebenfalls ein feuriger Revolutionär, aber viel echter als jener und schon in seiner Zürcher Zeit ein prominenter Dichter. Von ihm stammte der einst als Albumspruch vielmißbrauchte Vers: «Rundum der Kampf aufs Messer! Lern du zu dieser Frist, daß Wunden heilen besser als Wunden schlagen ist.» Er war ein versöhnlicher Mensch, dem die Revolution nicht Selbstzweck war. Zu Keller hatte er gleich eine herzliche Zuneigung gefaßt, und als er im Sommer 1846 seinen Wanderstab weitersetzte – aus London war ihm eine Stelle angetragen worden –, verband die beiden bereits das brüderliche Du, was damals selbst

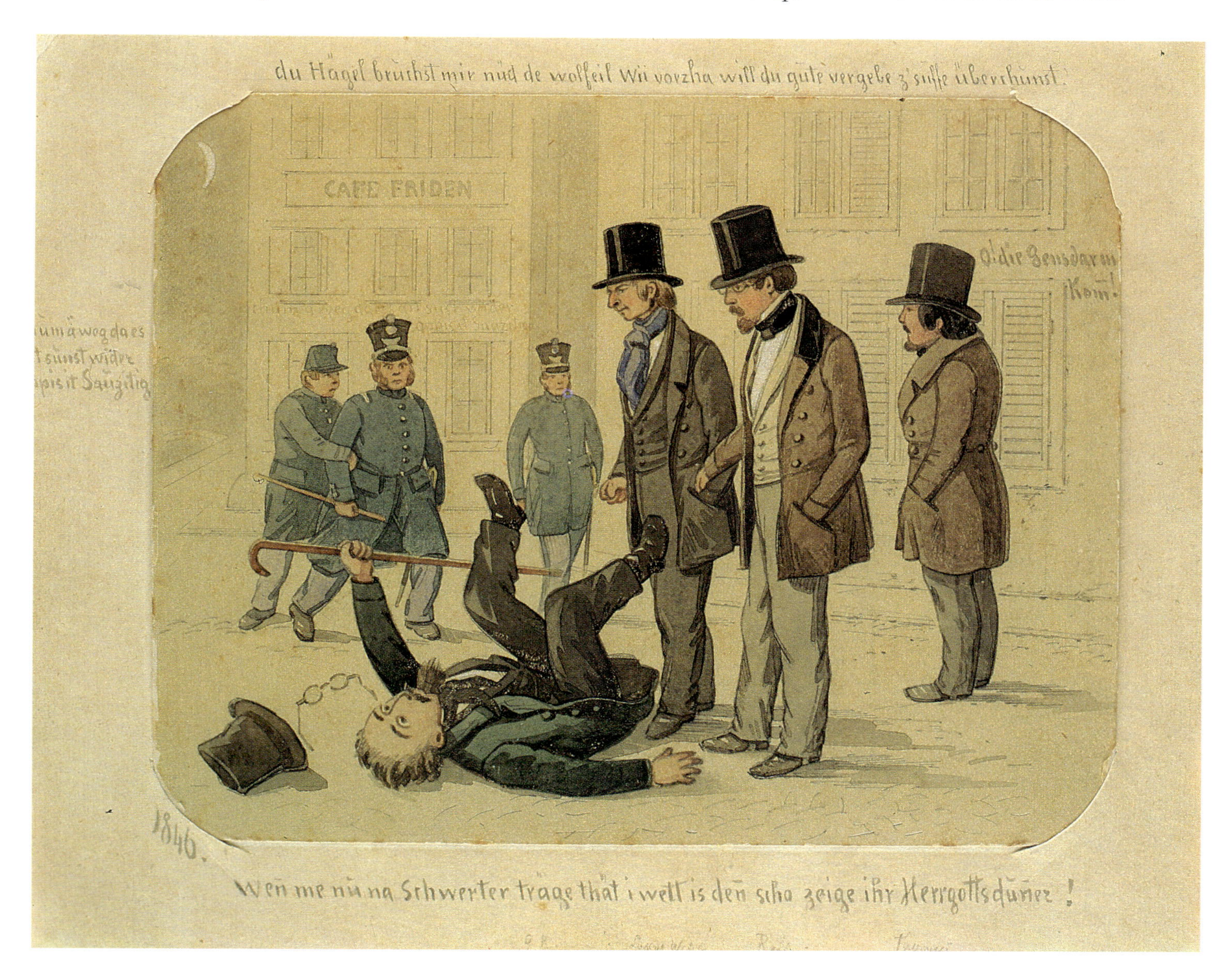

Szene vor dem Café littéraire, Aquarell von Johannes Ruff, 1846. Keller, am Boden liegend, im Streit mit dem von ihm verhöhnten Kupferstecher Lukas Weber. Die Polizei hielt sich fern, da sie vermutete, Keller sei von der Presse.

zwischen nahen Verwandten nicht selbstverständlich war. Noch vier Jahre nach Freiligraths Tod erinnerte sich der alternde Keller «der freien Sommerluft und der persönlichen Lebensglut», die in seinem Wesen lagen und ihn «von den andern unterschied».

Im aufgeräumten Hause der Freiligraths begegnete Keller dessen Schwägerin, dem «dunkeläugigen, rosigen Jungfräulein» Marie Melos, dem «Hauskreuz Freiligraths», der «Maruschel-Marunkel», wie er sie heimlich nannte, der er aber auch nach monatelangen inneren Liebesstürmen seine «bittersüßen Gefühle» nie gestand.

Am 23. August 1846 schrieb ihm sein Malerfreund Ruff: «Wie ich höre, bist Du noch immer in einem von Liebe umgarnten Zustande, da ist freilich guter Rat teuer, und am allerwenigsten sind Vernünfteleien hier am Platz. Daß Du aber durch Wein Dich zu heilen glaubst, ist unrichtig. Die Abreise Freiligraths ist unter diesen Bewandtnissen eine Fatalität für Dich. Du treibst es aber mit der Zurückhaltung zu weit, und wenn Dir der nächste Sauser keinen Mut macht, so bist Du verloren.»

Marie Melos (1820–1888) in ihren späten Jahren, um 1877. Als Tochter eines Weimarer Professors hatte sie als Kind noch Goethe auf den Knien gesessen. Ihre Schwester heiratete Ferdinand Freiligrath. Bei ihm in Hottingen lernte Gottfried seine «Maruschel-Marunkel» kennen, gestand ihr aber seine Liebe nie. Dreißig Jahre später begann ein Briefwechsel, der bis zu ihrem Tod anhielt. Zumeist schrieben sich die beiden zu ihrem gemeinsamen Geburtstag, denn Marie war auf den Tag um ein Jahr jünger als Gottfried.

Der Vater der zierlichen Marie war als Professor in Weimar mit Eckermann befreundet gewesen, und sie selbst hatte noch mit Goethes Enkeln gespielt. Sie erzählte sehr anmutig, wie der alte Goethe sie auf den Schoß genommen und mit Zuckerzeug gefüttert hatte. 1826 hatte sie zu seinem Geburtstag das Lied «Uf'm Bergli» aufsagen müssen.

Auf den Tag um ein Jahr jünger als Keller, blieb sie wie Gottfried unverheiratet. Bis zu ihrem Tod im Jahre 1888 tauschten die beiden zumeist auf Neujahr, sicher aber zu ihrem gemeinsamen Geburtstag, heitere Glückwünsche aus. Gottfrieds Briefe kamen oft etwas verspätet; aber es waren nicht nur papierne Floskeln zur Beschäftigung des Postboten, etwas von seiner unausgesprochenen und unausgekosteten Liebe schwang immer noch leise mit. Freundestreue war für Keller Charaktersache – wenn auch oft nur aus sicherer Distanz. Am 17. Juli 1884 schloß er seine Geburtstagsgratulation mit: «Ihr unveränderlicher und doch immer bewegter G. Keller.»

Am ungezwungensten verkehrte Freiligrath mit der Familie Schulz. Nur ein schmaler Weg trennt die beiden Häuser an der Gemeindestraße. Dr. Wilhelm Schulz, ein Mann von «unverlierbarer Freundlichkeit», war wie Gottfried Keller von kleiner, untersetzter Gestalt. Einst in Darmstadt Hauptmann der Befreiungskriege, Jurist und oppositioneller Schriftsteller, konnte er mit Hilfe seiner tapferen Frau Caroline einer fünfjährigen Festungshaft entfliehen und dank Follens Kaution in Zürich Zuflucht finden, wo er nun in Hottingen Wohnsitz nahm und an der Universität über staatsrechtliche Themen las. Frau Caroline pflegte an der Spiegelgasse den sterbenden hessischen Revolutionär Georg Büchner, Wilhelm schrieb dem Dreiundzwanzigjährigen in der Neuen Zürcher Zeitung den ersten Nachruf: «Große Hoffnungen ruhten auf ihm, und so reich war er mit Gaben ausgestattet, daß er selbst die kühnsten Erwartungen übertroffen haben würde.»

Frau Schulz war es nun, die an Schweglers «Jahrbücher der Gegenwart» anonym eine enthusiastische Besprechung von Kellers «Lieder eines Autodidakten» sandte. Gottfried, der unschwer erriet, welche weibliche Hand diese empfindsam überfließende Feder geführt hatte, antwortete mit einem amüsant-galanten Gedicht von drolliger, sich überstürzender Bildhaftigkeit:

An Frau Caroline Schulz

(als sie in den «Jahrbüchern der Gegenwart» eine etwas übertriebene lobende Rezension über meine ersten Gedichte ergoß)

Wenn aus dunkeln Tannenbüschen
Kritisch lungerndes Gesindel,
Schäbig feige Wegelagrer,
Die in ihres Bettelsackes
Bodenlosen schwarzen Gründen
Nichts als schlechte Kupfermünze,
Krumen, dürre Käserinde
Und dergleichen mit sich führen,
Auf den wandernden Poeten,
Der da harmlos geht und singt,
Ihre schlechten Witze senden,
Ihres Neides stumpfe Pfeile:
O, dann nimmt er von der Straße
Nur den ersten besten Stein,
Werfend ihn nach dem Gesträuche;
Und das feige Pack verkriecht sich,
Schneuzt und reibt die wunde Nase,
Froh, daß man es nicht erkannt.

Aber wenn der gute Dichter
Nächtlich durch die Straßen wandelt
Träumerisch im Mondenlicht,
Und von blumigem Balkone
Hinter Ros'- und Myrtenstöcken
Oder gar aus kleinem Fenster
Mit romant'schen Epheuranken
Lauschende verborgne Frauen
Überschwenglich ihres Lobes
Eine ganze Sündflut gießen
Auf den Dichterling herab:
Rosenöl und Kölnisch Wasser,
Mandelmilch und Limonade
Und dergleichen süßes Zeug, –
Ach, dann bleibt ihm gar nichts übrig,
Als den nassen Kopf zu schütteln,
Dumm verblüfft empor zu schauen,
Rufend: «O ich bitte sehr!»

Bei der liebenswürdigen Familie Schulz hatte Keller Freiligrath kennengelernt, in diesem Kreise begegnete auch jener Luise Rieter, die im Verzeichnis seiner unerfüllten Herzensangelegenheiten ganz oben steht. Am 5. Februar 1847 schrieb er dem «teuersten Freiligrath» nach England einen längeren Brief, der bei aller Niedergeschlagenheit einige überraschende Passagen enthält:

«Schulz trägt mir auf, für ihn an Dich und Deine verehrteste Frau zu schreiben, zuvörderst mit der Versicherung, daß ein eigenhändiger Brief, sobald nur das Dunkel seines jetztigen Gemütszustandes sich etwas wiedergelichtet hat, ihm nicht nur willkommene Pflicht, sondern auch lindernde Forderung sei. Freitags, den 29. Januar nachmittags starb seine Frau, und am 1. Februar trugen wir sie zu Grabe auf den Neumünsterkirchhof.

Schulz ist anscheinend ruhig und teilnehmend an den weltlichen Dingen; aber innerlich scheint er von tiefem und niederdrückendem Schmerz ergriffen zu sein; oft ist er ganz matt. Am 1. März werde ich zu ihm ziehen, um seine Einsamkeit zu teilen oder vielmehr aufzuheben.

Nach Dir habe ich oft Heimweh und es ist mir überhaupt seit einiger Zeit kurios zu Mute. Ich suche oft mit großer Ängstlichkeit ein besseres und feineres Glas als gewöhnlich und trinke es unter wunderlichen und fremden Gedanken. Ich bin auch unter den Leuten fremd.

In einigen Wochen lasse ich etwa vierzig Gedichte drucken, und nachher werde ich endlich meinen Roman fertig machen, welcher den Titel ‹Der grüne Heinrich› bekommen wird.»

In der Tat hatte Gottfried Keller nach der reichen lyrischen Ernte des Jahres 1845 im verflossenen Sommer die ersten Seiten seines Jugendromans niedergeschrieben, aber bis zum «Fertigmachen» ging es noch acht geschlagene und geschundene Jahre.

Das Fräulein aus Winterthur

Seinem Versprechen gemäß siedelte Gottfried im Frühling 1847 zu dem verwitweten Freund Schulz ins Haus «Zum Sonnental» in Hottingen über. Im gleichen Haus wohnten dessen Besitzer, der Gymnasialprofessor Konrad Orelli-Breitinger, und seine Frau, ein älteres, liebenswürdiges Paar. Der Professor war ein meisterhafter Schachspieler und gemütvoll-behaglicher Gesellschafter. Bei einem Kuraufenthalt in Seelisberg hatten sie ein reizendes junges Mädchen aus Winterthur, Fräulein Luise Rieter, kennengelernt und für ein paar Wochen zu sich eingeladen.

Der Name Rieter war damals weitherum geläufig, nicht nur wegen der ansehnlichen Winterthurer Maschinenfabrik, vielmehr durch einen aufsehenerregenden Mordfall, der zwar schon einige Zeit zurücklag, aber an Jahrmärkten von Moritatensängern noch immer effektvoll zur Darstellung gebracht wurde: «Gar vielen Leuten ist bekannt der Hemsbacher Mord im Schwabenland...»

Luise Rieter (1828–1879), stammte aus der Winterthurer Industriellenfamilie, deren Name damals wegen einer Mordgeschichte in Süddeutschland in aller Leute Mund war. Die lebenslustige junge Dame war 1847 in Hottingen zu Besuch, wo Gottfried Keller sie kennen lernte. Ihr galt seine erste große Leidenschaft. Aquarell von Clementine Stockar-Escher, um 1848/50.

Im Oktober 1811 war aus der Amtsstube des Stadtdirektors Ludwig Pfister zu Heidelberg ein 244 Seiten starker Band erschienen, der sich, um so die öffentliche Sicherheit zu vermehren, an ein breites Publikum wandte und reißenden Absatz fand: «Aktenmäßige Geschichte der Räuberbande an den beiden Ufern des Mains, im Spessart und im Odenwalde, enthaltend vorzüglich auch die Geschichte der Beraubung und Ermordung des Handelsmannes Jacob Rieter aus Winterthur.»

Hans Jacob Rieter, wie er in Wirklichkeit hieß, hatte neben dem «Handel in gedruckten Waaren» eine Rotfärberei und eine Kattundruckerei betrieben und war nach Ostern 1811 auf dem Heimweg von der Frankfurter Messe, im Walde bei Hemsbach zwischen Darmstadt und Heidelberg, von Straßenräubern überfallen, aus dem Postwagen geholt, ausgeraubt und derart mißhandelt worden, daß er keine Woche darauf in Heidelberg starb, wo sein Grabstein in der Nähe des Universitätsplatzes heute noch zu sehen ist. Bereits vier Tage darauf konnte durch Zufall einer der Täter aufgegriffen werden, ein Kumpan der berüchtigten Hölzerlips-Bande, die Dutzende von Vagabunden umfaßte. Zumeist als Händler mit Porzellan-Nippsachen getarnt, verbreiteten sie im Odenwald und im Spessart Angst und Schrecken, etliche waren untergetauchte Genossen des acht Jahre zuvor in Mainz hingerichteten Schinderhannes. Ende Juni 1812 wurden der Hölzerlips, der Mahne-Friedrich, der lange Andres und weitere drei Kumpane des Mordfalls Rieter in Heidelberg zum Tode durch das Schwert verurteilt und, nach Begnadigung der beiden jüngsten, am 12. Juli auf dem Richtplatz vor «einer unabsehbaren Menge Volkes» öffentlich enthauptet.

Der unglückliche Textilunternehmer Hans Jacob Rieter war der Großonkel von Luise Rieter gewesen, die selber zur Linie der Maschinenindustriellen gehörte. Die Neunzehnjährige wurde als schlank und hochgewachsen, mit lachenden braunen Augen und angenehmem Stupsnäschen beschrieben. Durch natürliche Grazie und ein unbefangenes, schlagfertiges Wesen habe sie jedermann für sich eingenommen. Sie verstand es nebenbei, «den Zeichenstift zu führen und hübsche Verse zu schreiben, ohne sich freilich über das Mittelmaß eines gebildeten Dilettantismus zu erheben.»

In einem Brief nach Winterthur schilderte sie am 12. Mai 1847 ihre offenbar mit Spannung erwartete Begegnung mit Keller, der durch die Veröffentlichung seiner ersten Gedichte zu einem beachtenswerten jungen Mann geworden war: «Keller spricht wenig und scheint eher phlegmatischen Temperaments zu sein. Er hat sehr kleine, kurze Beine, schade! Denn sein Kopf wäre nicht übel, besonders zeichnet sich die außerordentlich hohe Stirn aus. Es war ihm nicht ganz wohl, hoffen wir, daß es nicht ich war, die ihm Weh verursachte, und er verließ uns bald wieder.» Und schließlich fügte sie hinzu: «In der Nähe, fast vis-à-vis von meinem Fenster, haust in einem Dachstübchen ein noch junger Maler, zu dem eben Herr Keller gehüpft. Ich sehe sie dann und wann am Fenster leuchten, ob sie mich wohl als eine Madonna abkonterfeien?»

Aktenmäßige Geschichte

der

Räuberbanden

an den

beiden Ufern des Mains, im Spessart
und im Odenwalde.

Enthaltend

vorzüglich auch die Geschichte der Beraubung und Ermordung
des Handelsmanns Jacob Rieder von Winterthur
auf der Bergstraße.

Nebst einer Sammlung und Verdollmetschung mehrerer Wörter aus
der Jenischen oder Gauner-Sprache.

Vom

Stadtdirector Pfister

zu Heidelberg.

Nec severitatis, nec clementiae gloria affectanda est.
L. 11. ff. de poenis.

Luise Rieters Großonkel Jakob war nach Ostern 1811 auf dem Heimweg von der Frankfurter Messe von Vagabunden ausgeraubt und erschlagen worden. Anhand dieses Mordes gelang es den Kriminalisten von Heidelberg, eine weitverzweigte Räuberbande auszuheben, die einst mit dem Schinderhannes in Beziehung gestanden hatte. Aufgrund einer Publikation mit zahlreichen Steckbriefen konnte man der Täter habhaft werden. Sie wurden 1812 in Heidelberg öffentlich hingerichtet. Durch den Fall wurde der Name Rieter weitherum bekannt.

Gottfried gewann sie schon in jenen Maiwochen leidenschaftlich lieb und wurde dann den ganzen Sommer umgetrieben von seiner unausgesprochenen Zuneigung und vom steten Gedanken an die Unsicherheit seiner Existenz. Luise war indessen wieder nach Winterthur entschwunden; Gottfried hatte für seine Gedichte erstmals ein Honorar von siebenhundert Gulden erhalten und damit eine kleine Sommerreise ins Bündnerland und nach Luzern unternommen. Sein Begleiter war der begabte Luzerner Musiker und Dichter Xaver Schnyder von Wartensee, ein bereits sechzigjähriger Sonderling, «der lächelnde feine Mann, in seinen unsterblichen Nanking sommerlich gekleidet, die Gamaschen mit artigen, aber soliden Messingkettchen unter den Sohlen befestigt.» Im Bade Pfäfers weilte eben Lamartine zur Kur, in Ragaz zog Schnyder in blauer Nacht «plötzlich ein Flageolettchen aus Ebenholz» hervor und brachte unter dem Fenster einer berühmten Schönen ein allerliebstes Ständchen, in Luzern führte er Keller seine wundervolle Glasharmonika vor: «Er setzte sich an die Harmonika, lang und hübsch, wie er war, in fast ganz weißem Hausgewand mit seinen silbernen Locken. Durchs offene Fenster strahlte der im Mondlicht ruhende See, schaute der mächtige geheimnisvolle Umriß des Pilatusberges herüber, und nun begann das Spiel mit den geisterhaftesten Tönen, die ich je gehört, bis sie in voller Harmonie zusammenflossen und mit wunderbar sanfter Gewalt von einem schönen Adagio ins andere gingen, bis fast eine Stunde vorüber war. So! sagte er, endlich abbrechend und stand auf. Gütig legte er mir die Hand auf die Schulter und sagte: ‹Nun wollen wir aber zu Bett gehen! Gehen Sie jetzt auch schlafen, hören Sie! und träumen Sie etwas Gutes!›»

Damit hatte er es richtig getroffen, Gottfried träumte in jenen Nächten viel, vor allem von der schönen Luise. Schließlich flüchtete er sich in sein «Traumbuch», dem er seine heimlichsten Wünsche und Visionen anvertraute, nicht ahnend, daß die Angebetete in wenigen

Der am 16. Oktober 1847 von Gottfried an das verehrte Fräulein Rieter geschriebene Liebesbrief gehört zu den schönsten und zugleich drolligsten Beispielen dieser Art privatester Korrespondenz. Er stellt sich darin als grünen Jungen hin, der nichts als ein unansehnlicher Bursche sei. Ihr umgehender Korb mit säuerlichem Inhalt wurde ihm zu einem weiteren Beweis «für ihr reines und gesundes Gemüt.»

Wochen aufs neue bei ihren Hottinger Freunden einkehren werde. Besonders kellerisch ist folgender Eintrag:

«1. Oktober, zwölf Uhr nachts. Ich komme soeben aus der Gesellschaft, ziemlich gebeugt von achttägiger Liederlichkeit, die doch wiederum höchst unschuldig ist, wenn ich andere Personen und Verhältnisse betrachte. Ich glaube mich immer schlechter und schwächer als andere und finde mich am Ende immer ein klein wenig besser. Wahrscheinlich aber werde ich mit meiner naiv beschaulichen und müßiggängerischen Weise zugrunde gehen, während die praktischen und emsigen Korruptions- und Schlendriansmenschen florieren. Habe mich auf die ehrbarste Weise an der lieblichen Braut eines Quidam gefreut und dachte an die X – selbst X, noch einmal selbst X. Ich bin auch nicht von Stroh. Gute Nacht, mein liebes Herz, du verlierst sehr viel, wenn du nicht aushältst!»

Dann war sie wieder da. Am 12. Oktober 1847 berichtete Luise der Mutter: «Herrn Keller sah ich auf der Kunstausstellung; er war so verblüfft über unsere Anwesenheit, daß er, anstatt artig und höflich als Cicerone uns zu dienen, sich sobald als möglich davonschlich.»

Gottfried Kellers unglückliche Neigung zu Luise Rieter ist dem Literaturfreund fast so bekannt wie sein Kranz zärtlich-humorvoller Herzensaffären um seinen «Landvogt von Greifensee», wo sie als die reizende Figura Leu dargestellt ist. Des jungen, «armen Poeten» schmerzliches Geständnis an die hübsche Winterthurerin findet sich in

Hegis wiedergefundene Illustrationen zum «Landvogt von Greifensee». Im Nachlaß von Kellers Malerfreund Johann Salomon Hegi haben sich Illustrationen zum «Landvogt von Greifensee» gefunden, die bis heute unbekannt geblieben sind. Das mittlere Format der etwas verschieden großen, lavierten Feder-Tusche-Zeichnungen liegt bei 20x25 cm. Keller am 27. August 1875 an Adolf Exner:
«Der Landvogt ist ein origineller Zürcher, Landolt, aus dem vorigen Jahrhundert, der als Junggeselle gestorben ist. Der haust auf dem Schloß Greifensee jenseits des Zürichberges und ladet auf einen Sonntag, um sich einen Hauptspaß zu machen und auch ein Erinnerungsvergnügen nach all den vorübergegangenen Liebesstürmen, 6 oder 7 hübsche Weibsbilder ein, die ihm alle Körbe gegeben haben, um sie alle beieinander zu haben und zu sehen. So kommen sie zusammen, ohne es zu wissen. Jede glaubt seine besondere gute Freundin zu sein, und jede will ihn besonders bemuttern und bevormunden, und nun knüpft er ihnen die Haare ineinander, daß es eine Hauptlustbarkeit absetzt, d.h. wenn ich's machen kann; denn gerade diese Partie muß ich noch schreiben, das ist eben der Teufel! Sechs oder sieben Mädel, die alle artig und liebenswürdig sind, keine der anderen gleicht und auch jede etwas Komisches hat. Da kommt's nun wahrscheinlich auf eine recht deutliche und bündige Exposition aller einzelnen an, eine nach der andern, daß ihre Rollen am Tage des Gerichts schon von selbst gegeben und vorgeschrieben sind.»

Linke Seite:
Oben: Der alternde Landvogt Salomon Landolt sitzt im Schatten einer Platane und hält Rückschau auf sein wechselvolles Leben, das ihm Ansehen und Erfolg, aber wie Gottfried Keller selber keine Lebensgefährtin beschieden hat.
Mitte: Landolt und Figura Leu, der «Hanswurstel», zu Besuch beim Dichter, Künstler und Sihlherrn Salomon Gessner im Sihlwald.
Unten: Erstauntes Aufblicken Landolts beim Eintreten Wendelgards, des «Kapitäns», in den Fechtsaal ihres Vaters.

Rechte Seite:
Oben: Landolt zeigt Barbara, der «Grasmücke» in Gottfried Kellers beziehungsreicher Geschichte, seine Malkapelle.
Mitte: Aglaja, die «Amsel», zeigt Salomon Landolt das Bildnis ihres Geliebten.
Unten: Landolt als salomonischer Richter in seiner Amtsstube im Schloß Greifensee mit einem in dauerndem Unfrieden lebenden Ehepaar.

jeder Sammlung schöner Liebesbriefe an vorderster Stelle, und auch unter den seltsamsten Brautwerbungen nimmt Kellers törichtes Bitten um die Gunst von Fräulein Rieter einen Ehrenplatz ein. Weit davon entfernt, seine Vorzüge ins Licht zu rücken, schrieb er ihr wie ein geschlagener Schuljunge, der gesteht, nur um sich seine Leiden endlich vom Hals zu schaffen:

«Verehrtestes Fräulein Rieter! Erschrecken Sie nicht, daß ich Ihnen einen Brief schreibe und sogar einen Liebesbrief. Ich bin noch gar nichts und muß erst werden, was ich werden will, und bin dazu ein unansehnlicher armer Bursche; also habe ich keine Berechtigung, mein Herz einer so schönen und ausgezeichneten jungen Dame anzutragen, wie Sie sind.» Aber dann findet er, wenn die liebenswürdige Begegnung doch Ausdruck tiefer Gefühle gewesen wäre und er hätte nichts darum getan, «so wäre das ein sehr großes Unglück für mich, und ich könnte es nicht wohl ertragen. Ich bin es also mir selbst schuldig, daß ich diesem Zustand ein Ende mache; denn denken Sie einmal, diese ganze Woche bin ich wegen Ihnen in den Wirtshäusern herumgestrichen, weil es mir angst und bang ist, wenn ich allein bin. Aber genieren Sie sich ja nicht, mir ein recht rundes grobes Nein in den Briefkasten zu tun. Ich bin kein Freund von neumodischen Halbheiten.» Und diesen denkwürdigen Brief schloß Gottfried mit dem Satz: «Halten Sie einem armen Poeten etwas zu gut!»

Luise Rieter. Daguerreotypie um 1850.

Luisens «Korb» mit säuerlichem Inhalt muß postwendend bei Keller eingetroffen sein. Er entschuldigte sich bei Frau Professor Orelli, bei der Fräulein Rieter zu Gast gewesen war: «Sie glaubte der unschuldige Gegenstand einer mutwilligen und oberflächlichen Neigung geworden zu sein, und daß sie das beleidigte, anstatt ihr zu schmeicheln, bewies mir wieder ihr reines und gesundes Gemüt. Sie fragen mich wohl, wie ich denn dazu gekommen sei, jenen freien und maßlosen Brief zu schreiben? Ich hatte die Nacht schlaflos zugebracht und befand mich am Morgen sogar körperlich unwohl, das Herz war mir fortwährend wie zugeschnürt und der Kopf heiß. Auch der demütigste Mensch glaubt und hofft innerlich mehr, als er auszusprechen wagt, und ich bin keiner von den demütigsten, vielmehr habe ich manchmal einen recht sündlichen Hochmut zu bändigen. Ich erging mich an jenem Morgen in den glühendsten Hoffnungen, und mitten in meinem Rausch erinnerte ich mich, gehört zu haben, daß sie heute abreise. Eine tiefe Angst kam über mich, und so entstand der Brief, während meine Gedanken bei ihr waren, schrieb meine Hand die ungeschliffenen Worte. Ich habe schon lange vorausgesehen, daß es mir einst so gehen würde.»

Fräulein Luise Rieter, deren Grazie und wohltönende Stimme einst alle gefangengenommen hatte, blieb nach einer unglücklichen Liebe – vermutlich zu einem abenteuerlichen polnischen Grafen – ledig und starb nach schwerer Krankheit 51jährig 1879 bei Verwandten in Danzig.

Heitere Tage in Heidelberg

«Im schönen Mai erschien mir Luise Rieter, im Herbst entschwand sie mir für immer und ich kann wohl sagen, daß es trotz allem Leid der schönste Sommer und der lieblichste Traum meines Lebens gewesen ist; aber es wäre kindisch und unvernünftig von mir, im voraus zu behaupten, daß er sich niemals verwischen werde», gestand er Frau Barbara Orelli, und diese – «dem Dichter sehr gewogen» – sprach von «edler Resignation». Keller ahnte kaum, wie bald ihn neue Prüfungen erwarten würden. «Resignatio ist keine schöne Gegend!» wird er schließlich über seinem Schreibtisch seufzen, und wer die vertrackten Seelenkritzeleien des verzweifelten jungen Mannes sieht, leidet heute noch mit ihm.

Wie Gottfried den langen Winter 1847/48 verbrachte, wissen wir nicht. Er hielt sich, wie er sagte, in wilden Wirtshausrunden an die Männer, lernte Alfred Escher kennen, füllte sein Taschenbuch fast täglich mit politischen Nachrichten und Betrachtungen, schrieb ein paar wenig einträgliche Zeitungsrezensionen und freute sich, daß er dem Ohrfeigengesicht eines konservativen Schaffhauser Juristen und Publizisten am Freischießen in Winterthur «sein Recht angedeihen ließ.» Dieser war Johann Heinrich Ammann, damals junger Redaktor der «Schaffhauser Zeitung», später Regierungsrat und Stadtpräsident. «Feig war er auch, denn er ist stärker als ich und ließ sich doch prügeln.»

Eine Einladung nach Aarau schlug Gottfried aus, er komme nicht vom Lesezimmer der Museumsbibliothek fort, wo täglich die neuesten Zeitungen und Flugblätter auflagen. Die Februar- und Märzrevolution elektrisierte ihn. «Es gehen jetzt in der Welt Dinge vor, welche man gehörig und kühwarm studieren muß». Im Wachsfigurenkabinett des Pfingstmarktes auf dem unteren Hirschengraben betrachtete Gottfried die Gesellschaft der europäischen Potentaten; sie sieht «sehr liederlich und vernachlässigt aus». Als einzige Jahrmarktsensation gefiel ihm ein Rhinozeros, das vom französischen König für den Pariser «Jardin des plantes» bestellt, nach dessen Sturz aber von der Volksregierung nicht bezahlt wurde. Heimatlos, aber nicht brotlos irre das Tier nun in der Schweiz herum, wobei seine Seltsamkeit und sein Horn auf der Nase ihm ein hinlängliches Auskommen sichere. «Wohl jedem, der in diesen Zeiten etwas Rechtes gelernt hat.»

Im Herbst 1846 waren die bereits erwähnten «Neuen Gedichte von Gottfried Keller», die Liebeslieder, herausgekommen, mit denen Gottfried die Wanderung mit Schnyder von Wartensee und seine Münchner Schulden bezahlte. Nun war er wieder blank. Zwischen den Sommern 1847 und 1848 muß er unter Alfred Escher auf der Staatskanzlei ausge-

Alfred Escher (1819–1882). Von Haus aus reich und von zielstrebiger, ehrgeiziger Art, war Escher das genaue Gegenteil von Keller: Großindustrieller und Haupt der Zürcher Liberalen, zeitweise Präsident des Nationalrates und des Zürcher Regierungsrates, Direktionspräsident der Nordostbahn und der Gotthardbahn, Gründer und Verwaltungsratspräsident der Schweizerischen Kreditanstalt.

holfen haben. Sein dichterisches Schaffen war fast gänzlich versiegt. Zwar hatte er sein sprachliches Talent erkannt, aber er steckte in der gleichen Situation wie zu Ende der dreißiger Jahre, als er spürte, daß er als Maler in Zürich auf keinen grünen Zweig kommen konnte. «Hätte er sich der Fremde anvertraut», schrieb er später über den jungen Grillparzer, «so hätte sie ihn zu dem ihrigen gemacht und der Heimat als einen gemachten Mann zurückgegeben.» Wer unter Heimatliebe nur Zuhausehockerei verstehe, werde dieser Heimat nie froh und leicht zu einem Sauerkrautfaß.

Die deutsche Universitätsstadt Heidelberg, in der Keller auf Kosten der Zürcher Regierung 1848/50 studierte, sich für die Philosophie Ludwig Feuerbachs begeisterte und Johanna Kapp, die heimliche Geliebte Feuerbachs, verehrte. Stahlstich um 1850 von T. Jones.

Schon lange hatte man auch in Kellers Umgebung gemerkt, daß hier ein prächtiger Mensch und ein reiches Talent seine Kraft hilflos

vergeudete. Zwei deutsche Universitätsprofessoren, die Keller im Hause ihres Freundes Follen näher kennen lernten, konnten nicht mehr länger zusehen. Die beiden – der Orientalist Ferdinand Hitzig und der Chemiker Karl Jakob Löwig, der schon in der Industrieschule Gottfrieds Lehrer gewesen war – nahmen zu einflußreichen Mitgliedern der Zürcher

Regierung Verbindung auf: zum Bürgermeister Alfred Escher, wie der Regierungspräsident damals hieß, und zu den Regierungsräten Eduard Sulzer und Rudolf Bollier. Sicher kam dabei auch der von der Regierung stillschweigend geduldete Schulausschluß Gottfrieds aufs Tapet. Wie konnte man das wieder gutmachen?

Ende Juni 1848 wurde Gottfried zu Dr. Sulzer beschieden, und am 26. September boten ihm der Erziehungsrat und die Regierung des Kantons Zürich ihre großzügige Hilfe an: ein Reisestipendium von achthundert Franken «behufs einer Orientfahrt zur Gewinnung bedeutender Eindrücke», übrigens ohne bestimmteren Zweck. Um eine solche Reise nutzbringender zu machen, wurde ihm freigestellt, vorher ein Jahr

zur Vorbereitung auf eine deutsche Universität zu gehen. Er griff mit beiden Händen zu. Das Ziel seiner Sehnsucht war Deutschland, zuerst eine Hochschule, dann vielleicht Berlin oder Dresden; er wollte Dramatiker werden. Den abenteuerlichen Plan einer Orientreise nahm er für seine Person nicht ernst. «Was wäre dabei herausgekommen? Voraussichtlich wäre ich in der ersten östlichen Stadt bei liederlichen jungen Schweizern liegen geblieben.» So verließ er denn im Oktober des Sturmjahres 1848, als das alte Europa in allen Fugen krachte, seine Geburtsstadt zum zweitenmal, um erst nach sieben entbehrungsreichen Jahren wiederzukehren.

Gottfried Keller hatte sich für Heidelberg, Deutschlands älteste Universitätsstadt, entschieden, die ihm auch einiges an studentischem Amusement zu versprechen schien. Am 19. Oktober 1848 machte er sich auf die Reise, mit hohlem Kreuz, soweit es seine biedermeierliche Reisetasche zuließ. In Basel verpaßte er die badische Eisenbahn, so daß er mit französischem Dampf zuerst nach Straßburg fahren mußte. «Dies

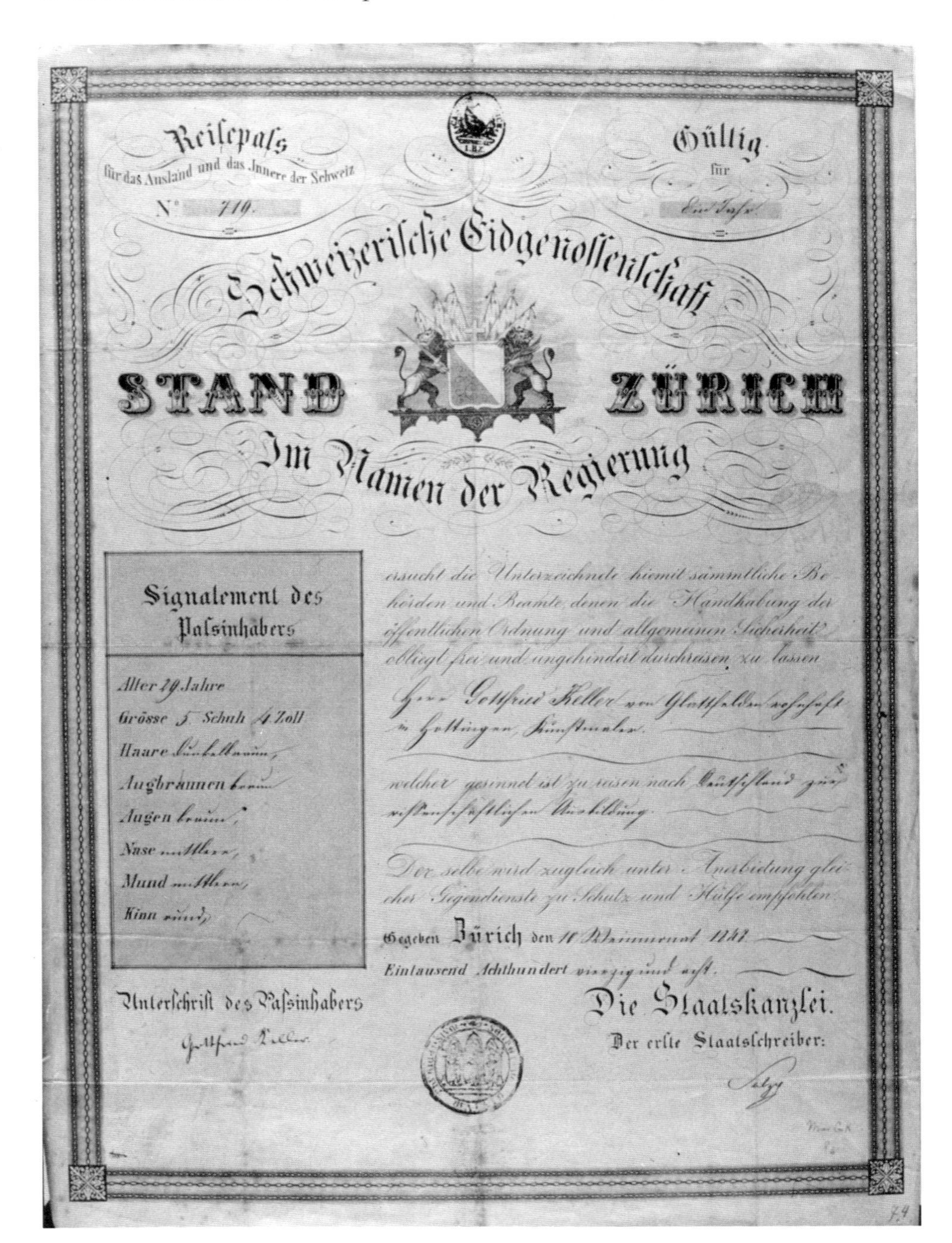

Reisepaß
für das Ausland und das Innere der Schweiz
N° 719.

Gültig
für
Ein Jahr

Schweizerische Eidgenossenschaft
STAND ZÜRICH
Im Namen der Regierung

Signalement des Paßinhabers

Alter 29 Jahre
Grösse 5 Schuh 4 Zoll
Haare
Augbraunen
Augen
Nase
Mund
Kinn

ersucht die Unterzeichnete hiemit sämmtliche Behörden und Beamte, denen die Handhabung der öffentlichen Ordnung und allgemeinen Sicherheit obliegt, frei und ungehindert durchreisen zu lassen

Herrn Gottfried Keller von Glattfelden, wohnhaft in Hottingen, Kunstmaler.

welcher gesinnet ist zu reisen nach Deutschland zur wissenschaftlichen Ausbildung

Derselbe wird zugleich unter Anerbietung gleicher Gegendienste zu Schutz und Hülfe empfohlen.

Gegeben Zürich den

Eintausend Achthundert vierzig und acht.

Unterschrift des Paßinhabers

Gottfried Keller

Die Staatskanzlei.

Der erste Staatsschreiber:

Gottfried Kellers Paßdokument von 1848 mit seinem Signalement für die Ausreise nach Heidelberg. Dreizehn Jahre später wurde Keller selber erster Zürcher Staatsschreiber und unterschrieb in den folgenden Jahren Tausende solcher Reisepässe.

kostete mich zwar ein Nachtlager mehr, reute mich aber nicht, denn ich sah einmal das lebhafte französische Leben, das adrette Militär, besonders aber das wunderbare Münster, welches einen so gewaltigen Eindruck machte auf mich als Dichter und Künstler.» Er hatte sich in seiner approbierten Position also schon ganz gut zurechtgefunden und gab sich nun durchaus als erfahrener Weltmann: «Der Turm ist gerade noch einmal so hoch wie der Fraumünsterturm in Zürich, aber da ist kein rotes dummes Dach, sondern bis zuoberst hinauf ist alles steinernes Blumen- und Bildwerk, wie wenn es gehäkelt wäre, so daß allenthalben der Himmel durchscheint.»

Das war im übrigen das einzige Mal, daß Gottfried Keller in seinem Leben über das deutsche Sprachgebiet hinauskam, wenn man vom zweisprachigen alten Straßburg überhaupt als von einer französischen Stadt reden konnte.

Am 22. Oktober kam er in Heidelberg an, dem romantischen Studentenstädtchen mit der «schicksalkundigen Burg», den fröhlichen Gassen «unter duftenden Gärten» und dem weinseligen Zwerg Perkeo als Symbolfigur kurpfälzischer Lebensfreude. Sicher erinnerte sich Gottfried auch Jean Pauls: «Ich habe hier Stunden verlebt, wie ich sie nie unter dem schönsten Himmel meines Lebens gefunden habe.» Scheffels Studentenlied «Alt Heidelberg, du feine...» war noch nicht geschrieben, aber der Engländer William Turner hatte eben die in magisches Licht getauchte Stadt gemalt, und zwölf Jahre vor Gottfried war der verspätete Studiosus Friedrich Hebbel dort gewesen, «um sich die höchste Bildung seiner Zeit zu erringen.» Und aus Hebbel war mit seiner «Maria Magdalena» bereits ein ernstzunehmender Dramatiker geworden.

An der unteren Neckarstraße, etwas draußen in einem Biedermeierhäuschen, nahm Keller Quartier, bei armen und höchst unordentlichen Leuten namens Ewald. «Über den Luxus des Zimmers, welches ich hier bezogen habe, könntest Du Dich nun nicht beklagen, wenn Du es sehen würdest, liebe Mutter; es gehört zu den einfachsten, welche hier aufzutreiben sind. Ich habe ein Klafter Holz gekauft; die Heizungen sind miserabel hier. Es ist merkwürdig, wie dumm in dieser Beziehung so eine ganze Stadt sein kann. Überhaupt ist hier ein lumpiges, liederliches Volk, alles lebt ganz und gar von den Studenten, die halbe und dreiviertels Bevölkerung sind uneheliche Studentenkinder und läuft in Fetzen herum. Mein Verleger Winter, welchen ich besuchte, ist ein sonderbarer Kauz. Er war ganz artig und freundlich, erwähnte aber mit keiner Silbe meine Gedichte, was er für Geschäfte damit gemacht hatte. Dagegen studiert hier ein Sohn eines Braunschweiger Buchhändlers, des Herrn Vieweg, welcher sagte, daß sein Vater in acht Tagen selbst hier durchreisen werde, was mir ganz gelegen kommt.»

Zunächst suchte Keller die beiden ehemaligen Zürcher Universitätsprofessoren Jakob Henle und Karl von Pfeuter auf, die einst radikal, jetzt aber würdige Herren Hofräte waren und sich sehr konservativ trugen. Er konnte sich über unzuvorkommende Aufnahme aber nicht beklagen. Gerade Henle hatte es nicht leicht, ihm unbefangen gegenüberzutreten. Als Henle damals in Zürich mit seiner jungen Frau – sie war bei Professor Löwig Dienstmädchen gewesen – erstmals mit Keller zusammentraf, muß sich dieser höchst abweisend benommen haben: «Außer einigem unartikuliertem, bärenhaftem Gebrumme bekamen wir

Auf seiner Reise nach Heidelberg fuhr Keller über Straßburg, wo er «das lebhafte französische Leben, das adrette Militär, besonders aber das wunderbare Münster» sah, das auf ihn «als Dichter und Künstler einen gewaltigen Eindruck machte». Als Stipendiat der Zürcher Regierung fühlte er sich in diesen ersten Tagen seines Auslandaufenthalts durchaus als Weltmann, was aber bald anders wurde. Auch der vorsorglich mitgenommene Knigge konnte ihm nicht über seine äußere Schwerfälligkeit und gesellschaftliche Ungewandtheit hinweghelfen.

nichts von ihm zu hören.» Die junge, hübsche Frau Henle, geborene Elise Egloff aus Gottlieben, war zudem vor acht Monaten gestorben; Keller hat ihr später als Regine im «Sinngedicht» ein Denkmal gesetzt.

Im Frühling zog Keller von seinem «Lumpenpack» an der Neckarstraße weg zu «frommen Stündlern», dem Kutscher Guland am Neckarstaden 22, bei der schönen Barockbrücke, die schon Hölderlin eine Ode entlockt und Goethe begeistert hatte: «Die Brücke zeigt sich von hier aus (vom Karlstor her) in einer Schönheit wie vielleicht keine Brücke der Welt.»

Dabei gilt es als ausgemacht, steht heute in Heidelbergs Kulturführer, daß der ideale Standpunkt zur Brückenschau auf der andern Seite liegt. Daß dann der kleine Gottfried Keller von seinem Standpunkt, vom Zimmerchen am Neckarstaden aus, das wohl schönste Brückenlied schrieb, war seiner besonderen Lage zu verdanken. Johanna Kapp in der Villa Waldhorn, direkt gegenüber auf der anderen Seite des Neckars, hatte ihm, wie schon Luise Rieter in Zürich, einen Korb gegeben, was ihn zur literarischen Selbstbehauptung herausforderte.

Hermann Hettner (1821–1882). In Schlesien geboren, wurde er 1847 Privatdozent für Ästhetik, Literatur und Kunstgeschichte in Heidelberg, 1855 Direktor der Königlichen Antikensammlung in Dresden. In Heidelberg hörte Keller die Vorlesungen des um zwei Jahre jüngeren Hettner, mit dem ihn bald ein freundschaftliches Verhältnis verband. Als Hettner sein grundlegendes Werk über das moderne Drama schrieb, stützte er sich verschiedentlich auf Kellers Briefe, in denen dieser seine kritischen Ansichten über die Berliner Bühne äußerte.

Was suchte Keller außer sich selbst sonst noch in Heidelberg? Gelegentlich wanderte er hinaus an die Hirschgasse, wo sich die Studenten die Köpfe blutig mensurierten: «Ich habe auch, um alles zu sehen, einigen Duellen zugeschaut. Ich hatte das Glück, die renommiertesten Schläger zu sehen; übrigens ist es eine greuliche Schinderei!» Am Morgen blieb er gewöhnlich auf seiner Bude und grübelte dramatischen Plänen nach, wenn ihm nicht sein trister Roman in die Quere kam. Am Nachmittag ging er zur Vorlesung, doch nicht selten blieb er auf halbem Wege stecken, wo man ihn dann in einer Kneipe sah, stumm in ein einsames Bier starrend. Ende Januar 1849 schrieb er Wilhelm Baumgartner in einem Anflug von Selbstsicherheit: «Für einen Poeten ist die Schweiz ein Holzboden. Auf Ostern wird endlich mein Roman herauskommen, nächsten Sommer will ich es mit dem Drama versuchen, vielleicht hört ihr Bühnengeschichten von mir. Ich habe einen Plan so ziemlich im Kopf zurechtgelegt, sage aber noch nicht, was». Und im Nachsatz: «Es sind auch einige angenehme Mädchen in meinen Bereich gekommen, was anmutsvolle Spaziergänge in Aussicht stellt, wenn das ‹Frujahr kummt›.»

An der Universität besuchte er Henles Vorlesungen über Anthropologie und «gewann zum erstenmal ein deutliches Bild des Menschen». Im «Grünen Henry», wie er sein Buch gelegentlich nannte, schildert er die hervorragenden Vorlesungen im Kapitel «Der borghesische Fechter», allerdings nach München verlegt. Aufs lebhafteste angezogen fühlte er sich vom hinreißend begabten Privatdozenten Hermann Hettner, der sich im Vorjahr in Heidelberg habilitiert hatte. Keller hörte bei ihm Ästhetik, Literaturgeschichte und über Spinoza. Zu dem um zwei Jahre jüngeren Gelehrten trat Keller bald in ein nahes persönliches Verhältnis, das sich durch Jahrzehnte in brieflichem Gedankenaustausch fortsetzte.

Den entscheidenden inneren Anstoß erhielt Keller aber nicht in den Hörsälen der Universität. Der atheistische Philosoph Ludwig Feuerbach, der in diesem Wintersemester im Auftrag der Studentenschaft dreimal wöchentlich über das «Wesen der Religion» las, hatte trotz seiner erst vierundvierzig Jahre das Lehramt längst aufgeben müssen. Er sprach nun im vollen Rathaussaal vor Arbeitern, Studenten und Bürgern, unter denen auch Keller saß.

Die Entgötterung des Diesseits hatte schon mit David Friedrich Strauss begonnen. Gottfried Keller, der zum Schutz der Regierung in die Stadt geeilt war, ging es damals mehr um den freiheitlichen Staat als um Religion. Nach einer Diskussion mit dem «ersten deutschen Kommunisten» Wilhelm Weitling, der 1843 beim Schneidermeister Wuhrmann arbeitete, fürchtete er, Weitlings «Evangelium eines armen Sünders» führe zu einer Entartung des Christentums, zu Egoismus, Libertinage und Völlerei. Der gottlose Schneider wurde denn auch verhaftet und aus Zürich ausgewiesen. Nun hatte ausgerechnet dieser Feuerbach an Christian Kapp drüben im Waldhorn am 11. März 1845 die ketzerische Bemerkung geschrieben: «Ich lobe mir den Schneidergesellen Weitling, dieses Schneiderlein ist mehr wert als eine Krone.»

«Das Merkwürdigste, was mir hier passiert, ist», schrieb Keller alsbald an Wilhelm Baumgartner, «daß ich nun mit Feuerbach fast alle Abende zusammen bin, Bier trinke und auf seine Worte lausche. Die Welt ist eine Republik, sagt er, und erträgt weder einen absoluten noch einen konstitutionellen Geist. Ich kann einstweilen diesem Aufruf nicht widerstehen. Mein Gott war längst nur eine Art von Präsident oder erstem Konsul, welcher nicht viel Ansehen genoß, ich mußte ihn absetzen. Die Unsterblichkeit geht in Kauf. Für mich ist die Hauptfrage die: Wird die Welt, wird das Leben prosaischer und gemeiner nach Feuerbach? Bis jetzt muß ich des bestimmtesten antworten: Nein! im Gegenteil, es wird alles klarer, strenger, aber auch glühender und sinnlicher.»

Als er später Baumgartner gegenüber sein Bekenntnis wiederholte, mit dem Verzicht auf Gott müsse man auch mit seinem Tod ins reine kommen, fügte er hinzu, er sei jedoch weit entfernt, nun «jeden, der an Gott und Unsterblichkeit glaubt, für einen kompletten Esel zu halten». Und am Ende seiner Heidelberger Zeit gestand er Freiligrath mit der ihm eigenen illusionslosen Aufrichtigkeit: «Als ich Gott und Unsterblichkeit entsagte, glaubte ich zuerst, ich würde ein besserer Mensch werden, ich bin aber weder besser noch schlechter geworden, sondern ganz, im Guten wie im Schlimmen, der Alte geblieben.» Trotzdem ist Keller dann, aus seiner unverwüstlichen Pietät und einer tiefen, bescheidenen Naturfrömmigkeit heraus, zeitlebens dabei geblieben: Das ganze vorübergehende Dasein und die Begegnung mit anderem Vergänglichem – «unser aufblitzendes Tanzen im Weltlichte, bald voll Trauer, bald voll Fröhlichkeit» – lasse die Ansprüche des Einzelnen nicht aufkommen, während das Gesamtwesen fortbestehe. Doch am Ende ist es eine eigene Weltinnigkeit, getragen von seelischem, sprachlichem Reichtum und einem gütigen Humor, was die schlichte Schönheit seiner Werke ausmacht: «Gott strahlt von Weltlichkeit!»

Ludwig Feuerbach (1804–1872). Der in Landshut geborene Theologe und Schüler Hegels wurde 1830 wegen seiner Schrift über Tod und Unsterblichkeit gemaßregelt und lebte fortan als Privatmann. 1848/49 las er auf Einladung der Studentenschaft im Heidelberger Rathaus über das «Wesen der Religion». Seine These, das Christentum sei eine Konstruktion und entfremde den Menschen von seinem eigenen Wesen, machte auf Keller nachhaltigen Eindruck.

Der europäische Umbruch der späten vierziger Jahre streifte schließlich mit einem kleinen Ausläufer auch das friedliche Heidelberg. «Die badische Revolution, welche im Mai 1849 ausbrach und bis im Juli gewährt hat, hat auch meine Finanzverhältnisse abermals verwirrt, denn von Norden (von wo Keller 200 Gulden für ein Heft Gedichte erwartete) ist der Verkehr die ganze Zeit über unterbrochen gewesen.» Die zur Niederwerfung des badischen Aufstandes eingesetzten preußischen Truppen näherten sich der von Revolutionären besetzten Stadt. Doch Keller, der noch wenige Jahre zuvor als glühender Konservativenfresser selber zum Hirschfänger gegriffen hatte, blieb diesmal unbeteiligt. Der

Durch Hettner und Feuerbach wurde Keller in den Kreis des Hofrats Christian Kapp eingeführt, wo er die «schöne und noble Jungfer» Johanna Kapp (1824 bis 1883) kennen und lieben lernte. Ihr «leider Nein» erschütterte Keller zutiefst. Das schmerzliche Erlebnis fand im Gedicht «Schöne Brücke, hast mich oft getragen» seinen Niederschlag. Schon nach wenigen Jahren erwies sich das unstete, flakkernde Wesen Johannas als Beginn einer verzehrenden Geisteskrankheit. Photographie um 1844.

einzige Niederschlag der turbulenten Tage war der ziemlich ironische Brief nach Hause: «Ein paarmal kamen die Feinde bis vor die Stadt, daß wir sie auf dem Berg herumlaufen sahen. Sie schossen in unsere Gassen hinein, und ein Soldat fiel tot um, nicht weit von mir, auf der Brücke. Ich verfügte mich auf mein Zimmer, aber da war es noch ärger. Die Hausleute flüchteten ihre Habe, weil das Haus am Wasser steht, es waren Kanonen dicht unter meinem Fenster aufgefahren, welche über den Neckar den Feind abhalten sollten. Die badischen Soldaten mußten indes die Stadt verlassen, weil im Rücken eine Schlacht verloren war.»

Was Keller tiefer getroffen hatte, war das «leider Nein» der «schönen und noblen Jungfer» Johanna Kapp, von der er Liebe erhofft hatte. Die Familie Kapp, aus der in einer nahen Seitenlinie später der deutsche Putschist von 1920 hervorging, wohnte drüben unter dem Philosophenweg, Kellers Zimmerfenster am Neckar fast gegenüber. Durch Hettner war Gottfried Keller bei der Professorenfamilie eingeführt worden.

Noch im Oktober 1849 schrieb er fast triumphierend seiner Mutter: «Ich esse hier viel Trauben mit einer schönen und noblen Jungfer, welche mich in ihrem Garten und Weinberg herumführt.»

Anfang November wagte er ein Geständnis an seine Sommergespielin. Mit welchem Erfolg?

«Die Traube schwoll so frisch und blank,
und ich nahm froh und frei
aus ihrer Hand den jungen Trank. –
Und als die letzte Traube sank,
da war der Traum vorbei.»

Sie war die Tochter des mit Feuerbach befreundeten Philosophieprofessors und eigensinnig radikalen Hofrats Christian Kapp, in dessen Hause Keller damals um so reger verkehrte, je mehr er zu spüren glaubte, daß die leidenschaftliche und geistvolle Fünfundzwanzigjährige seine Nei-

gung erwidere. Feuerbachs begeisternde Vorlesungen im Wintersemester 1848/49, daß nicht die Religion den Menschen, sondern der Mensch die Religion mache, gaben Keller schließlich den Mut, der Bewunderten nach einem gemeinsam vertändelten Sommer einen Brief zu schreiben, den sie im Oktober 1849 auf ihre Art offen, ehrlich und voller Verständnis

Idyllische Landschaft. Aquarell vom Herbst 1849 in Heidelberg als Geschenk für Johanna Kapp, die Landschaftsmalerin werden wollte und sich noch im gleichen Jahr nach München begab.

Hofrat Christian Kapp in Heidelberg mit seiner Frau und den Kindern Johanna und August. Gemälde von Franz Wagner 1833. Stadtmuseum Aarau.

erwiderte: «Lieber, lieber Freund! Ich bin so tief erschüttert, daß ich kaum weiß, wie ich Ihnen schreiben soll. Ihr lieber Brief hat mich furchtbar traurig gemacht, obgleich Sie mir's verbieten. Ich möchte danken und tu's auch aus vollem Herzen. Nun liegt der Reichtum Ihres schönen Herzens vor mir, und ich hab tief aufseufzen müssen.» Sie gestand ihm, was ihr die Liebe zu Keller verbot: «Sie haben in Ihrem schönen Brief den geliebten Namen selbst ausgesprochen. Der Mann, der Ihrem Kopf ward, was Ihr edles Herz in mir fand, dieser herrliche Mann ist es, und der wundersame Zufall, der Sie uns beide zusammenstellen ließ, hat mich mit stürmischer Freude ergriffen.» Wen versteckte sie hinter dieser verschlungenen Paraphrase? Keller verstand sie sogleich: Sie liebte den von ihm verehrten Ludwig Feuerbach, der unglücklich verheiratet war, sich aber von seiner Frau nicht trennen wollte.

Am 7. Dezember 1849 verließ Johanna ihr Elternhaus, um sich wie einst Gottfried in München in der Landschaftsmalerei ausbilden zu lassen. Als sie in der Kutsche über die Heidelberger Brücke fuhr, stand er am Fenster seines armseligen Zimmers und blickte ihr nach: «Ich hatte fest geschlafen bis gegen Morgen, aber um halb drei Uhr erwachte ich, wie wenn ich selbst verreisen müßte. Ich ging ans Fenster und sah jenseits des Neckars Licht in Ihrem Zimmer, es strahlte hell und still durch die kalte Winternacht und spiegelte sich so schön im Flusse, wie ich es noch nie gesehen. Nach einiger Zeit glaubte ich einen Wagen hinausfahren zu hören, und bald darauf rollte er zurück über die Brücke. Jetzt geht sie, dachte ich, drückte mein Gesicht in das Kissen und führte mich so schlecht auf wie ein Kind, dem man ein Stück Zuckerbrot genommen hat.» Das schmerzliche Erlebnis jener Nacht hat er in einem wunderschönen Gedicht festgehalten, das er aber später in keine seiner Sammlungen aufnahm:

Schöne Brücke, hast mich oft getragen,
Wenn mein Herz erwartungsvoll geschlagen
Und mit dir den Strom ich überschritt.
Und mich dünkte, deine stolzen Bogen
Sind in kühnerm Schwunge mitgezogen,
Und sie fühlten meine Freude mit.

Weh der Täuschung, da ich jetzo sehe,
Wenn ich schweren Leids vorübergehe,
Daß der Last kein Joch sich fühlend biegt!
Soll ich einsam in die Berge gehen
Und nach einem schwachen Stege spähen,
Der sich meinem Kummer zitternd fügt?

Aber sie mit anderm Weh und Leiden
Und im Herzen andre Seligkeiten,
Trage leicht die blühende Gestalt!
Schöne Brücke, magst du ewig stehen:
Ewig, aber wird es nie geschehen,
Daß ein beßres Weib hinüberwallt!

Wiedergesehen hat er die romantisch-schwärmerische Heidelbergerin nie. Einige Jahre hindurch blieb Keller mit ihr in freundschaftlichem Briefwechsel. Ihr Vorschlag, gute Freunde zu bleiben, hat ihn lange beschäftigt. In einem Brief, den er aber nicht abschickte, legte er die Sache wenigstens sich selber auseinander: «Es ist schön, wenn sich Jugendfreunde ihr ganzes Leben durch so lang als möglich aufmerksam und treu bleiben, aber der innerste heiße Hunger des Herzens hat davon nichts, bei mir wenigstens nicht.»

1856 schrieb er an Hettner, Johanna Kapp sei ihm «fast unheimlich» geworden, es sei, «als ob sie sich selbst verzehre». Er ahnte noch nicht, welches dunkle Geschick in ihrer Unrast seine Schatten vorauswarf.

Ideale Baumlandschaft. Aquarell, das Keller aus Johanna Kapps Nachlaß zurückerhielt.

Johanna fiel, wie schon ihre Mutter und ein Bruder, in geistige Umnachtung. Sie starb nach jahrelangem Zerfall ihrer eigenwilligen Persönlichkeit im Mai 1883. Die Briefe Kellers hatte sie vernichtet, nur zwei schöne Aquarelle von ihm bewahrte sie auf. Eines kam aus dem Nachlaß zu Keller zurück, im Oktober 1887 zeigte er es Frau Marie Bluntschli, einer befreundeten Dame aus der Zürcher Gesellschaft: «Sehen Sie nur, die Kranke hatte das Bild mit der Schere zum Teil im Zickzack ausgeschnitten, weil ihrer Meinung nach der eine Teil nicht fertig ausgeführt war.»

Nach Johannas Abreise hielt ihn nichts mehr in Heidelberg. Es zog ihn nach Berlin, wo er seine dramatischen Studien jetzt «auf das praktische Gebiet verpflanzen» wollte. Auf Betreiben Alfred Eschers hatte ihm die Zürcher Regierung im Oktober tausend Franken für ein Jahr ausgesetzt und die Hälfte gleich überwiesen. Gottfried Keller dankte für das Wohlwollen: «Möchte es im Laufe dieses Jahres gelingen, einigermaßen zu beweisen, daß das Vaterland nicht umsonst sein Vertrauen in mein Talent und meinen Fleiß gesetzt hat.»

Am 6. April 1850 kehrte er dem romantischen Neckarstädtchen den Rücken, in der Reisetasche die Flöte, ein angefangenes Drama und die ersten Kapitel zum «Henri vert». Auch sein immaterielles Gepäck war nicht leichter geworden. Doch aus Enttäuschungen hatte er Einsichten gemacht: Gott steckt in der Welt und das Glück in uns selber! Mit tapferer Bereitschaft, sich vom Schicksal weiter in die Schule nehmen zu lassen, wandte er sich Preußen zu. Sozusagen als Epilog zu seiner Heidelberger Zeit schrieb er:

«Und besser ging ich, als ich kam,
vom reinen Feuer neu getauft,
und hätte meinen reichren Gram
nicht um ein reiches Glück verkauft.»

Berliner Briefe

Das Berlin der fünfziger Jahre, das brodelnde Preußen Friedrich Wilhelms IV. und des reaktionären Ministeriums Manteuffel, die «pfiffige Weltstadt» von vierhunderttausend Einwohnern, wo in acht Theatern harmlose Bürgerzerstreuung geboten wurde, war für den lernbegierigen Gottfried eine «heilsame Lebens- und Leidensschule» – er nannte sie auch eine Korrektionsanstalt –, die sein bummliges, brummliges Naturell in harte Zucht nahm. Nahezu sein ganzes erzählerisches Werk geht auf die Berliner Jahre zurück, doch bei seiner zögernden Lebensweise brauchte er noch über ein Vierteljahrhundert, bis er alles das, was er an der Spree erlebt, erwogen und ausgeheckt hatte, in Zürich zur Reife bringen konnte. Er verstand es, zu warten, zu spintisieren und zu träumen. Keller war ein Meister in diesen unbürgerlichen Tugenden.

Gelegentlich hospitierte er an der Universität, hörte Ranke, Raumer, Lepsius und Wilhelm Grimm. Dessen Bruder Jakob in rotbraunem Rocke sah er fast alle Tage im Tiergarten auf seinen einsamen Gängen. Übers Wochenende durchstreifte er die grüne Umgebung Berlins, zweimal besuchte er das Schloß Tegel, den Landsitz des 1835 verstorbenen Wilhelm von Humboldt. In dessen Bruder Alexander sah Keller die überragende Persönlichkeit des Berliner Geisteslebens. Als dieser 1859 starb, schrieb er boshaft: «Berlin hat nun ja auch seinen Humboldt begraben und wird mit diesem Beisetzen seiner goldenen Zeit noch eine kleine Weile fortfahren und endlich damit fertig werden.»

Karikatur auf König Friedrich Wilhelm IV. von Preußen. Dieser hatte im Mai 1842 die Bilderzensur aufgehoben und sie aufgrund unliebsamer Darstellungen in der Presse nach neun Monaten wieder eingeführt. Anonyme zeitgenössische Lithographie.

Zumeist saß Gottfried in seinem schönen Eckzimmer neben der Dreifaltigkeitskirche, nahe beim Gendarmenmarkt an der Mohrenstraße 6, wo er mit dem Reisekoffer – seinem «Berliner Weltschmerzgerät» – eingezogen war. Er arbeitete am «Grünen Heinrich», entwarf und änderte sein nie fertig werdendes Drama «Therese», schrieb Briefe und schmiedete bestellte Verse für den Verleger Vieweg, der die Bedingung erhoben hatte, das geplante Büchlein «Neuere Gedichte» müsse, falls es in zwei Jahren nicht verkauft sei, mit einigen poetischen Zusätzen als neue erweiterte Ausgabe auf den Markt kommen. Die erste Auflage erschien 1851, die zweite 1854. Keller hatte die Zusätze im Herbst 1853 geliefert, darunter den «Apotheker von Chamounix», der aber in den noch vorrätigen, bereits geprägten Buchdeckeln keinen Platz mehr fand. Demnächst werde es leere Bände mit schönen goldverzierten Rücken zu kaufen geben, kommentierte Keller.

Mit dem anmutigen, geistreichen «Apotheker von Chamounix», im Untertitel «Der kleine Romanzero» geheißen, wollte er den doppelzüngigen Heinrich Heine und dessen Nachbeter treffen, zu denen auch der

Aufgrund reaktionärer, zensurähnlicher Polizeivorschriften wurde die preußische Presse mundtot gemacht und das Theater, das Keller nach Berlin gelockt hatte, zur bloßen Volksbelustigung erniedrigt. Bedeutende Gelehrte wie Jakob Grimm und die Brüder Humboldt sahen sich in der freien Lehre beschnitten.
Links: Alexander von Humboldt (1769 bis 1859), Naturforscher.
Mitte: Wilhelm von Humboldt (1767 bis 1835), Gelehrter und Staatsmann.
Rechts: Im Kolleg bei Jakob Grimm (1785–1863). Er war Mitglied der Berliner Akademie und 1848 des Frankfurter Parlaments. Federzeichnung von Ludwig Emil Grimm, Mai 1830.

ungeschliffene Saphir gehörte: dieser Medisancen und Sentimentalitäten sei nun des Guten genug und man müsse sich nun konsequent und aufrichtig von Witz, Aberwitz und der letzten Romantik lossagen und wieder an die ehrliche, realistische Auffassung halten. Nach der Ablehnung durch Vieweg wollte Keller den «Apotheker» gesondert veröffentlichen, aber Hettner riet ab, da Heine in seiner «Matratzengruft» im Sterben liege. Als Keller das «brillante Feuerwerklein sprühender Einfälle» 1883 überarbeitet in seine «Gesammelten Gedichte» aufnahm, wurde es als artistischer Fremdkörper empfunden, es kam ein Menschenalter zu spät. «Man ergötzte sich am Einzelnen und lehnte das Ganze ab.»

Mit seinen dramatischen Plänen ging es mehr bergab als bergauf, was Gottfried Keller sein Leben lang nicht begriff. An Theaterbesuchen sparte er nicht. Welche überlegene geistige Bildung er sich dabei erwarb, erweisen seine Urteile über Drama und Bühne an Professor Hermann Hettner. Dieser war mit Recht der Ansicht, daß dergleichen gar nicht zutreffender und besser gesagt werden könne. Bei der Übersendung seines maßgebenden Werkes «Das moderne Drama» (1852) dankte er Keller: «Hier und da werden Sie die Benutzung Ihrer lieben Briefe finden, verzeihen Sie es! Ich möchte nicht mit Kupfer bezahlen, was Sie mir in Gold eingehändigt haben.»

Das Berliner Theater stand damals, niedergehalten durch zensurähnliche Polizeivorschriften, auf keiner hohen Stufe. Und es war nicht nur Keller, der sich darüber empörte. Der Zustand der Bühne war signifikant für die kulturelle Situation in Preußen, die seit Friedrich dem Großen in dauerndem Niedergang war, mit kleinen Unterbrüchen. Im Herbst 1846 hatte der junge, aufgeweckte Sozialist Ernst Dronke, später Mitarbeiter von Karl Marx, ein kenntnisreiches Buch «Berlin» geschrieben, welches die politischen, sozialen und moralischen Zustände scharf aufs Korn nahm. Das Schlußkapitel kritisierte die Kunst, das Theater, den Zerfall des Balletts und die Entartung des Dramas. Noch vor sechs Jahren hätten die Berliner Bühnen für die ersten in Deutschland gegolten, doch ein Blick auf das jetzige Repertoire zeige hinlänglich, welchen Hohn man den Berlinern bieten zu können glaube: «Der Abschaum unserer seichtesten Tagesproduktion ist nicht schlecht genug. Die Stücke der Madame Birch-Pfeiffer (einst Zürichs gefeierte, vielschreibende Theaterdirektorin), alter verkommener Kotzebuescher Jammer und nichtsnutzige einaktige Possen wechseln mit den fadesten französischen Trivialitäten.» Friedrich Hebbel ließ seine sozialkritische «Maria Magdalena» bei der Prüfungskommission einreichen, erhielt sie jedoch mit dem gedruckten Formular als «unbrauchbar» zurück, ohne daß sie der Generalintendant auch nur gelesen hätte. Dronke erhielt für sein Buch, das er Georg Herwegh gewidmet hatte und das umso fleißiger studiert wurde, zwei Jahre Festungsarrest.

Über das Auf und Ab, die Freuden und Leiden seiner Berliner Zeit, berichten uns, wie einst von München und Heidelberg, Kellers detailreiche Briefe, die ihn als Meister des zutreffenden Wortes ausweisen:

Am 30. April 1850 schreibt er an Ferdinand Freiligrath: «Die Konstabler haben mich sehr auf dem Korn und halten mich für einen Wühler. Am ersten Tag kam ich im Fremdenblatt als Kunstmaler, und nachher, nachdem ich auf der Polizei weitläufig meine Tendenz und Existenz auseinandergesetzt hatte, als: Staatsstipendiat aus Zürich, was mir Spott und Hohn von seiten meiner hiesigen Landsleute zuzog.»

Am 12. Juni 1850 an die Mutter: «Wenn immer möglich, so komme ich im Herbst nach Hause, obgleich es für mich notwendig sein wird, daß ich nachher wieder für einige Zeit nach Deutschland zurückkehre. Ich habe das Heimweh nach unserm Hause, auch nach Glattfelden, sonst aber nach keinem Menschen in Zürich.

In Berlin ist es sehr teuer, aber man ißt und trinkt dafür weniger. Ich trinke nie mehr als zwei Glas schlechtes Bier oder ein Glas Zuckerwasser am Abend. Dies hat auch seinen Vorteil, weil man immer wohl und nüchtern ist; obgleich ich in Heidelberg nicht gelumpt habe, so gab es doch dann und wann einen kleinen Stüber, weil es ein Weinland ist. Doch ziehe ich mich immer mehr von allen Dummheiten zurück und möchte am liebsten in einer eigenen Häuslichkeit leben; wenn ich einmal wieder in Zürich bei Euch bin, wo man am Abend in seiner eigenen Familie sein kann, so werde ich wenig mehr ausgehen. Nur muß man sich auch gemütlich einzurichten wissen.

Die Hemden sind etwas grob für den hiesigen Gebrauch, und ich muß mir feinere kaufen. Dafür werde ich sie aber besser schonen und länger daran haben, denn ich ästimiere sie doch mehr als die gekauften. Die Zimmer sind schändlich teuer, ich muß monatlich 8 preußische Taler oder 14 Gulden bezahlen.»

Am 22. September 1850 an Freiligrath: «Ich bleibe über Winter noch allhier, um im Frühjahr über Wien nach Hause zu reisen; wenn

«Ich wohne sehr angenehm in einem Eckhause an der Mohrenstraße», schrieb Keller am 29. Mai 1850 an Hettner, «gegen Osten ragt das Dach des Schauspielhauses über die Häuser empor, und das auf seinem westlichen Giebel stehende Flügelpferd, das mit dem Vorderfuße scharrt, scheint mir manchmal freundlich zuzuwinken; indessen kehrt mir Apollo, auf dem östlichen Giebel, den Rücken zu, und er hat doch den Kranz in den Händen. Eine zweifelhafte Konstellation. Soll ich mich umquartieren? Dann vernachlässige ich den Gaul, welcher mich einzuladen scheint, hinter dem Rücken des Gottes aufzusitzen. Ich will mich an den Dramaturgen wenden.»

jedoch nicht meine Mutter in Gestalt einer alten müden Frau sehnlich auf mich warten würde, so bliebe ich noch lange in Deutschland, denn für den Augenblick zieht mich sonst nichts nach Zürich.

Ich lebe in einer totalen Abgeschiedenheit, stumm und nüchtern wie eine Schildkröte. ‹Bringen Sie Wasser herein! Die Speisekarte! Ich habe keine Kerzen mehr! Ich wünschte ein Dutzend Zigarren!› sind so ziemlich die einzigen Worte, welche manchmal wochenlang über meine Lippen kommen; ich spekuliere aber desto mehr innerlich und lache in die Faust, wenn meine Gönner glauben, ich sei eingeschlafen. Es wird ein schreckliches Erwachen sein für dieselben, wenn meine schwarzen Taten endlich das Licht erblicken.

Panorama der Straße Unter den Linden. Kolorierte Lithographie von Ferdinand von Laer, um 1850.

Jedes gute Lied kostet einen schrecklichen Aufwand an konsumierten Viktualien, Nervenverbrauch und manchmal Tränen, vom Lachen oder vom Weinen, gleichviel: und dann wird es einem bogenweise berechnet! Und die sechs Strophen füllen nicht einmal zwei Seiten – da geh' einer hin und werde Lyriker!

Doch ich will weder undankbar noch lümmelhaft sein und entflamme deshalb in diesem Augenblicke die Friedenspfeife in gutem türkischen Tabak und rauche sie allen guten Freunden zu. An die liebe Karoline Schulz denke ich oft und an ihren Hasenbraten; er kostet zwar in Berlin nur sechs Silbergroschen die Portion, ist aber nicht so gut gekocht, und die Tischgesellschaft ist abscheulich; lauter Referendare und Doktoren, welche Klavier spielen!

Auch Dichter gibt's eine Menge, an jedem Tische einen, welche überlaut vom Handwerk sprechen, ohne zu ahnen, daß in meiner Person ein gefährlicher und ehrgeiziger Nebenbuhler aus der gleichen Schüssel ißt. Sie essen ungeheuer viel, erscheinen jedoch unregelmäßig bei Tische, da sie oft geladen sind und es den Tag nachher erzählen: ‹Gestern bei Geheimerats› usw. Daher sieht man gegen ein Uhr eine Menge dieser Leute über die Gassen rennen, den wunderbaren Frack zugeknöpft, nur ein Endchen weißer Westen unten hervorragend, oft, wenn es warm ist, den Hut in der Hand tragend und die blonden Locken fliegen lassend. Als

ich sie zum ersten Male sah, glaubte ich, es wären elegante Schneider, welche zu ihren Kunden gehen, merkte aber, daß es Kunden sind, welche zu ihrem Vorschneider gehen.

Ihr Lieblingsgetränke ist das sogenannte Bayrische Bier, eine abscheuliche Brühe, welche krank macht, und von welchem sich übrigens auch die hiesige Demokratie nährt. Ich habe es im Anfang auch getrunken, verspürte aber bald ein verdächtiges asiatisches Mouvement in meinen Eingeweiden und faste jetzt lieber so lange, bis der Betrag einer halben Flasche Rotwein erspart ist, wozu ich dann jedesmal aus der Privatschatulle meiner Liederlichkeit die andere Hälfte füge und still und vergnügt eine Ganze trinke. Dies gibt mir Veranlassung, bessere Gesellschaft zu sehen in den Weinstuben, wo vernünftige Weinländer mit dicken Bäuchen und jovialen Gesprächen zusammensitzen, denen ich gern zuhöre in einer Ecke, den heimatlichen Lauten besserer Zonen lauschend. Auf der Straße sieht man diese rheinischen Gestalten nur selten; ich glaube, die Racker sitzen am Ende den ganzen Tag in den Löchern, während ich zu Hause sitze und die Finger krumm schreibe.»

Am 10. Oktober 1850 an Freiligrath: «Aus dem Titel ‹Kunstmaler› ersehe ich, daß Du das Gedächtnis für verworfene Hallunkereien noch nicht verloren hast. Mein Buchhändler tituliert mich auf seinen Briefen ‹Doktor›, andere schreiben ‹Literat›, andere ‹Studiosus›, dazu kommen täglich Korrekturbogen unter Kreuzband, welche man für verdächtige Druckschriften halten kann, so daß ich am Ende einer polizeilichen Inquisition und Ausweisung nicht entgehen werde, da die Konstabler mich meines Bartes wegen schon lang auf dem Korn haben und von der Seite anschielen.»

Einer der vertrautesten Zürcher Freunde Kellers war der Komponist und Universitätsmusikdirektor Wilhelm Baumgartner (1820–1867), «auch so ein kleiner schwarzer Kerl wie ich», wie Keller schrieb. Seine Briefe an Baumgartner aus der Heidelberger und der Berliner Zeit geben wichtige Einblicke in seine geistige Entwicklung. Baumgartner vertonte zahlreiche Gedichte Kellers, als erstes 1846 das Lied «O mein Heimatland…» Auch Baumgartner war mit Richard Wagner befreundet.

Am 12. Oktober 1850 an den ungeduldigen Verleger Eduard Vieweg: «Ein heftiger Ruhranfall bannte mich vor einigen Wochen auf das Bett, und nachher stellten sich rheumatische Zahn- und Kopfschmerzen ein, denen ich seit einigen Jahren jeden Herbst unterworfen bin und die mich verdrießlich und zu einer anhaltenden Arbeit untauglich machen.»

Am 17. Februar 1851 an Hermann Hettner: «Die Berliner Theatermenschen werden bald toll vor Dummheit. Sie bringen eine erbärmlichere Novität nach der andern auf die Bühne. Doch befinde ich mich noch immer vortrefflich bei Shakespeare und Weißbier!»

Am 27. März 1851 an Wilhelm Baumgartner: «Ich hatte Alfred Escher bloß angefragt, ob er meine, daß ich den Staat noch einmal anpumpen könne, und erwartete erst eine Antwort hierüber. Statt dessen stellte er aber sogleich den Antrag und realisierte die Sache. Es fängt aber doch an, mich zu genieren, da ich einen alten und seltsamen Stipendiaten vorstelle und es bei unseren kleinen und knappen Verhältnissen noch nie vorkam, daß man einen im Alter schon vorgerückten Kunstmenschen reisen ließ.»

Im September als Fortsetzung des liegengebliebenen Briefes an Baumgartner: «Wenn ich in Berlin mit einem Stücke reüssiere, so bin ich für einige Zeit geborgen, da dies für die meisten kleineren Theater maßgebend ist. Doch habe ich noch eine kritische Zeit bis dahin durchzuwaten, besonders da das eingangs dieses Briefes empfangene Stipendium nun glücklich aufgebraucht ist. Doch tut dies nichts zur Sache; bin ich einmal aus dem Druck heraus, so werde ich mich freuen, eine gute Zeit an Wind und Wetter gestanden zu haben. Denn meine Maxime ist geworden: wer keine bitteren Erfahrungen und kein Leid kennt, der hat keine Malice, und wer keine Malice hat, bekommt nicht den Teufel in den Leib, und wer diesen nicht hat, der kann nichts Kernhaftes arbeiten.»

Am 15. Februar 1855 an die Mutter: «Es ist doch manchmal gut, wenn man nicht so fix und flink ein großes Tier wird, sondern etwas langsam wächst, wie das Hartholz, das desto länger brennt.»

Anders als in München und Heidelberg herrschte in Berlin ein forscher militärischer Geist. Gottfried nannte es seinen Bußort und seine Gramspelunke, die ihm vollkommen den Dienst eines pennsylvanischen Zellengefängnisses leiste. Dem Revolutionsrausch von 1848 war Ernüchterung und Einschüchterung gefolgt. Staat und Kirche, als heilige Garanten von Recht, Sittlichkeit und Ordnung, hatten den freiheitlichen Geist wieder straff an die Hand genommen. Bürgerkontrollen und Polizeiwillkür waren an der Tages- und Nachtordnung. «Die höheren Stände», erklärte der Kultusminister von Raumer, «sind im Besitz aller Bildungsmittel, die unteren sollen sie gar nicht haben, das Volk darf weiter nicht unterrichtet werden, als es zu seiner Arbeit paßt.»

Wie vor zehn Jahren in München beschränkte sich Gottfried Keller, im Bewußtsein des Eindrucks seiner «kleinen struppigen Personnage», zunächst auf den zwanglosen Verkehr mit seinen Landsleuten, von denen es damals – Neuenburg war ja formell noch preußisch – eine ganze Reihe gab: Studenten und welsche Junker als königstreue Offiziere. Sehr rege wird dieser Verkehr nicht gewesen sein. An Hettner schrieb er von seiner «gottverlassenen Einsamkeit» und an Freiligrath: «Nun bin ich ein Muster an Melancholie, esse weltschmerzlichen Apfelkuchen neben lesenden Blaustrümpfen und gehe um neun Uhr ins Bett.»

Seine Hoffnung, in Berlin Dramatiker zu werden, erfüllte sich nicht. Zwar meinte er: «Mein Trauerspiel – die ‹Therese› – kann ich leicht fertig machen, sobald ich will»; aber seine Produktion hielt mit den theoretischen Einsichten über das Wesen und den Geist des Theaters nicht Schritt. Übrigens seien, schrieb Keller, seine Theaterbesuche mit einer eigentümlichen Strapaze verbunden: «Die guten Berliner Bürgersfrauen und Jungfrauen, zwischen welche ich einsamer Fremdling im Parkett gewöhnlich zu sitzen komme, duften so stark von allen erdenklichen kostbaren Parfüms, daß ich manchmal ganz betäubt werde. Doch erhole ich mich wieder durch die Augen, und ich möchte mir bald zutrauen, einem ansehnlichen Putzmachergeschäft würdig vorzustehen vermittelst der genauen Studien, welche ich in den Zwischenakten an Häubchen und Halskragen aller Art vornehme.»

Wiener Gauklergruppe in Berlin. Daguerreotypie um 1846. Keller zeigte sich über den Stand der Berliner Bühnen sehr enttäuscht. Begeistert war er jedoch von den Wiener Komikern im Friedrich-Wilhelmstädtischen Theater.

Was ihm bei anfänglicher Anerkennung dieser und jener Aufführung gleich am besten gefiel, waren die Wiener Komiker: «Ich gehe deswegen auch in das Friedrich-Wilhelmstädtische Theater und vergnüge mich alldort in allen möglichen Dummheiten der Wiener Possen. Wenn die tragische Schauspielkunst täglich mehr in Verfall gerät, so hat sich dafür in der sogenannten niederen Komik eine Virtuosität ausgebildet, welche man früher nicht kannte. Die Wiener Possen sind sehr bedeutsame und wichtige Vorboten einer neuen Komödie.»

Das weitaus bedeutendste Ergebnis der Berliner Jahre war Kellers Wandlung zum Prosaerzähler. Bei Goethe hatte er gelernt, «daß das Unbegreifliche und Unmögliche nicht poetisch ist und daß Schlichtheit und Ehrlichkeit mitten in Glanz und Gestalten herrschen müssen, um etwas Poetisches oder, was gleichbedeutend ist, etwas Lebendiges und Vernünftiges hervorzubringen, mit einem Wort, daß die sogenannte Zwecklosigkeit der Kunst nicht mit Grundlosigkeit verwechselt werden darf». Diese programmatischen Sätze, die zugleich Gottfried Kellers eigene Kunst bezeichnen, stehen im Hauptwerk seiner Berliner Jahre, im «Grünen Heinrich».

Noch in Heidelberg, hatte Keller dem Verleger Eduard Vieweg versprochen, «in etwa vierzehn Tagen» werde er ihm das versprochene Manuskript seines Romans übersenden, «entweder das Ganze oder einen Teil». Eine erstaunliche Absicht, wenn man bedenkt, daß noch reichlich fünf Jahre bis zur Vollendung des «Grünen Heinrich» vergehen sollten. Da von Berlin aus die Manuskriptsendungen verspätet oder überhaupt nicht eintrafen, stellte der geschäftstüchtige Vieweg endlich mit Ungeduld die Gewissensfrage, und Gottfried Keller entschloß sich im Juli 1851 zu einer «unumwundenen Erklärung»: seit seiner Ankunft in Berlin habe er fast alle erhältlichen Geldmittel zur Tilgung früherer Schulden verwenden müssen und sehe sich gezwungen, «allerlei kleinliche Arbeiten, wie Aufsätze und dgl., sogar Zeichnungen zu verfertigen, um von einem Tag zum andern kleine Geldsummen zu erwerben». So gehe es über Wochen und Monate. «Wenn ich einmal alle Schwierigkeiten überwunden habe und wenn Sie alsdann noch geneigt sind, meine Sachen zu verlegen, so werden Sie sehen, daß mein bisheriges Verhalten ein zufällig von äußeren Umständen bedingtes und vorübergehendes war.»

Mit dem reichen Verleger Eduard Vieweg in Braunschweig hatte Keller wegen seines geplanten Romans schon im Herbst 1848 Verbindung aufgenommen und in der Folge mehrmals Vorschuß bezogen. Darum drängte dieser zunehmend auf die Lieferung der versprochenen Manuskripte, bis Keller in Berlin ohne Adreßangabe die Wohnung wechselte. «Mein Mißgeschick liegt eigentlich mehr in mir selbst», schrieb er der Mutter. Im April 1855 erhielt Vieweg endlich die letzten Kapitel des «Grünen Heinrich». Keller blieb ein bescheidenes Resthonorar.

Eine Episode aus dieser Zeit bedrückender Geldmisere hat Keller in den siebziger Jahren in einem Brief ausgeplaudert: «Ich war schon dreißig und ein oder zwei Jahre alt, als ich dort in der Mohrenstraße in einem schönen Hause wohnte. Ich war in guter Gesellschaft eingeführt, aber wenig bekannt, geriet in Geldverlegenheit und konnte nicht mehr studentisch verfahren, verstand nicht einmal, auf gute Art ein Mittagessen zu borgen. So hatte ich mich mit wenig Münze hinausgeschwindelt, um die endliche Geldankunft zu erharren, die nicht mehr lange ausbleiben konnte. So besaß ich eines Abends noch fünf Silbergroschen, als mich ein Bildhauer in die Wagnersche Bierkneipe abholte, wo verschiedene damalige Notabeln saßen, unter andern der verstorbene Melchior Meyr, die nicht recht wußten, was sie aus mir machen sollten, und unter sich sagten: Was ist denn das für ein Schweizer? Was tut der hier usw.? Ich trug nur Sorge, daß ich noch einen Groschen übrigbehielt, indem ich dachte, du kannst morgen mittags noch ein Brötchen dafür kaufen, so geht der Tag hin! Richtig, am andern Mittag überzeuge ich mich, daß das Luder noch da sei, gehe in einen großen Bäckerladen in der Nachbarschaft und nehme einen Groschenwecken, gebe den Groschen. Die lange, etwas verdrießliche, aber elegante und angesehene Bäckerstochter, die mich gewiß alle Tage vorübergehen sah, besieht den Groschen; die Kellnerin vom vorigen Abend hatte mir einen ungültigen, verrufenen Gröschling irgendeines deutschen Raubstaates gegeben, was ich nicht wußte und verstand. Die Bäckerin sagte: ‹Der wird nicht genommen, es ist ein falscher!› Ich habe keinen anderen und muß das Brot wieder aus der Hand geben und mich aus dem Laden drücken mit meiner Eßlust, während die Person mich vom Kopf bis zum Fuße betrachtet. Ich fühlte mich zwiefach beschimpft, von der betrügerischen Kellnerin wie von der bornierten Bäckerin, der es nicht einfiel, an eine Notlage zu denken, und nur froh war, nicht das Opfer eines listigen Kumpans geworden zu sein. Ich brachte den Tag ungegessen zu und mußte am andern Morgen dann doch Geld borgen, was viel leichter von statten ging, als ich geglaubt hatte.»

Das zweite Reisestipendium war längst aufgezehrt, und die Vorschüsse auf den «Grünen Heinrich» brachten bei allem Bitten und Betteln auch nicht mehr viel. Da bewilligte die Zürcher Regierung im März 1851 ein nochmaliges Stipendium von fünfhundert Franken.

Es war die Zeit, in der Gottfried von Heimweh geschüttelt wurde und seine Gedanken wie Brieftauben immer wieder nach Hause flogen:

Tief im Norden auf den sandigen Heiden
Geht ein Sohn von dir, o Vaterland,
Der zu deinen hohen Festesfreuden
Diese Liedertaube abgesandt.

Und es folgt sein Herz dem leichten Fluge
Hoch über das deutsche Land, hinauf den Rhein,
Fliegt voran dem trägen Wolkenzuge –
Halt – da blitzt der See im Morgenschein!

Aus den heitergrünen Fluten steigen
Hohe Linden, Münster und Abtei,
Und im Spiegelbild will zwiefach zeigen
Blühndes Uferland sich stolz und frei —

Fanny Lewald (1811–1889) war schon in jungen Jahren eine erfolgreiche Romanautorin, die einen vielbesuchten literarischen Salon führte. Sie hielt sich für bedeutender als George Sand. Obgleich Keller auf eine Empfehlung Hettners sehr freundlich aufgenommen wurde, fühlte er sich durch ihre Exaltiertheit bald abgestoßen. Dazu kam ihr provokant freies Verhältnis zum Literaten Adolf Stahr. Das betriebsame literarische Klüngelwesen war nicht nach Kellers Art. Als ihn das merkwürdige Paar später in Zürich besuchte, milderte er sein Urteil, da die beiden von seiner Heimatstadt begeistert waren.

Gleich nach seiner Ankunft in Berlin hatte er versucht, mit der damals neununddreißigjährigen, hochberühmten Schriftstellerin Fanny Lewald aus Königsberg in Kontakt zu kommen; aber die exaltierte Dame war für ein halbes Jahr verreist. Erst im Oktober des folgenden Jahres machte er bei ihr seinen Antrittsbesuch. Hettner hatte ihm eine Empfehlung geschrieben, doch Fannys Salon mit dem «betriebsamen literarischen Klüngelwesen» war nicht nach Kellers Art. Obgleich man ihn «sehr freundlich» aufnahm, fühlte er sich abgestoßen. Frau Lewald besitze wohl einen scharfen Verstand, aber wenig Phantasie und Wärme, berichtete er Hettner. Dazu kam ihr provokanter freier Liebesbund mit dem Allerweltsschreiber Adolf Stahr. Das «vierbeinige zweigeschlechtige Tintentier» hat Keller später die beiden bei ihrem Besuch in Zürich genannt.

Der pommersche Schriftsteller Christian Friedrich Scherenberg, «fast fünfzig Jahre alt, aber von jungem Herzen», führte Gottfried in den sonntäglichen Dichterzirkel «Der Tunnel über der Spree» ein, den der ungarische Literat Moritz Gottlieb Saphir (eigentlich Moritz Moses) 1827 gegründet hatte. In den vierziger und fünfziger Jahren erlebte der «Tunnel» seine Blütezeit. Storm, Fontane, Heyse, Hebbel, aber auch Adolph Menzel verkehrten dort vorübergehend. Literarische Wettbewerbe im Stil der Meistersinger wurden ausgetragen, und die Themen, zu denen Gedichte gedrechselt werden sollten, waren so ausgefallen wie «Warum werden im Winter Schneemänner, aber keine Schneefrauen gebaut?» Der seltsame Name des Dichterkränzchens hatte nichts mit dem ersten Dampfschiff zu tun, das seit 1823 auf der Spree fuhr, er bezog sich auf den Bau des Londoner Themsetunnels. Saphir, der Vater des Kalauers, der alles, besonders Theaterangelegenheiten, mit Spott und Hohn übergoß, erschöpfte sich zumeist in beißenden Silben- und Wortspielereien. Er gründete in Wien, München und Berlin über zwei Dutzend Zeitungen, vom «Bazar» über die «Neuen Mitternachtsblätter», den «Deutschen Horizont» bis zur «Berliner Schnellpost». Von ihm selber vermutlich stammte das Bonmot: «Der Saphir ist ein Edelstein, der nur von der Polizei richtig gefaßt werden kann», was ihm auch mehr als einmal passierte. Die Revolution von 1848 machte ihn in Wien zum stolzen Präsidenten des Österreichischen Schriftstellervereins, aber nur für zwei Tage. Nach seinem Tod erschien eine zwanzigbändige Gesamtausgabe seiner Absurditäten, die bald in den Bibliotheken und Bücherschränken der Jahrhundertwende verstaubten. Alle Versuche, die einst maßlos bewunderten Werke des 1858 Verstorbenen wieder zum Leben zu erwecken, sind seither gescheitert.

Fast dreißig Jahre nach seiner Berliner Zeit erinnerte sich Keller an die merkwürdigen Konkurrenzen des «Tunnels» in einem Brief an Heyse: er sei auch einmal dabei gewesen, «obskur wie eine Schärmaus und ungefähr auch von ihrer Gestalt». Auf dem Präsidentenstuhl habe der «Süßwasserfisch» Franz Kugler gesessen und sei Lessing genannt worden. «Ein Gardeoffizier las eine Ballade vor; bei der Umfrage kam ich auch an die Reihe und grunzte: Wrumb! worauf sofort das Wort dem

Trotz seiner Schwierigkeiten in Berlin und seiner instinktiven Abneigung gegen das dortige Literatentum pflegte Keller später zu vielen einstigen und neuen Freunden im Norden Deutschlands brieflichen Kontakt. Dazu gehörten (von links nach rechts):
Paul Heyse (1830–1914). Den Dichter und Nobelpreisträger (1910) lernte Keller in Berlin kennen.
Adolph Menzel (1815–1905) verkehrte als Maler für einige Zeit im Dichterzirkel «Tunnel über der Spree».
Theodor Storm (1817–1888). Die beiden sind sich nie persönlich begegnet. Vermittelt wurde die Bekanntschaft durch Wilhelm Petersen.

nächsten erteilt wurde.» Mit seinem Altersgenossen Fontane, der ihm von allen Tunnelmitgliedern menschlich und dichterisch am meisten hätte bedeuten können, hat er sich vermutlich nie berührt. Es war wohl ein richtiger Instinkt, der die beiden temperamentmäßig so verschiedenen Männer von einander fernhielt. Fontane verfolgte das Schaffen des Zürchers stets mit wacher Aufmerksamkeit und schrieb 1886: «Wie Sterne kann er tun, was er will, weil seine dichterische Persönlichkeit (er soll auch eine undichterische haben) alles siegreich herausreißt.»

Zu den entscheidenden Ereignissen in Kellers Berliner Zeit gehörte seine Aufnahme in den Salon des abgehalfterten, bald siebzigjährigen Diplomaten Karl August Varnhagen von Ense im gräflichen Königsmarckschen Hause Mauerstraße 36, wo er eine herrschaftliche Etage belegte. Damen aus den ersten Familien und mit den alten historischen Namen, ältere hohe Staatsbeamte, Militärs, Schriftsteller und Künstler trafen sich da zum Fünfuhrkaffee mit einem abschließenden Gläschen Süßwein. Von Kellers Bedrängnis wußten die Damen und Herren, denen Wohlstand eine Selbstverständlichkeit war, kaum etwas, und Gottfried klagte nicht. Arrangiert wurde der korsettsteife Zirkel der Zelebritäten jeweils von Ludmilla Assing, Varnhagens Nichte, Hofdame und Haushälterin. Sie war von fanatischer jungdeutscher Gesinnung, huldigte der Frauenemanzipation und verehrte George Sand als Hohepriesterin des Feminismus. Varnhagen (1785–1858), einst preußischer Minister, verwundet in der Schlacht bei Wagram und Teilnehmer am Wiener Kongreß, war ein vielseitiger Schriftsteller, der als Doppelbegabung gleich Keller erstaunlich gut zeichnete und aquarellierte.

Gottfried Kellers Ruf als «schweizerischer Dichter deutscher Nation» war ihm auf unwürdige Weise vorausgeeilt. Sein Heidelberger Verleger Anton Winter hatte dem einflußreichen Varnhagen heimlich ein Exemplar von Kellers frühen Gedichten geschickt, mit einem Begleitbrief, den er als von der Hand des Autors vorschwindelte. Varnhagen als «Statthalter Goethes auf Erden» hatte dem überraschten Keller damals in

einem langen, achtungsvollen Brief gedankt, der als erstes Echo aus der großen literarischen Welt dessen bedeutende Begabung herausstrich. Der pfiffige Berliner – Keller hatte ihn in einem Brief einmal vorahnend «Harnwagen» genannt – besaß «neben den ungewöhnlichen Gaben des Kopfes weder Überzeugung noch Gewissen». Mit Goethe brüstete er sich, weil dieser einst die Aktivität seiner Frau bewundert hatte. Seine Altersjahre verbrachte der Ex-Minister damit, in Tagebüchern und Korrespondenzen den kleinlichsten Klatsch über den Hof und die Gesellschaft anzuhäufen, und Ludmilla war taktlos genug, diese Intimitäten und Indiskretionen nach dem Tode ihres Onkels alsogleich zu veröffentlichen. Friedrich Hebbel bezeichnete die Publikationen der Mamsell Ludmilla Assing als äußerst skandalös. Natürlich kommt auch Keller darin vor. In einer Notiz vom 30. März 1854 wird er als ein eigentümlicher, gehaltvoller Mensch geschildert, «aber für die Welt etwas verschroben, nicht ganz brauchbar zugerichtet», was fünfzehn Jahre später jedermann gedruckt nachlesen konnte. Doch derselbe Tagebucheintrag brachte auch eine sehr einsichtige Würdigung des eben erschienenen «Grünen Heinrich»: «Es ist ein Roman, wie Rousseaus Bekenntnisse einer ist, voll Psychologie, unbeabsichtigter Pädagogik, frischer Naturbilder, alles in edler, höherer Haltung.»

Von links nach rechts:
Friedrich Hebbel (1813–1863). Der Dramatiker hatte einige Jahre vor Keller in Heidelberg studiert. Obwohl später gleichzeitig in München, gingen sich die beiden aus dem Wege; aber jeder verfolgte die Werke des andern mit größter Aufmerksamkeit.
Karl August Varnhagen von Ense (1785 bis 1858). Als einstiger Diplomat führte er in Berlin einen Künstlerzirkel, in dem Gottfried erstmals mit der großen literarischen Welt zusammentraf.
Ludmilla Assing (1821–1880). Als Nichte Varnhagens organisierte sie die Salonabende und gab später seine Tagebücher heraus. Keller stand trotz zunehmender Ablehnung bis zu ihrem Tode mit ihr in Verbindung.

Rechte Seite: Das einzige Porträt Kellers aus seiner Berliner Zeit. Pastell von Ludmilla Assing. (Deutsche Staatsbibliothek Berlin, DDR.) Kellers eigenhändige Bildunterschrift lautet: «Zeit bringt Rosen. Gottfr. Keller den 21. Mai 1854». Diesen Spruch verkörpert später der Affe Kokko im «Landvogt von Greifensee,» indem er Landolts Freundinnen mit Rosen und dem Spruchband «Ich bin die Zeit» begrüßt.

Ferdinand Lassalle (1825–1864). Keller lernte den Freund Heines und radikalen Sozialisten bei Varnhagen kennen. Seine spontane Abneigung gegen Lassalles Eitelkeiten kam erst in Zürich, am Vorabend seines Amtsantrittes als Staatsschreiber, verhängnisvoll zum Ausbruch. Lassalle fiel drei Jahre später bei Genf in einem Duell.

Von da an war Keller öfters an Varnhagens großen runden Kaffeetisch geladen. Als kleiner, bärenhaft brummliger Eidgenosse blieb er ein exotischer Fremdling im Zirkel der geschliffenen Berliner Gesellschaft, die sich gerne zur Intelligenz rechnete. Er machte die Bekanntschaft von Kleists Freund, dem alten, ungemein lebhaften General Ernst von Pfuel, seit 1848 preußischer Ministerpräsident; dazu gesellten sich Max Ring, Adolf Stahr, Fanny Lewald, aber auch die bewundernswürdige Schauspielerin Wilhelmine Schröder-Devrient und der immer kokettierende Ferdinand Lassalle, dessen «Unrichtigkeit in seinem ganzen Wesen» Keller verabscheute. Für Varnhagen bewahrte Keller eine lebenslange große Verehrung, vor allem auch für den vorzüglichen Prosaisten, dessen Darstellung «Das Fest des Fürsten von Schwarzenberg» er für ein unvergleichliches Meisterstück hielt.

Offenbar hatte Gottfried Keller nicht gewußt, daß es nicht zuletzt Varnhagen gewesen war, der als preußischer Ministerpräsident in Karlsruhe im Jahre 1819 den Mörder Kotzebues und dessen Gesinnungsfreunde heimlich mit allem Abscheu verfolgen ließ und damit dem eigentlichen Schrittmacher der Reaktion, dem Fürsten Metternich, den Boden zur Unterdrückung aller nationalen und freiheitlichen Regungen in Deutschland ebnete. Das Ergebnis war eine strenge Pressezensur, organisiertes Spitzelwesen an den Hochschulen und eine Reihe von Hochverratsprozessen, die zumeist Jahre dauerten und ohne Erfolg endeten. Zu ihren vorübergehenden Opfern gehörte auch der Turnvater Jahn. Varnhagen war vor allem durch den Salon seiner früh verstorbenen Gattin Rachel, geborene Levin (1771–1833), zu Anerkennung in literarischen Kreisen gekommen. Sie war jahrzehntelang die Freundin des Publizisten Friedrich von Gentz gewesen, Metternichs getreuem Adjutanten gegen den Liberalismus und die Pressefreiheit. 1877 veröffentlichte Ludmilla Assing die Briefe und Tagebuchblätter der Feministin unter dem Titel: «Aus Rahels Herzensleben.»

Zu Fräulein Assing hatte Keller begreiflicherweise eine zwiespältige Beziehung. «Körperlich klein und unschön, geistig exaltiert, malend» und sich als Schriftstellerin fühlend, wäre sie wohl gerne Kellers Frau geworden. Sie war wie Johanna Kapp vielseitig begabt, aber unstet. Am 6. Mai 1854 schrieb er nach Heidelberg: «Ludmilla hat sich höllisch für mich erklärt und mich, da sie Pastell malt, schon abkonterfetet.» Das Porträt war nach Kellers Urteil perfekt aber geschleckt. Sein Briefwechsel mit Ludmilla Assing wurde nach der Veröffentlichung von Varnhagens Tagebüchern immer einsilbiger und ironischer. In den sechziger Jahren kam sie zwar noch oft nach Zürich, da ihr hier wegen der Herausgabe der nicht enden wollenden Indiskretionen ihres Onkels ein Prozeß mit einer Buchhandlung zu schaffen machte. Zwei der vierzehn Bände veröffentlichte die literarische Plaudertasche bei der Zürcher Verlagsbuchhandlung Meyer und Zeller am Rathausquai. Das Unternehmen, das später an den Prokuristen Eduard Rascher überging, gehörte damals dem geflohenen sächsischen Freiheitskämpfer August Reimmann.

Mit Ludmillas manischer Betriebsamkeit hatte er lange Geduld gehabt, vor allem aus Dankbarkeit für die freundliche Förderung, die ihm einst im Hause Varnhagens zuteil geworden war. Als sie dann im Herbst 1873 einen abenteuerlichen italienischen Jägerleutnant heiraten

wollte, schilderte sie Keller «ihr gefundenes Herzensglück» in einem überschwänglichen Brief mit der Begründung: «Sie, der Sie alles verstehen, werden es begreifen.»

Am 17. Juni 1874 berichtete er an Marie Exner nach Wien, er habe erfahren, daß seine «alte Freundin Ludmilla Assing» von ihrem Mann verlassen worden sei; mit Geld und Gut habe er sich aus dem Staub gemacht. «Ich hatte darauf gerechnet, daß sie zuweilen ein bißchen Prügel bekommen würde, weil sie auch gar zu unschön ist, aber solche Schmach hätte ich nicht erwartet. Ich kann nun aber doch nicht fröhlich einen Stein auf sie werfen, ich bin nicht überzeugt, daß ich nicht auch gefallen wäre, wenn ich eine alte Jungfer gewesen und mein Geld einen Jägerleutnant angezogen hätte.»

Im Juli – Keller weilte zu Besuch in Wien – schrieb er seiner Schwester: «Ich habe hier näher vernommen, wie es der Ludmilla gegangen ist mit ihrem Heiraten. Der Offizier hat nämlich vorher einen Kontrakt mit ihr abgeschlossen, den die blinde Kuh unterschrieben hat, wonach sie sich verpflichtete, wenn sie jemals sich trennen sollten, ihm jährlich soundsoviel zu zahlen. Als die Hochzeit nun vorbei war, ging er natürlich sogleich fort, kam aber zu ihrem Entzücken nochmals wieder, um noch was zu erkapern, und ging dann ganz fort.» Einige Zeit darauf kam die Geprellte nach Zürich und zitierte Keller brieflich in einen Gasthof, «als ob es unschicklich wäre, unsereinen im Hause aufzusuchen. Sie hatte eine goldene Brille auf der Nase», berichtete er Marie Melos an Weihnachten 1879, «renommierte, daß sie Latein treibe, warf die Gegenstände auf dem Tisch mit barschen Mannsbewegungen herum, heulte dazwischen, rückte mir auf den Leib, immer von sich sprechend etc.» Er ahnte nicht, daß sie schon wenige Wochen später in Florenz, ähnlich wie Johanna Kapp, an Irrsinn und Tobsucht elend zugrunde gehen sollte.

Köllnischer Fischmarkt 4 in Berlin. Photographie von Georg Bartels um 1888. In diesem Haus befand sich einst die Konditorei d'Heureuse, ein vielbesuchtes Literatencafé. Hier traf sich Keller mit Julius Rodenberg, der in Berlin Jurisprudenz studierte. Im Kreis Varnhagens begann sich Rodenberg für Literatur zu interessieren und schrieb dann selber Erzählungen. In seiner 1874 in Berlin gegründeten «Deutschen Rundschau» erschienen Kellers «Züricher Novellen» 1876/77 im Vorabdruck.

Anders als der Salon Varnhagens war jener des Verlegers Franz Duncker ein geselliger Kreis literarischer Persönlichkeiten, die alle mehr oder weniger antireaktionär gesinnt waren. Duncker hatte frühe Arbeiten von Karl Marx veröffentlicht. Keller fühlte sich von Anfang an und namentlich durch die herzhafte, gerade Natur Frau Lina Dunckers angezogen, einer niederrheinischen Gutsbesitzerstochter, obwohl sie offenbar ohne weibliche Anmut war, im Gegensatz zu ihrer stolzen Schwester Betty Tendering, die Keller tüchtig den Kopf verdrehte. Frau Lina hatte mit sicherem Instinkt erkannt, daß in diesem kleinen Manne ein großer Mensch und Dichter steckte. Die Dunckers bewohnten in der Johannisstraße beim Oranienburger Tor ein ebenso vornehmes wie phantastisches Haus; einstöckig, im Rokokostil, zwischen Hof und Garten. Sein früherer Besitzer Graf von Ross, ein Onkel der Frau Duncker, hatte darin ein chinesisches, ein indisches und ein griechisches Zimmer eingerichtet. In diesen und in einem großen Saal spielten sich die mit trefflicher Bewirtung, Musik und Tanz angenehm garnierten,unzeremoniellen Gesellschaftsabende ab. «In einer Ecke des chinesischen Zimmers, durch den offenen Rahmen der Salontüre sichtbar, schweigsam über seinen Teller gebeugt, ein ganz in sein Geschäft vertieftes Männlein mit großem Kopf und mächtiger Stirn, aber kurzem Unterkörper», beschrieb der Jurastudent und spätere Verleger Julius Rodenberg seine Begegnung mit Keller. Sie waren dann im vielbesuchten Café d'Heureuse oft zusammen, und Rodenberg gab den Eindruck in folgenden Sätzen wieder: «Er sprach nicht viel und niemals von und über sich. Auch von seinem Humor war kaum etwas zu bemerken. Man konnte nichts aus ihm herausbringen, und doch liebten wir Jüngeren den seltsamen, verschlossenen Mann und hatten einen instinktiven Respekt vor ihm, wiewohl wir nichts von ihm kannten als ein paar Gedichte.» Es war Gottfrieds seelische Schamhaftigkeit, die ihn von jeder Äußerung feiner Gefühle abhielt. Dies wurde auch zu einem Geheimnis seiner Dichtkunst, die jeder aufkommenden Sentimentalität durch eine kleine Wende gleich die Spitze bricht.

Im übrigen hatte der Schweigsame die üble Seite des ehrgeizigen

Im Berliner Lesecafé, 1832. Gemälde von Gustav Taubert. Auf der Rückseite des Bildes die Bemerkung «Alles liest alles.» Zu Kellers Zeiten verdiente in Berlin ein ganzes Heer von Journalisten das tägliche Brot mit exaltierten Kritiken, die oft von einflußreichen Persönlichkeiten bestellt und bezahlt wurden. Keller fühlte sich von diesem literarischen Claque-Betrieb elementar angewidert und machte die unechte Literaturproduktion schließlich in der Novelle «Die mißbrauchten Liebesbriefe» zur amüsanten Farce.

Folgende Seite: Waldlandschaft. Aquarell, entstanden in Berlin 1855. Keller übergab später das Blatt Justine Rodenberg in Berlin mit launigen, auf der Rückseite geschriebenen Widmungsversen:
«Dies trübe Bildchen ist vor drei und zwanzig Jahren
Im einstigen Berlin mir durch den Kopf gefahren;
Mit Wasser wurd' es dort auf dem Papier fixiret,
Von Frau Justinen nun dahin zurück geführet,
Wo es entstand, vom regnerischen Zürichsee
Bis hin zur alt berühmt- und wasserreichen Spree.
Auf Wellen fähret so, ein Niederschlag der Welle,
Des Lebens Abbild hin, die blöde Aquarelle!
Zürich 29. August 1878 Gottfr. Keller.»

Berliner Literaturbetriebes bald entdeckt, und sie widerte ihn mit elementarer Heftigkeit an. Das bewußte, eitle und gedankenarme «Literaturmachen», die Skribenten und Blaustrümpfe, die «elenden Kreaturen, die versuchen das Leben zur Literatur umzumünzen,» hat er in den «Mißbrauchten Liebesbriefen» lächerlich gemacht. Er brauchte immer einen Groll zu seiner Existenz. Dahinter steckte die nie ganz beruhigte Empfindung seiner eigenen gesellschaftlichen Unbegabung. So gab Keller im Kreis Duncker nur eine Art von Gastrolle. Von einer gewissen Zeit an wurde er dort nicht mehr eingeladen, was ihn verletzte. Die feinfühlige Hausfrau schrieb ihm später, er habe sich augenscheinlich in der Gesellschaft nicht wohlgefühlt, weshalb sie ihm solche Unannehmlichkeiten ersparen wollte.

Dies kleine Bildchen ist vor drei und zwanzig Jahren
Im winterlichen Berlin mir durch den Kopf gefahren;
Mit Wasser wurd' es dort auf das Papier fixirt,
Von Frau Justinen nun dahin zurückgeführt,
Wo es entstand, vom sagenreichen Zürichsee
Bis hin zur alt berühmt- und wasserreichen Spree.
Auf Wellen fährt so, ein Niederschlag der Welle,
Des Lebens Abbild hin, die blöde Aquarelle!

Zürich 29 August 1878

Gottfr. Keller.

Gottfried Keller Berlin 1855.

Der grüne Heinrich und die schöne Betty

Die grüne Natur war für Keller eine Art Rebstecken, an den er sich klammerte, wenn ihn Mut- und Ratlosigkeit niederdrücken wollten. Sie erinnerte ihn an sein Zuhause, an Wanderungen im grünen Wämslein auf den Üetli- und den Zürichberg und an bukolische Tage in Glattfelden. «Als ich mich kaum in Berlin etwas umgesehen hatte, sah ich sogleich, woran ich mich zu halten habe, und ich ging spreeaufwärts spazieren oder suchte die stillen Seen in den Fichtenwäldern auf mit ihrer stillen Sonne, und wenn meine Landsleute über die schauerliche Gegend klagten, so hielt ich dieser treulich die Stange und habe sie auch jetzt noch nicht vergessen», erinnerte er sich 1857 an seine stumme Zwiesprache mit der Berliner Landschaft.

Die Mutter wollte er mit seiner Existenzangst nicht belasten, und schwindeln mochte er auch nicht. Schon anderthalb Jahre hatte sie von ihrem Sohn in der Fremde nichts mehr vernommen. Da raffte er sich an Silvester 1851 endlich zu einem Gedicht auf, das er aber nicht abschickte, und er verbrauchte viereinhalb Strophen, um endlich zur Sache zu kommen, nämlich der Mutter jene Hoffnung zu geben, die er selber nicht hatte:

Betty Tendering (1831–1902). Kreidezeichnung von Ludwig Pietsch im Frühling 1853. Die Rheinländerin Elisabeth Tendering war die Schwester der Verlegersgattin Lina Duncker und lebte als Vollwaise bei ihr in Berlin. Sie war Kellers große Liebe, die ihn wie einst Luise Rieter unsicher und verschlossen machte. Im Februar 1856 schrieb ihm Frau Lina Duncker nach Zürich: «Ich habe den Auftrag, Sie zu grüßen, obgleich Sie stets so unartig und mürrisch wie möglich gegen sie gewesen seien.»

Ich schmiede Verse, schreibe Bücher,
Ich schreibe wochen-, monden lang,
Laß' Helden große Worte sprechen,
Stets gibt die Schelle ihren Klang.

Ich schreibe an gelehrte Freunde,
An zier- und geistbegabte Frau'n
An lebensfrohe Witzgenossen,
Weiß alle leichtlich zu erbau'n.

Nur wenn ich an die ungelehrte
Und arme Mutter schreiben will,
Steht meiner Torheit fert'ge Feder
Auf dem Papiere zagend still.

Da gilt es erstlich, groß zu schreiben
Und deutlich für das Mutterauge,
Daß für das alternd' tränenblöde
Des Söhnleins Schrift zum Lesen tauge.

Und dann – o welche schmerzenvolle
Und schwere Kunst! – das Wort zu wählen,
Das schlichte Wort, das Hoffnung spendet
Und wahr ist mitten im Verhehlen!
...

Hemmt euren Lauf, geschwätz'ge Reime,
Die ihr mich meiner Pflicht entzieht! –
Bald lern' ich nun gefühlvoll dichten!
In Tränen schrieb ich dieses Lied.

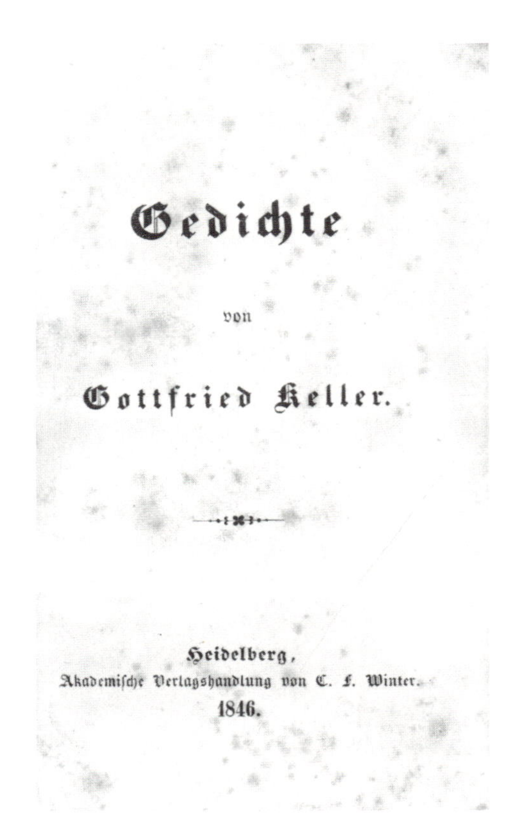

Gedichte

von

Gottfried Keller.

Heidelberg,
Akademische Verlagshandlung von C. F. Winter.
1846.

Keller begann als Lyriker. Eine erste Auswahl von einundvierzig Gedichten hatte Follen bearbeitet, zusammengestellt und 1845 in seinem «Deutschen Taschenbuch» herausgegeben. Aus dieser und einer zweiten Ausgabe im nächsten Jahrgang ergab sich der ungefähre Bestand der «Gedichte von Gottfried Keller», die Follen bei Orell Füssli u Comp. in Zürich drucken und im Sommer 1846 beim Buchhändler Anton Winter in Heidelberg erscheinen ließ. Keller wurde sogleich «als das bedeutendste lyrische Talent» der Schweiz begrüßt. Das Honorar von siebenhundert Gulden reichte ihm aus, die Münchner Schulden zu bezahlen und eine kleine Schweizerreise zu unternehmen.

Nochmals sieben lange Wochen verrannen, bis er dann doch zu schreiben wagte. Aus einer Anzeige Viewegs in der «Eidgenössischen Zeitung» hatte die Mutter vom Erscheinen des Bändchens «Neue Gedichte» erfahren. «Gott Lob und Dank, es ging mir doch wie ein Licht der Ermunterung auf», schrieb sie, und Gottfried antwortete am 18. Februar 1852 erleichtert:

«Dein Brief hat mir aus einer großen Verlegenheit geholfen, indem er mir einen guten Anlaß gab, endlich einmal Nachrichten von mir zu geben. Ich befürchtete nämlich, daß es schlimmer bei Euch stünde wegen meines langen Ausbleibens und meiner hinterlassenen Verwirrungen, und ich wußte nicht, was ich schreiben sollte. Nun sehe ich aber, daß Ihr Euch, dank dem treulichen Ausharren Regulas, noch so leidlich durchgeholfen bis dahin, auch sehe ich an dem Briefe, daß Du noch nicht gealtert und alle Munterkeit des Geistes beibehalten hast, was schon aus der Handschrift hervorgeht. So fällt es mir also etwas leichter, endlich zu schreiben. Ich habe öfters große Briefe an Leute nach Zürich geschickt, die mir weit ferner stehen; aber dort hatte ich gut schreiben.

Es tut mir sehr leid, daß Du nicht nur immer Sorgen wegen meiner Schulden hast. Wenn Ihr das Haus verkaufen könnt zu einem ordentlichen Preise, so wäre dies allerdings gut; nur müßte der Käufer nicht etwa ein Schlufi sein, dem man die Baracke nach einem Jahre, nach verlorenen Zinsen wieder abnehmen müßte. Ein Grund gegen den Verkauf wäre allenfalls, wenn Regula sich mit einem Professionisten verheiraten würde, welcher das Haus brauchen könnte. Doch weiß ich nicht, was sie jetzt für Projekte hat, und will mich weiter nicht hineinmischen. Mein einziger Wunsch ist, daß sie sich bald von ihrer zehnjährigen Arbeit zur Ruhe setzen, oder vielmehr von ihrem langen Sitzen auf die Beine machen kann. Was ich in diesem Saunest jährlich brauche, dafür könnten wir in Zürich alle drei herrlich leben, und so viel hoffe ich auch ferner zu verdienen.

Mit den Hemden bin ich auch in Verlegenheit, ich habe mir schon ein paarmal einige baumwollene gekauft, da die leinenen, welche ich von Haus habe, teils des Schnittes, teils der Grobheit wegen in der Gesellschaft nicht zu tragen sind; denn es wird hier mit der Wäsche ein schändlicher Luxus getrieben. Feine leinene mochte ich nicht anschaffen, da die Hausfrau, welche mir wäscht, alles zusammenreißt und doch nicht schön wäscht. Einzig das Hemd, welches eine breite Brust ohne Falten hat, trage ich auch,wenn ich wohin eingeladen bin, da es wegen seines wunderbaren Schnittes Aufsehen erregt. Als mich ein Frauenzimmer befragte, ob man in der Schweiz solche Hemden trage sagte ich, ja, es sei ein schweizerisches Nationalhemd, und als solches darf ich es in den vornehmsten Gesellschaften tragen, da das Fremdländische immer nobel ist.

Inliegenden Brief bitte ich in den Briefeinwurf zu tun. Ich weiß noch nicht, ob ich frankieren werde, da ich gegenwärtig nicht sehr viel Geld habe. Ich will mich über Nacht noch besinnen...»

In der Nachschrift heißt es noch: «Das Nationalhemd geht nun auch bergab, da ich hinten den Hemperstock verkürzen mußte, um Salblumpen zu gewinnen!»

Mit «inliegendem Brief» wandte sich Keller einmal mehr an den Regierungsrat um ein weiteres Stipendium von sechshundert Franken, was ihm auch bewilligt wurde. Allerdings hätten die Behörden von ihrem Staatsstipendiaten gerne etwas von den versprochenen Werken gesehen, beispielsweise ein Stück, das man am Zürcher Stadttheater hätte aufführen können. «Es will dem Erziehungsrat überhaupt scheinen», heißt es im Brief des Bürgermeisters Alfred Escher, «daß Sie sich eher zu wenig als zu viel zutrauen. Wenn dies auch Ihrer Bescheidenheit alle Ehre macht, so dürfen Sie nicht aus den Augen verlieren, daß, wenn Ihre Erzeugnisse vor dem strengen Gericht Ihrer selbst nicht voll bestehen, sie vielleicht bei anderen viel mehr Gunst zu erwerben geeignet sind.» So war es: Der Regierungsrat hatte die Situation und das Wesen seines Schützlings erspürt und den so lange Schweigenden nicht abgeschrieben.

Im ganzen hatte Keller im Zeitraum von dreieinhalb Jahren von der Regierung zweitausendneunhundert Franken erhalten, was nach heutigem Geldwert mit etwa fünfundzwanzig zu multiplizieren wäre. Rund die Hälfte dieses Betrages entfiel auf den Berliner Aufenthalt. Dazu kamen einige Einnahmen aus Vorschüssen auf den «Grünen Heinrich», aus den «Neuen Gedichten» und für verschiedene Aufsätze über Jeremias Gotthelf in den «Blättern für literarische Unterhaltung». Zusammengerechnet ergab das um einiges mehr, als Keller in München zur Verfügung stand, aber die Kunst des Sparens, die seine Mutter zur Virtuosität entwickelte, hatte er nie gelernt. Im eleganten Berlin waren seine Ansprüche gestiegen, er verkehrte in der höheren bürgerlichen Welt und im Kreis jener Journaille, die für einen gedeckten Tisch oder ein kleines Trinkgeld alles versprach und unbekümmert von der Hand in den Mund lebte. «Wer denkt ans tägliche Brot, wo es doch Kuchen und Kaviar gibt?» war ein geläufiges Bonmot, das vermutlich Saphir in die Welt gesetzt hatte.

Im Herbst 1853 war Keller einmal mehr hoffnungslos verschuldet. Schließlich gestand er seinen «Danaidenzustand» dem eben nach Zürich zurückkehrenden Mineralogen Dr. Christian Heusser, Bruder der später berühmten Heidi-Autorin Johanna Spyri. Dieser zog Bekannte, wie den späteren Bundesrat Jakob Dubs ins Vertrauen. Keller solle zuerst einmal ein genaues Verzeichnis seiner noch hängigen Verpflichtungen in Zürich, Heidelberg und Berlin zusammenstellen. «Vergiß unter den Berlinern», mahnte Heusser, «auch den Schneider W. an der Dorotheenstraße nicht», denn von dem hing der gute Ruf der Schweizer in Berlin wesentlich ab. Dann machte sich Dubs ans Werk: Bei vertrauten Freunden verkaufte er à fonds perdu sechs Aktien zu dreihundert Franken «zum Zweck der Loseisung des Bedrängten». Ein Bündner Nationalrat,

Jakob Dubs (1822–1879), Schweizer Bundesrat. Der aus Affoltern im Knonaueramt stammende Dubs, ein Freund Alfred Eschers, gehörte zu den stillen Förderern Kellers. Er hatte den Dichter zusammen mit Dr. Christian Heusser finanziell aus Berlin «losgeeist» und ihm im Februar 1854 am geplanten Eidgenössischen Polytechnikum eine Professur für Literatur und Kunstgeschichte angeboten, die Keller jedoch ablehnte, da er vorerst in Zürich seine «ungerecht beurteilte Persönlichkeit» wieder herzustellen und dann «wenn nötig eine bescheidene Stelle in der Verwaltung zu versehen» hoffte.

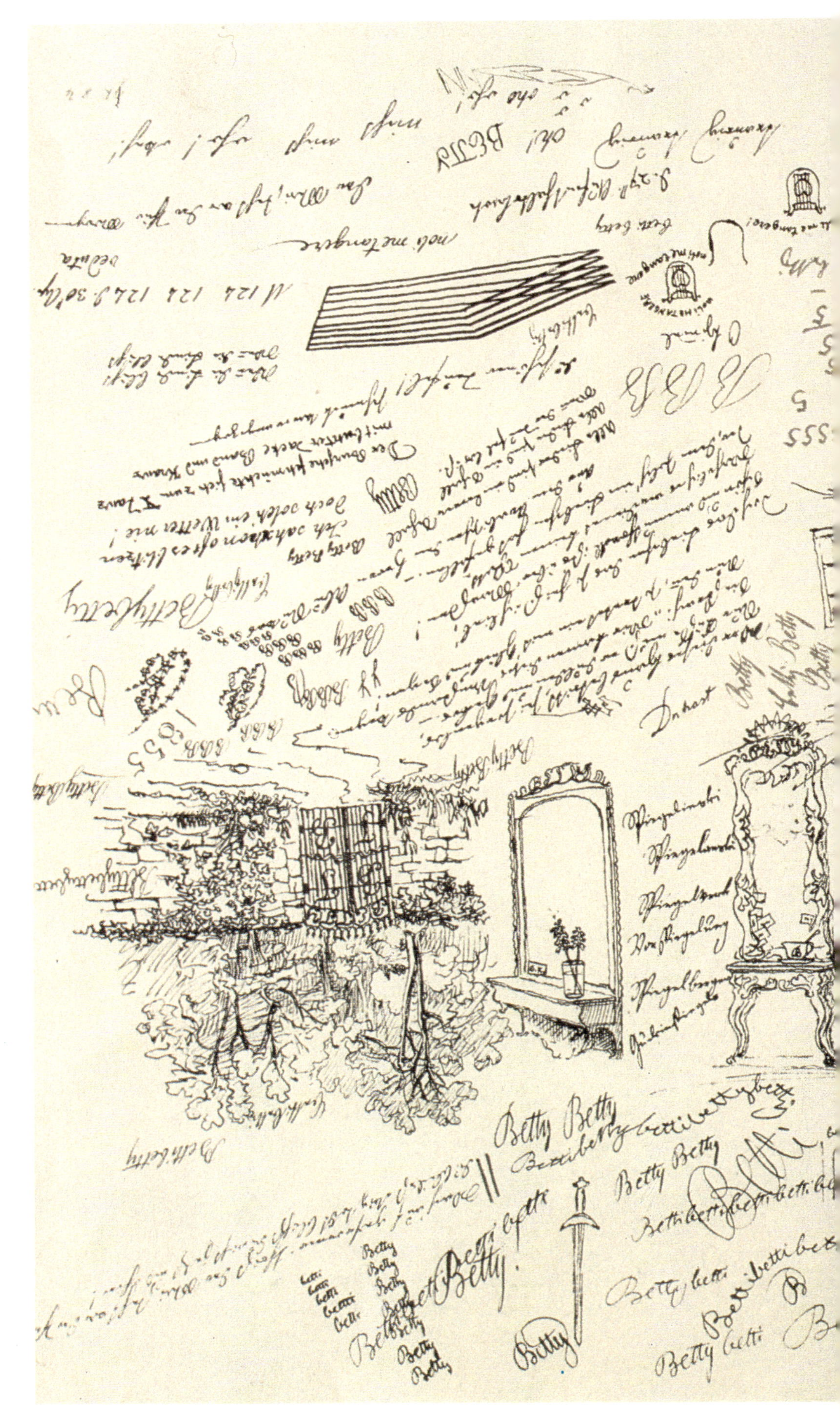

Während sich Keller um den Schluß des «Grünen Heinrich» abmühte, überfiel ihn die Leidenschaft zur schönen Betty Tendering, von der er in seinem Roman als Dortchen Schönfund ein idealisiertes Porträt zeichnete. Erhaltener Zeuge dieser unglücklichen Liebe ist Kellers damalige Schreibunterlage mit verwirrenden Sprüchen und Karikaturen seiner Seelennöte. Bezeichnend ist der Seufzer: «Resignatio ist keine schöne Gegend.» Keller hat das vielverratende Dokument zeitlebens aufbewahrt.

Betty!
Betty Nachtigal
BETTY
valor
Betty!
Betty o sind alle da?
1855
Betti
Bettchen?
Bettchen?
April
April 1855
Betty
Bettybetty
BETTY Betti
Betti
bettibettibetti

Die andere Seite von Kellers Schreibunterlage aus seiner Berliner Leidenszeit mit Betty Tendering.

Andreas von Planta, zeichnete nur unter der Bedingung, daß Keller eine Ode auf die eben geplante Lukmanierbahn schreibe. Im Frühling erst traf das rettende Geld in Berlin ein, es reichte gerade zur Tilgung der aufgelaufenen Passiven. Aber Gottfried kehrte noch nicht heim, und die Ode, die ihn lange plagte, schrieb er nie; aber er kaufte später alle auf seinen Kopf ausgegebenen Aktien von seinen «Hauptaktionären» zurück.

Gottfried Kellers größte Last in Berlin war nicht seine Finanzplage, vielmehr bedrückte ihn der noch immer nicht fertige «Grüne Heinrich», auf den er schon mehrere Vorschüsse kassiert hatte. Mit des Dichters fortschreitender Entwicklung wuchs der längst versprochene Roman nicht nur an Stoff und Umfang, sondern mehr noch an Tiefe und Gehalt. Anfangs als ein hübscher Künstlerroman etwa im Stile von Mörikes «Maler Nolten» gedacht, weitete sich das Projekt zum Sammelbecken für alles, was der innerlich wachsende Mensch an Weltanschauung, Lebenserfahrung und Kunsteinsicht in sich aufnahm. Der «Grüne Heinrich» geht nicht mehr in der Malkunst, sondern in der Lebenskunst auf. Im März 1854 schrieb die Mutter: «Die drei Bände Deines Romans haben uns beide sehr angesprochen, besonders da der Hauptinhalt meistens Dein Jugendleben, Deine Buben- und Schulgeschichte betrifft. Mit besonderem Wohlgefallen las ich die Erinnerungen und Gedenkzeichen Deines teuren, unvergeßlichen Vaters.» Was beweist, wie genau sich Gottfrieds Schilderungen an die wirklichen Umstände hielten. Doch dann fuhr die Mutter fort: «Regula wurde zwar sehr empfindlich, daß nirgends eine Erwähnung von einer Schwester sich findet. Man könnte daraus schließen, als würdest Du Dich schämen, sie als Deine Schwester zu betrachten.»

Einen Monat später kam die Antwort: «Es ist eine originelle Idee von Regula, daß sie glaubt, ich schäme mich ihrer und hätte deshalb ihrer in dem Buche nicht gedacht. Ich glaubte doch, über einen solchen Argwohn hinweg zu sein in meinem Alter und mit meinen Erfahrungen. Ich habe mit dem Roman einen ganz bestimmten Zweck, welcher sich erst im vierten Band zeigt, und nach welchem ich keine Schwester brauchen konnte.»

Utensilien von Kellers Schreibpult: Tintengeschirr, Federhalter und Bleistift.

Zur wahren Leidensgeschichte Gottfrieds wurde nun die Arbeit an diesem letzten Band, er mußte zuerst erlebt und erlitten werden. Wie sehr Keller sich damit abmühte, geht aus verschiedenen Briefen hervor. Im Oktober 1854 schrieb er an Hettner: «Ich sitze noch immer in Berlin, schändlicherweise aus dem einzigen Grunde, weil ich den vierten Band noch nicht fertig habe! Es ist eine skandalöse Sache mit diesem verfluchten Alp von Roman! Ich darf nichts anderes schreiben, bis er abgeliefert ist, und doch mag ich ihn zeitweise gar nicht ansehen, und die Buchhändler, Vieweg wie andere, verderben einem die Laune noch ganz! Was ich denn tue? Ich mache Sachen fertig im Gedächtnis, da ich nicht schreiben darf, und fabriziere mit dem größten Pläsier Dramen, Novellen, Gedichte und alles mögliche, was ich alles schreiben werde.»

Im April 1855 war Gottfried Keller endlich soweit, das letzte Kapitel seines Romans nach Braunschweig an Vieweg zu schicken. Er habe es nach wochenlanger Tag- und Nachtarbeit «am Palmsonntag buchstäblich unter Tränen geschmiert» und werde diesen Tag nie vergessen. Von Vieweg folgte im Mai eine enttäuschende Honorarabrechnung: nur noch

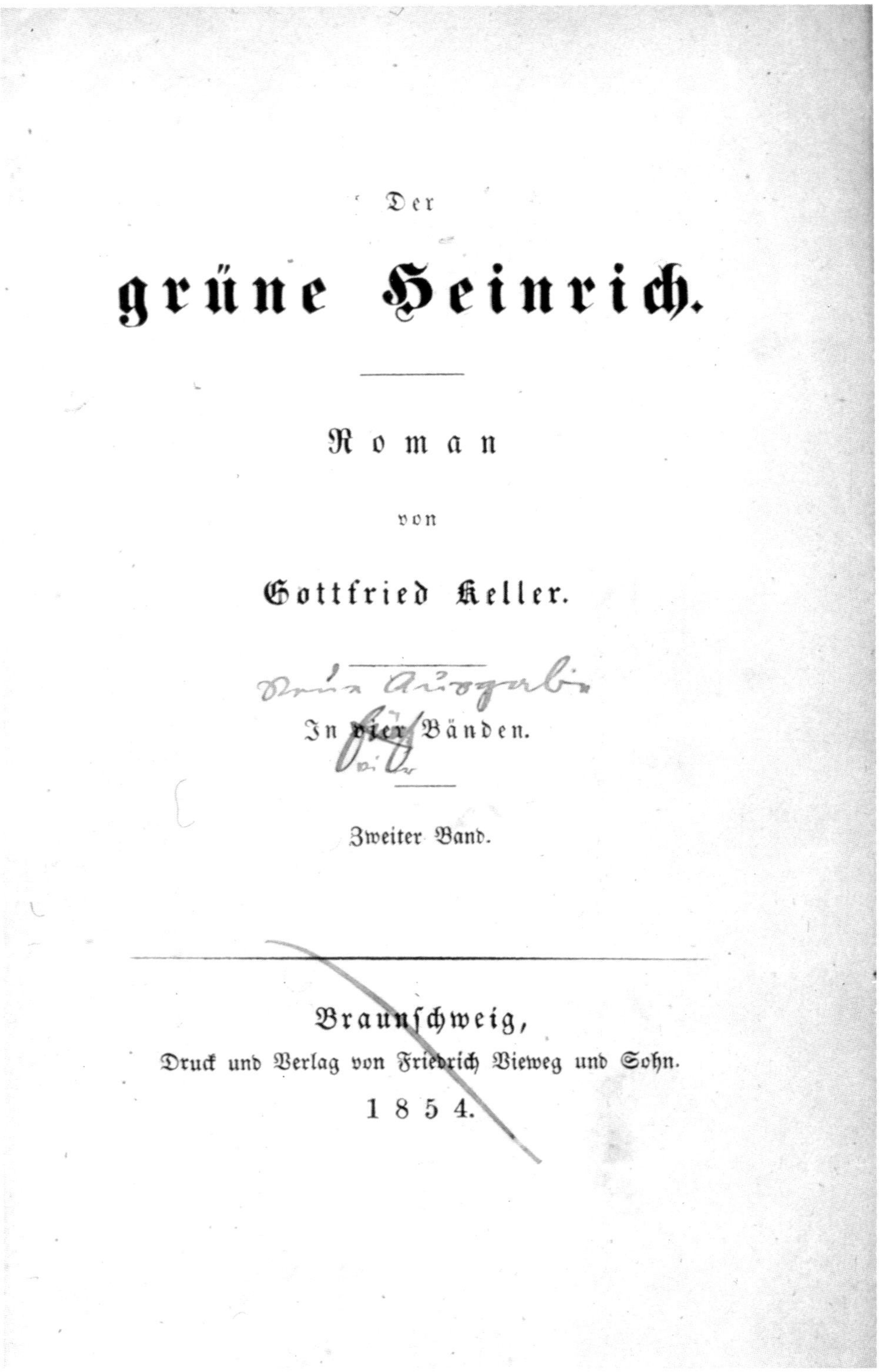

Der

grüne Heinrich.

Roman

von

Gottfried Keller.

In vier Bänden.

Zweiter Band.

Braunschweig,

Druck und Verlag von Friedrich Vieweg und Sohn.

1854.

Titelblatt des bei Eduard Vieweg erschienenen «Grünen Heinrich». Die Bände 1–3 des Romans kamen mit Datum 1854 auf Weihnachten 1853 in den Buchhandel, der 4. Band erschien erst Mitte Mai 1855. Kellers spätere Neufassung wurde 1879/80 bei Göschen verlegt.

dreiundvierzig Taler standen für Keller offen. Dabei blieb es, trotz höflichem Protest.

Im Oktober 1855 schrieb er an Freiligrath: «Es sind seither allerlei Leiden und Leidenschaften über mich ergangen, habe mich aber so männlich aufrecht gehalten, daß ich doch vor einiger Zeit imstande war, verschiedene Leute zu prügeln, wofür ich um fünf Taler gebüßt wurde. Dies war in einer schönen Sommernacht. Einer davon war mir unbekannterweise ein Schriftsteller, wie er sich nennt, welcher seine Schande selbst in die ‹gute› Gesellschaft trug und bekannt machte, was ich für ein Zeisig sei; seither halte ich mich wieder so still und steif in meinem schwarzen Fräcklein, als ob nichts geschehen wäre, und die Leute sagen, ich müßte vermutlich den Rappel gehabt haben.»

Und Anfangs November an Hettner: «Ich hätte mich auch diese letzten Monate unfehlbar nachgeholt, wenn mir der Teufel, nach fünfjähriger guter Ruhe, nicht eine ungefüge Leidenschaft auf den Hals geschickt hätte, die ich ganz allein seit dreiviertel Jahren auf meiner Stube verarbeiten muß und die mich alten Esel neben dem übrigen Ärger, Zorn und mit den Schulden um die Wette zwickt und quält. Ich sage Ihnen, das größte Übel und die wunderlichste Komposition, die einem Menschen passieren kann, ist hochfahrend, bettelarm und verliebt zu gleicher Zeit zu sein und zwar in eine elegante Personnage. Doch behalten Sie ums Himmelswillen diese Dinge für sich!»

Die schöne Unbekannte, die Gottfrieds Herz in eine «dunkle Purpurmühle der Leidenschaft» verwandelte, war Betty Tendering, die jüngere Schwester von Frau Duncker, «ein Mädchen von edlem Wuchs, hinreißender Anmut und sprühender Lebendigkeit». Sie hatte wie Gottfrieds Mutter den Taufnamen Elisabeth und war Vorbild für die reizende Dortchen Schönfund im «Grünen Heinrich». Er hatte sie 1854 im Salon Duncker gefunden. Im Mai des folgenden Jahres schrieb er an Hettner, er erlebe gegenwärtig etwas, «was einem heitern und schönen Stern zu gleichen scheint». Aber er wagte es dann doch nicht, seine gedrungene Persönlichkeit gegen die angebetete «hohe Gestalt» der launenhaften, dreiundzwanzigjährigen Rheinländerin zu stellen. Seine Liebesnöte, die er allein auf seiner Stube verarbeiten mußte, lassen sich noch an seinen zwei Schreibunterlagen ablesen, die Gottfried später wie einen geheimen Schatz nach Hause mitnahm und zeitlebens aufbewahrte. Da kehrt unzählige Male der geliebte Name in den verschiedensten Schriftarten wieder, sogar in Spiegelschrift, ausgeschrieben oder in Abkürzungen, mit oder ohne Familienname und als Bestandteil von Sätzen wie «dies ist der Mai Betty». Doch da stehen auch schon, zwischen all dem leidenschaftlichen Liebesgestammel, ergreifende Zeichen der Hoffnungslosigkeit. Über mehreren untereinanderstehenden Reihen von «Nein» ist querüber geschrieben: «Resignatio ist keine schöne Gegend», und das heulende Elend des Entsagenden bäumt sich auf in selbstverhöhnenden Worten wie «Der Tränenmeier – Herr Gottfried Tränensimpel».

Betty Tendering (1831–1902), die Gottfrieds Herz in eine «dunkle Purpurmühle der Leidenschaft» verwandelte. Sie war «ein Mädchen von edlem Wuchs, hinreißender Anmut und sprühender Lebendigkeit». Die Vielbewunderte sah wohl ein, daß sie und Keller ein sehr ungleiches Paar geworden wären. Er empfand Betty später zu Unrecht als eine gefallsüchtige Kokette.

Die Mutter schrieb ihm: «Wir müssen uns sehr verwundern über Deine Gemütsbewegungen. Es ist uns unerklärlich, wie ein Frauenzimmer so viel über Dich vermag, um Dich so weit in Kummer und Verdruß zu setzen.» Im Juni erreichte die Betty-Krise ihren Höhepunkt. Wie acht Jahre zuvor, als er mit seiner Liebe zu Luise Rieter nicht fertig wurde, mußte er wieder in den Wirtshäusern herumstreichen, und auch die anschließenden Handgreiflichkeiten des «rasenden Zwerges» blieben nicht aus.

Mehr und mehr begann der in Liebesdingen so Unglückliche die elegante Betty für eine gefallsüchtige Kokette zu halten, umso mehr als sie im Sommer 1855 in Zürich aufgetaucht war und bei Frau Keller, die jetzt in Hottingen an der Gemeindestraße wohnte, einen überraschenden Besuch machen wollte, was einen argen Wirbel verursachte. Mutter und Schwester waren nicht zuhause, und auch Professor W. Schulz mit Frau war gerade sonntäglich ausgeflogen. Gewiß aber hatte man hinter den grünen Hecken und spitzenbesetzten Gardinen hervor den wirksamen Auftritt der fremden Dame schmunzelnd begutachtet. Schulz berichtete darauf nach Berlin, aus dem Vernommenen müsse das Frauenzimmer von so guter «Gattig» gewiß mit Keller auf sehr gutem Fuße stehen. Zweifellos handle es sich um Gottfrieds Braut oder doch wenigstens um deren Schwester.

Erbost über diese in seiner Leidenschaft nun besonders schmerzende Vermutung klagte Gottfried der Mutter im Oktober: das bewußte Fräulein sei zwar ein vornehm aussehendes Stück Weibsbild, welches die Leute gerne verblüffe und auch ihm schon eine ganze Reihe solcher Geschichten gemacht habe. «Es ist übrigens ein schönes und großes Mädchen, welches weder Vater noch Mutter mehr hat, nicht weiß, was sie will, und besonders nicht leiden kann, wenn ihr nicht alle Welt den Hof macht.»

1929 wurde Keller von der Stadt Berlin durch eine Gedenktafel an der Bauhofstraße 2 geehrt, angeblich seiner letzten Berliner Unterkunft. 1941 wies Felix Hasselberg nach, daß Keller nie dort gewohnt hatte, sondern im benachbarten, schon 1872 abgebrochenen Haus Bauhof 2, wo heute der Hegelplatz liegt.

Keller hat die schöne Betty nach seiner Berlinerzeit nie mehr gesehen und auch aus seinem Briefwechsel mit Frau Duncker gestrichen. Als einziges der von ihm geliebten Mädchen hat sie später geheiratet, einen Brauereibesitzer in Wesel. «Alle, die die reife Frau kannten, rühmten den inneren Adel ihres Wesens.» Sie starb erst im Frühling 1902 und war die einzige von Kellers Angebeteten, die ihn überlebte.

Von Zürich aus beichtete Keller im März 1856 der verständnisvollen Frau Duncker: «Ich muß Ihnen noch nachträglich gestehen, daß jenes blaue Auge, mit dem ich einst bei Ihnen erschien, obgleich ich es ableugnete, dennoch vom Prügeln herrührte. Ich hatte nämlich nicht nur Schlivian geprügelt, sondern in der folgenden Nacht wieder einen, wegen dessen ich verklagt und von der Polizei um fünf Taler gebüßt wurde. In der dritten Nacht zog ich wieder aus, fand aber endlich meinen Meister in einem Hausknecht, der mich mit dem Hausschlüssel bediente. Es war eine Donnerstags-, Freitags- und Sonnabendsnacht, wo ich so mit gebrochenem Herzen mich umtrieb und anderen Leuten mir zur Erleichterung an den Köpfen kratzte. Aber es war doch eine hübsche Zeit, und jetzt geht gar nichts Rechtes mehr vor.»

Der Theaterkritiker Schlivian, der ebenfalls bei Varnhagen verkehrt haben soll, war Keller vielleicht schon seines Namens wegen zuwider. In der Nacht vom 28. Juni 1855 waren die beiden aneinandergeraten. Schlivian notierte, «er habe eine Begegnung mit einem rohen angetrunkenen Individium gehabt, dessen pöbelhaftes Benehmen auf keinen Mann von Bildung habe schließen lassen. Auf sein dringendes Mahnen habe sich der Mensch genannt: Literat Gottfried Keller.»

So hatte der grüne Heinrich seine späte Lehrzeit in Berlin mit Entbehrungen und Enttäuschungen bezahlt. Aber nach außen ließ er sich nichts anmerken. Auch seine geheime Hoffnung auf eine zweite Auflage seines Romans erfüllte sich nicht. Im Gegenteil. Noch nach fünfundzwanzig Jahren, als Keller bereits die Neufassung des «Grünen Heinrich» unter der Feder hatte, waren bei Vieweg von den tausend Exemplaren der ersten Auflage rund hundert stehengeblieben, die er nun zurückkaufte. Im grimmig kalten Winter 1879/80 – in seiner Stube am Zeltweg bringe er es nie über acht Grad Réaumur! – verheizte er die 360 Bände im Ofen, was offenbar auch in dieser Richtung nicht zum gewünschten Erfolg führte.

Die Mutter hatte das Haus zur Sichel, in dem sie zweiunddreißig Jahre gelebt hatte, auf Drängen Gottfrieds im Oktober 1852 an den Bratwurster Dietrich verkauft. Damit war der einige Generationen dauernde Besitz von Drechslern an Wurster und später Metzger übergegangen. Mutter und Schwester waren nach Hottingen umgezogen, wo sie von der Störschneiderei Regulas lebten. Das bescheidene Zubrot, das sie am Sonntag in einem Schirmladen verdiente, durfte sie als Taschengeld für sich behalten. Der Regierungsrat hatte die Stipendien eingestellt; aber Gottfried, nun in ein billigeres Zimmer bei der Berliner Bauhofstraße umgezogen, kehrte noch immer nicht heim. Ein Jahr wollte er in der Fremde bleiben, fast sieben Hunger- und Lungerjahre sind es

Bauhofstraße in Berlin. Aquarell von Albert Hertel, 1889, als Geschenk der Berliner Verehrer Kellers zu dessen 70. Geburtstag. In den letzten sechs Monaten des Jahres 1855 wohnte Keller am Bauhof Nr. 2, seit 1872 Hegelplatz. Hertel malte den Blick vom Kupfergraben in die Bauhofstraße.

geworden, in denen er des Nachts mit Faust und Feder verdaute, was ihm der liebe, leidige Tag eingebrockt hatte.

Es waren neben der Finanzmisere moralische Schulden, die Keller noch den ganzen Sommer und Herbst über in Berlin festhielten. In mehreren Briefen mußte ihn die Mutter überzeugen, daß sie gerne bereit sei, ein Kapitalbriefchen vom verkauften Haus anzubrechen, um ihm die Rückkehr zu ermöglichen. Erst am 11. November 1855, von Heimweh geschüttelt und gerüttelt, griff er zu: «Ich werde krank, wenn ich noch

Endlich aber sank das Mädchen ganz auf den kleinen Rechenmeister nieder, und die Kinder schliefen ein in der Mittagssonne (Romeo und Julia auf dem Dorfe)

Nachdem sie ein- oder zweimal geschlagen, hielten sie inne und rangen still zitternd miteinander, nur zuweilen aufstöhnend und elendiglich knirschend, und einer suchte den andern über das knackende Geländer ins Wasser zu werfen. (Romeo und Julia auf dem Dorfe)

Schon als sie ihn im Bette zwischen sich nahmen, zeigte sich der Schwabe als vollkommen ebenbürtig und lag wie ein Schwefelholz so strack und ruhig, so daß immer noch ein bißchen Raum zwischen jedem der Gesellen blieb und das Deckbett auf ihnen lag, wie ein Papier auf drei Häringen. (Die drei gerechten Kammacher)

Der Porträtist Ernst Würtenberger (1868 bis 1934), Schüler Arnold Böcklins, war ein entscheidener Erneuerer des Holzschnitts. Während des ersten Weltkriegs schuf er neben der hervorragend getroffenen Halbfigur Kellers zu den Seldwyler Novellen zahlreiche Illustrationen, deren erste zu den «Drei gerechten Kammachern» 1918 bei Kurt Wolff in Leipzig erschienen. Die ganze Reihe brachte Carl Ebner in Zürich in seiner Zeitschrift «Schweizerland» im Juni 1919 heraus.

Sobald er sie erreicht und an einem verborgenen Plätzchen mit ihr allein war, fiel er ihr zu Füßen und bestürmte sie mit den feurigsten Liebeserklärungen, welche ein Kammacher je gemacht hat. (Die drei gerechten Kammacher)

lange hier bleiben muß.» Fünf Tage darauf traf, mit Hilfe von Finanzdirektor J. J. Sulzer, ein Wechsel über 630 Taler ein. Mit erleichtertem Herzen versicherte Gottfried, er werde nun in Zürich «eine ordentliche und regelrechte Industrie betreiben». Rohstoff habe er genug angesammelt während der sieben Jahre in der Wüste.

Beim Abschiedsbesuch im Varnhagenschen Hause erzählte der Aussprachebedürftige nur von seiner enttäuschten Liebe zu Johanna Kapp, um sich seine Schwäche für Betty nicht anmerken zu lassen. Noch schwerer fiel ihm die Trennung von Herrn und Frau Duncker, da er einmal einen Freund der Familie als «abscheulichen Menschen» bezeichnet hatte. Er bat brieflich «herzlich um Verzeihung» und meinte

Frank Buchser (1828–1890), Hexenritt nach Kellers Novelle «Spiegel, das Kätzchen». Kreidezeichnung von 1865, Kunstmuseum Basel. Buchser übergab «meinem lieben Gottfried» mit eigenhändiger Widmung diese Photographie seiner Illustration. Eine Skizze der nackten Hauptgestalt hatte er ihm schon am 21. Dezember 1864 aus Solothurn gesandt.

dann: «Da ich von den hiesigen sozialen Übelständen nun befreit bin, so wünsche ich wenigstens da, wo ich eine Zeitlang gerne hingegangen bin, mit äußerlichem Frieden und Anstand abzuziehen. – Grüßen Sie auch das Fräulein Tendering von mir.» Frau Duncker schickte dem schwierigen Hausfreund eine warmherzige, verständnisvolle Antwort, der sich ein jahrelanger Briefwechsel anschloß. Erst Jahrzehnte später äußerte er, mürrisch und maßleidig geworden, den unbegründeten Verdacht, die Freundlichkeit der Verlegersfamilie Duncker und vor allem des Fräuleins Tendering sei nur dagewesen, um ihm ein Manuskript für ein Buch herauszulocken.

Die Zeit zwischen der Fertigstellung des «Grünen Heinrich» und seiner Heimkehr hatte er übrigens keineswegs verbummelt. In diesem Sommer und Frühherbst 1855, den Wochen und Monaten seiner ärgsten Liebesbedrängnis, der Wirtshausexzesse und der nächtlichen Prügeleien, schrieb er den ersten Band der «Leute von Seldwyla» in einem Zug und druckfertig. Pankraz der Schmoller erweist sich als ein Geistesverwandter des grünen Heinrich, und neben ihm hat als muntere Schwester Estherchen nun auch Regula Keller ihren Platz gefunden. Vor allem aber wuchs hier – im «Pankraz», in «Frau Regel Amrain» und im «Spiegel» – ein Element aus Kellers Erleben: der Typus der Frau, um die geworben wird.

Am 8. Juli 1855 hatte er seinem Verleger Vieweg ein Drittel des Manuskriptes vorgelegt, am 6. Oktober schickte er die letzten Seiten nach Braunschweig. Der ganze schimmernde Zug unvergesslicher Gestalten – Pankraz und die schöne Lydia, der brave Sali und sein liebliches Vreneli, Frau Regel mit ihrem Mannsvolk, Züs Bünzlin, ihre tragikomischen Liebhaber und der Stadthexenmeister Pineiß mit seinem schlauen Kater Spiegel – wurden nun gewissermaßen als Anhang dem «Grünen Heinrich» nachgeliefert. Ein psychologisches Rätsel? Gottfried, der Unschlüssige, als Schnellschreiber? Er hat die Lösung dazu selber gegeben in jenem Brief an Hettner: Wegen der Vereinbarung mit seinem Verleger, jetzt nur an seinem Roman und nichts anderes zu schreiben, denke er sich im Kopf für die Zukunft bereits ganze, fertige Geschichten aus. Dasselbe berichtete er Freiligrath, der jetzt Bankdirektor in London geworden war: «Ich habe Vieweg doch eine Posse gespielt und, ohne etwas zu schreiben, mir eine wohlgeordnete und organisierte Produktionsreihe ausgeheckt.»

Kellers erstes Seldwyler-Buch, das wie seine späteren Novellenbände fünf Geschichten umfaßt, haben in der Folge verschiedene Gemeinden der Zürcher Region auf sich bezogen, und noch in unserem Jahrhundert hat ein fleißiger Bibliothekar nachweisen wollen, daß es sich um das Städtchen Bülach handeln müsse, wo Kellers ehrgeiziger Vetter Fritz Scheuchzer lebte. Aber sicher hat Keller damit auch Zürich und Glattfelden gemeint. Zur Einleitung seiner ersten Novellen schrieb er recht sibyllinisch: «Seldwyla bedeutet nach der älteren Sprache einen wonnigen und sonnigen Ort, und so ist auch in der Tat die kleine Stadt dieses Namens gelegen irgendwo in der Schweiz. Sie steckt noch in den gleichen alten Ringmauern und Türmen wie vor dreihundert Jahren und ist also immer das gleiche Nest... Sie leben dort sehr lustig und guter Dinge...»

Alberts Weltis «Walpurgisnacht», 1896/97, Ausschnitt, Kunsthaus Zürich. Zu seinem bekanntesten Gemälde ist Welti (1862–1912) vermutlich durch die Novelle «Spiegel, das Kätzchen» angeregt worden. Viele seiner Arbeiten gehen auf Kellers Werke zurück. Des Dichters Cousine war einst in Weltis Elternhaus als «eine alte Nähmamsell» auf der Stör gewesen, wo sie nicht ohne Strenge über ihren aus der Art geschlagenen Vetter berichtete. Keller und Welti begegneten sich nur einmal, und zwar in des Dichters letzter Lebenszeit, als sich der junge Welti im Atelier Böcklins weiterbildete.

Damit hatte Keller den Faden der von Johann Heinrich Pestalozzi begonnenen Dorfgeschichten weitergesponnen. Doch anders als die seither in Possen, Lustspiele und Humoresken abgesunkene Kleinbürgerliteratur verstand er es, mit Liebe und einer durch eigenes Leiden erworbenen Einfühlungsgabe die Schwäche der Menschen poesiefähig zu machen. Er stellt uns nie vor die nackte Wirklichkeit, sondern zeigt uns die Dinge und die Menschen stets mit einem zarten, märchenhaften Hauch des Verständnisses und des Mitleidens. «Romeo und Julia auf dem Dorfe» gilt heute als die schönste deutsche Dorfgeschichte. Aus einer nüchternen Zeitungsnotiz von zwei jungen Leuten, die wegen dem Haß der Väter nicht zusammenkommen konnten und gemeinsam in den Tod gingen, hat er eine Geschichte von zartestem Liebreiz, verhaltener Lebensfreude und leiser Schwermut gemacht. Und es ist immer sein eigenes Herz und sein eigenes Leben, das zwischen den Zeilen freudvoll zu schlagen und leidvoll zu entsagen scheint.

Und der Erfolg? Im Januar 1856 kamen die ersten Seldwyler Novellen in den Buchhandel, von einer Reihe glänzender Besprechungen begleitet. Allen voran jene von Berthold Auerbach, dem neben Gotthelf meistgelesenen Autor deutschsprachiger Dorfgeschichten. In der damals führenden «Augsburger Allgemeinen Zeitung», aus der jeder

Zürcher Redaktor täglich die neuesten Auslandsmeldungen herausschnitt, schrieb der gute Auerbach: «Es ist ein Elend und eine Schande, daß ein solcher Poet, der mehr ist als wir Mitlebenden alle, nicht mit Begeisterung aufgenommen und hochgehalten wird.» Nach einem weiteren großen Lob des Deutschen bemerkte Keller ironisch, er könne sich bald als «Auerbachs Keller» ausgeben.Trotzdem war die erste Auflage von 500 Exemplaren der «Seldwyler» nach zwanzig Jahren noch nicht völlig vergriffen. Und als die Zürcher «mit Lied, Fackelzug und Becherklang» seinen fünfzigsten Geburtstag feierten, hatten die wenigsten etwas von ihm gelesen.

Für die Verleger war Keller indessen eine große, neue Hoffnung geworden. Und er war voller Pläne und Tatendrang. Noch in Berlin schloß er mit Franz Duncker einen Vertrag über die «Galathea-Novellen», die aber erst fünfundzwanzig Jahre später erschienen, als «Sinngedicht» in einem anderen Verlag. Ende 1856 bezog er von Vieweg einen Vorschuß für die Fortsetzung der Seldwyler Geschichten: 200 Taler, auf sehr lange Zeit das einzige größere Honorar. Doch das Werk erschien erst 1873/74, gegen Rückerstattung des doppelten Betrages, bei einem anderen Verleger. Aus Gottfrieds gutgläubiger Berliner Versicherung an seine Mutter: «Ihr werdet einen Mann im Hause haben, der einen hübschen Verdienst hat», sollte abermals nichts werden – auf sechs Jahre hinaus, «in denen der grüne Buttertopf überall seinen Grund durchblicken ließ.»

Auf dem Heimweg folgte Keller einer Einladung nach Dresden, wo Hermann Hettner Professor an der Technischen Hochschule geworden war. Damit ging Kellers große und entscheidende Auslandszeit zu Ende. Er schrieb später: «Wenn auch ein schlechter, so war ich bei der Dicke des Romans nun doch ein Schriftsteller und begab mich mit dieser verspäteten Jugendstudie wieder über den Rhein zurück.»

«Berlin hat mir viel genützt», bekannte er später, «ich bin mit viel Schmerzen ein ganz anderer Mensch und Literat geworden.» Mit ungetrübter Wiedersehensfreude, fast genau auf den Tag, an dem seine Mutter achtundsechzig wurde, traf er in Zürich ein. Im ersten Brief, den er von hier aus schrieb, berichtete er Frau Duncker, er habe (trotz der eben grassierenden Cholera) Mutter und Schwester wohl angetroffen. «Beide hatten große Freude, als ich kam, aber ich habe ihnen auch nicht im mindesten imponiert!»

Vom Künstler zum Bürger und Beamten

Gottfried Keller hatte die Mitte seines Lebens schon überschritten, als er vor Weihnachten 1855 nach Hause zurückkehrte. Er verließ Berlin Hals über Kopf, nachdem ihm die Mutter «zur Lösung seiner Verbindlichkeiten» einen Teil jenes bescheidenen Kapitals überweisen ließ, das ihr aus dem Hausverkauf als Altersgroschen geblieben war. Er traf sie noch immer «auf dem Sorgenstühlchen ohne Lehnen, aufrecht wie ein Tännchen». Sie war nun beinahe so alt, wie Gottfried einst werden sollte, und er war noch immer daran, mit wunderlichem Irren und Graben nach dem Geheimnis des eigenen Ichs zu forschen.

Wie er einst seine Lebensumstände von Deutschland nach Zürich berichtet hatte, nahmen diese Mitteilungen nun den umgekehrten Weg. Am 13. Januar 1856 berichtete er Frau Duncker über die Verhältnisse in Zürich: In den sieben Jahren habe sich zu Hause fast nichts verändert und die Mutter sei sehr beständig. «Sie macht alles selbst und läßt niemand dreinreden; auch klettert sie auf alle Kommoden und Schränke hinauf, um Schachteln herunterzuholen und Ofenklappen zuzumachen. Ich mußte mir eine Serviette zum Essen förmlich erkämpfen, und da gab sie mir endlich ein ungeheures Eßtuch aus den neunziger Jahren, von dem sie behauptete, daß es wenigstens vierzehn Tage ausreichen müsse! Ich kann es wie einen Pudermantel um mich herumschlagen beim Essen. Meine Schwester ist eine vortreffliche Person und viel besser als ich; als ich eines Tages wieder melancholisch war und die Mutter in der Zerstreuung etwas anfuhr, ohne zu wissen, rückte mir Regula auf das Zimmer und hielt mir eine scharfe Predigt, daß ich ganz kleinlaut und verblüfft wurde.»

Zürich zur Zeit der Landesausstellung 1883. Farblithographie von G. Zimmermann, Genf. Während Kellers Berliner Jahren war Zürich zu einem Industrie- und Verkehrszentrum geworden. Die Krönung dieser Bestrebungen war die von den Zürchern im Sommer 1883 zur Eröffnung der Gotthardbahn durchgeführte Schweizerische Landesausstellung. Sie fand auf dem Platzspitz statt, wo Keller einst seine ersten Gedichte geschrieben hatte.

Was sich während Kellers Abwesenheit entscheidend verändert hatte, war das Gesicht seiner Heimat. Unter den leitenden Staatsmännern Alfred Escher und Jakob Dubs war Zürich in einem einmaligen Effort zu einem leistungsfähigen Industrie- und Verkehrszentrum geworden. Die Seiden-, Baumwoll- und Maschinenfabriken begannen sich auf den Weltmärkten erste Plätze zu erobern. Eisenbahnlinien, Brücken und Tunnels wurden gebaut, schon phantasierte man von einem Gottharddurchstich, und auch der geistige Horizont der Stadt hatte sich rasch erweitert. Die Schweizer jagten, schrieb Keller im Frühjahr 1856 an Ludmilla Assing, mehr als je nach Geld und Gewinn; es sei, als ob sie alle Beschaulichkeit auf die öffentlichen Festtage konzentriert hätten, um nachher desto prosaischer und ungestörter dem Gewerbe, Gewinn und Trödel nachzuhängen.

Gottfried war zwar spät, aber nicht mit leeren Händen heimgekommen. Er galt als begabter Dichter, von den Verlegern gesucht, von den Rezensenten mit Respekt behandelt, aber vom Volk kaum gelesen. Viel größere Verkaufserfolge erzielte der um sieben Jahre jüngere Karlsruher Schriftsteller Dr. Josef Viktor Scheffel, den freundschaftliche Beziehungen zur Familie des Stadtrats Wilhelm Meyer-Ott oft nach Zürich führten. Seinen romantischen «Trompeter von Säckingen» und den neuen historischen Roman «Ekkehard» mußte man gelesen haben. Wie Keller hatte er in München, Heidelberg und Berlin studiert, wurde dann Referendar in Säckingen, später Bibliothekvorsteher im fürstlichen Schloß Donaueschingen. Auch Gottfried hatte ähnliche, ja noch bessere Aussichten auf einen angesehenen, lukrativen Posten gehabt, diese aber in den Wind geschlagen, vielleicht mangels Selbstvertrauens oder um sich seinen Weg nicht zu verbauen.

Kellers Wohnhaus an der Gemeindestraße in Hottingen. Tuschzeichnung von Ulrich Schoop nach einer kurz vor dem Abbruch 1897 aufgenommenen Photographie. Hier wohnte Keller mit Mutter und Schwester vom Dezember 1855 bis September 1860.

Im Februar 1854 hatte er an Nationalrat Jakob Dubs aus Berlin geschrieben, er denke vorerst in Zürich seine «ungerecht beurteilte Persönlichkeit» herzustellen und dann, «wenn es nötig sein sollte, vielleicht eine bescheidene Stelle in der Stadtverwaltung zu versehen, ich bin im Grunde gar nicht so unpraktisch wie man glaubt». Damit antwortete er auf einen Brief aus der Sitzung der Bundesversammlung vom 7. Februar 1854, in welchem ihm Dubs am geplanten Eidgenössischen Polytechnikum in Zürich einen Lehrstuhl für Literatur und Kunstgeschichte angetragen hatte. Nach Kellers Verzicht – auch eine Sekretärstelle des Kölner Kunstvereins schlug er aus – waren nun dem jungen Scheffel konkrete Avancen gemacht worden. Im Januar 1855 ist unter den Arrivées in Zürichs Fremdenliste ein Dr. J. Scheffel, badischer Verwaltungsbeamter aus Karlsruhe, verzeichnet. Gewählt wurde aber Professor Friedrich Theodor Vischer, der hervorragende Ästhetiker, Literaturhistoriker und baldige Freund Kellers, neben dessen Verdiensten der noch nicht dreißigjährige «Ekkehard»-Dichter nicht aufzukommen vermochte.

Gottfrieds Berliner Versprechen, in Zürich von Stund an den Haushalt zu übernehmen, den Mietzins zu bezahlen und alles «durch den Bach zu schleiken», erwies sich einmal mehr als Selbsttäuschung. Am Vormittag saß er meist zu Hause, las und schrieb, nachmittags ging er aus und kam gegen vier wieder heim. «Meine Mutter bringt mir den Kaffee und ist ganz munter, da ich durch das Kaffeetrinken zu Hause einen heuchlerischen, haushälterischen Anstrich gewonnen habe.»

Abends freilich saß er im Wirtshaus und trank manchen «Bösen», wenn er nicht gerade in vornehmen Salons – Zürich begann sie von Berlin zu kopieren – «stumm wie ein Barsch» in einer Ecke saß. Gleich in seinem ersten Brief an Frau Duncker berichtete er über die beste Zürcher Gesellschaft: «Ich sehe vielerlei Leute, wie sie in Berlin nicht so hübsch beisammen sind». Er erzählte von der rheinischen Familie Wesendonck, die ein elegantes Haus bauen wolle und ihn freundlich aufgenommen habe. «Dann gibt es bei einem eleganten Regierungsrat Dr. J. J. Sulzer feine Soupers, wo Richard Wagner, Semper, der das Dresdner Theater und Museum baute, der Tübinger Vischer und einige Züricher zusammenkommen und wo man morgens zwei Uhr nach genugsamem Schwelgen eine Tasse heißen Tee und eine Havannazigarre bekommt. Wagner selbst verabreicht zuweilen einen soliden Mittagstisch, wo tapfer pokuliert wird, so daß ich, der ich glaubte, aus dem Berliner Materialismus heraus zu sein, vom Regen in die Traufe gekommen bin.»

An Hettner schrieb er am 21. Februar 1856: «Ich komme nun alle acht Tage mit Vischer zusammen in einem kleinen Wirtshausklübchen: er ist ein sehr liebenswürdiger und frischer Mensch als Person, hat sich aber ganz zu dem Universitätsvolk geschlagen. Die Verhältnisse des Polytechnikums lassen sich sachlich sehr gut an; es sind zum Beginn über Erwarten zahlreiche Schüler eingetroffen; allein der Professoren- und Stellenbesetzungshader grassiert auch da und übt nicht den wohltätigsten Einfluß. Dies wird wohl eine Weile noch so fortwähren, bis die Herren einsehen, daß nichts dabei herauskommt.

Gruppenbild aus Bayreuth. Münchner Lithographie von Georg Papperitz. Wo Richard Wagner hinkam, wurde er abgöttisch verehrt. So auch in Zürich, wo er als politischer Flüchtling 1849 bis 1858 dirigierte und komponierte und Einführungen in seine Stücke gab.

Sonst ist ein schrecklich reges Leben hier. Alle Donnerstag sind akademische Vorlesungen à la Singakademie in Berlin, im größten Saal der Stadt, wohin sich die Weiblein und Männlein vielhundertweise drängen und gegen zwei Stunden unentwegt aushalten. Semper hat einen allerliebsten und tiefsinnigen Vortrag gehalten über das Wesen des Schmuckes. Vischer wird den Beschluß machen mit dem ‹Macbeth›. Daneben sind eine Menge besonderer Zyklen der einzelnen Größen, so daß man alle Abend die Dienstmädchen mit den großen Visitenlaternen herumlaufen sieht, um den innerlich erleuchteten Damen auch äußer-

Deutsche Gelehrte, Unternehmer und Künstler gaben in Zürichs Gründerzeit weitgehend den Ton an. Die Universität und das Stadttheater lebten vor allem von deutschen Kräften. Das bedeutendste private Zentrum des kulturellen Lebens war die Villa des rheinländischen Kaufmanns Otto Wesendonck, dessen liebreizende, ehrgeizige Frau Mathilde vor allem Richard Wagner an sich zu fesseln wußte. Gottfried Keller war im Hause Wesendonck ein gern gesehener Gast.

Zu diesem Zirkel gehörten:
Oben links: Mathilde Wesendonck, geb. Luckemeyer (1828–1902), Gastgeberin und Schriftstellerin.
Oben rechts: Richard Wagner (1813 bis 1883), Komponist. Als politischer Flüchtling 1849–1853 in Zürich.
Unten links: Friedrich Theodor Vischer (1807–1887), von Tübingen. 1858–1866 Professor für Aesthetik am Polytechnikum Zürich.
Unten rechts: Gottfried Semper (1803 bis 1879), aus Hamburg, 1855–1871 Professor für Architektur am Polytechnikum Zürich, später in Wien.

lich heimzuleuchten. Freilich munkelt man auch, daß die spröden und bigotten Züricherinnen in diesen Vorlesungen ein sehr ehrbares und unschuldiges Rendezvous-System entdeckt hätten und daß die Gedanken nicht immer auf den Vortrag konzentriert seien.

Ich gehe jetzt oft mit Richard Wagner um, welcher jedenfalls ein hochbegabter Mensch ist und sehr liebenswürdig. Auch ist er sicher ein Poet, denn seine Nibelungentrilogie enthält einen Schatz ursprünglicher nationaler Poesie im Text. Auch Semper sehe ich, dieser ist ein ebenso gelehrter und theoretisch gebildeter Mann, als er genialer Künstler ist, und persönlich ein wahrer Typus der einfachen und gediegenen Künstlernatur.»

Bei allem Ausgehen und Einkehren wird sich Gottfried über seine eigene Situation kaum große Illusionen gemacht haben. Die Mutter sprach wenig, aber die stumme Frage in ihren Augen ließ ihn nicht mehr los. Und er fühlte sich elend wie damals in München: «Ich bin die nutzlose Zierpflanze, die geruchlose Tulpe, welche alle Säfte dieses Häufleins edler Erde, das Leben von Mutter und Schwester aufsaugt.» Gegen zwanzig Jahre waren seither vergangen, und Gottfried konnte sich noch immer nicht selber durchbringen. Seit er 1856 auf die versprochene Fortsetzung der «Seldwyler» zweihundert Taler vorausbezogen hatte, stand kein größeres Honorar mehr in Aussicht. Er sei «bereits ein alter Mensch, der in der Neujahrsvornacht am Fenster steht». Unbekannte «gute Freunde» hatten in München bereits in Umlauf gesetzt, er sei ein Trunkenbold geworden und gänzlich heruntergekommen.

Im mühseligen Trott des Alltags gab es für Gottfried auch einige Lichtblicke. Es waren vor allem Volksfeste und patriotische Feiern, die sein Herz höher schlagen ließen. Sie waren für ihn Gesundbrunnen der Nation, in denen alles freudig zusammenlief, was sonst im Stillen wirkte und werkte. Es gibt kaum eine Novelle Kellers, in der nicht ein Fest, ein glückliches oder ein mißratenes, im Angelpunkt steht. Begeistert mitgefeiert hatte Gottfried im Herbst 1856 das verregnete große Ostschweizer Kadettenfest, zu dem er ein «Marschlied» und ein «Tischlied» beisteuerte. Adolf Stahr und Fanny Lewald, die eben in Zürich weilten, «haben alles mitgemacht und schwimmen im Entzücken darüber, so wie sie überhaupt gut auf unser Land zu sprechen sind. Dies hat mich ganz versöhnt mit dem wunderlichen Paar, denn wer mein Land lobt und rühmt, dem kann ich nicht böse sein.»

Für die schweizerische Militärgesellschaft schrieb er 1857 sein «Heißt ein Haus zum Schweizerdegen». Als man sich 1862 zum Besuch des großen Frankfurter Bundesschießens rüstete, wollte sich den Teilnehmern auch ein Bordellhalter anschließen. Da protestierte Keller im «Zürcher Intelligenzblatt» vom 6. Juli mit Namensunterschrift dagegen, daß ein derartiges Individuum mit rechtschaffenen Männern unter der schweizerischen Fahne zu schreiten wage. «Durch sein mannhaftes Auftreten verhinderte er eine unerträgliche Schamlosigkeit.»

Alle seine Festgedichte überragte der «Prolog zur Schillerfeier in Bern 1859» an geistigem Gehalt. In solcher Hochstimmung schrieb er auch sein «Fähnlein der sieben Aufrechten», die Geschichte der sieben wackeren, bereits etwas schrullig gewordenen Handwerker, die im Alter noch einmal mit dem goldenen Fähnchenspruch «Freundschaft in der Freiheit» zum Eidgenössischen Schützenfest reisen wollen und schließ-

Zimmermeister Frymann muß feststellen, daß seine Tochter Hermine und die Frau seines Freundes Hediger seine spekulativen Heiratspläne für Hermine heimlich zu durchkreuzen beginnen.

Am Eidgenössischen Schützenfest soll der durch das Los bestimmte Frymann eine Festrede halten, aber der Mut verläßt ihn, und er schlägt vor, wieder heimzureisen. Doch da springt Karl Hediger für ihn ein.

Karl hat nicht nur für die Alten öffentlich gesprochen, durch Zureden von Hermine schießt er auch ohne einen Fehlschuß einen Becher heraus, den er mit seinen Begleitern verschwellt.

«Das Fähnlein der sieben Aufrechten» wurde zu Kellers Loblied auf den jungen Bundesstaat von 1848. Höhepunkt ist die Festrede des jungen Karl Hediger (siehe Farbbild auf Seite 125). Die Illustrationen von Otto Baumberger sind einer bibliophilen Ausgabe der Novelle (Offizin Fretz AG Zürich, 1970) entnommen.

Beim Festessen stellt Karl im Fingerziehen gegen einen zudringlichen Entlibucher seinen Mann. Nun sehen Frymann und Vater Hediger ein, daß sie sich gegen eine Verlobung Karls mit Hermine nicht länger sträuben können.

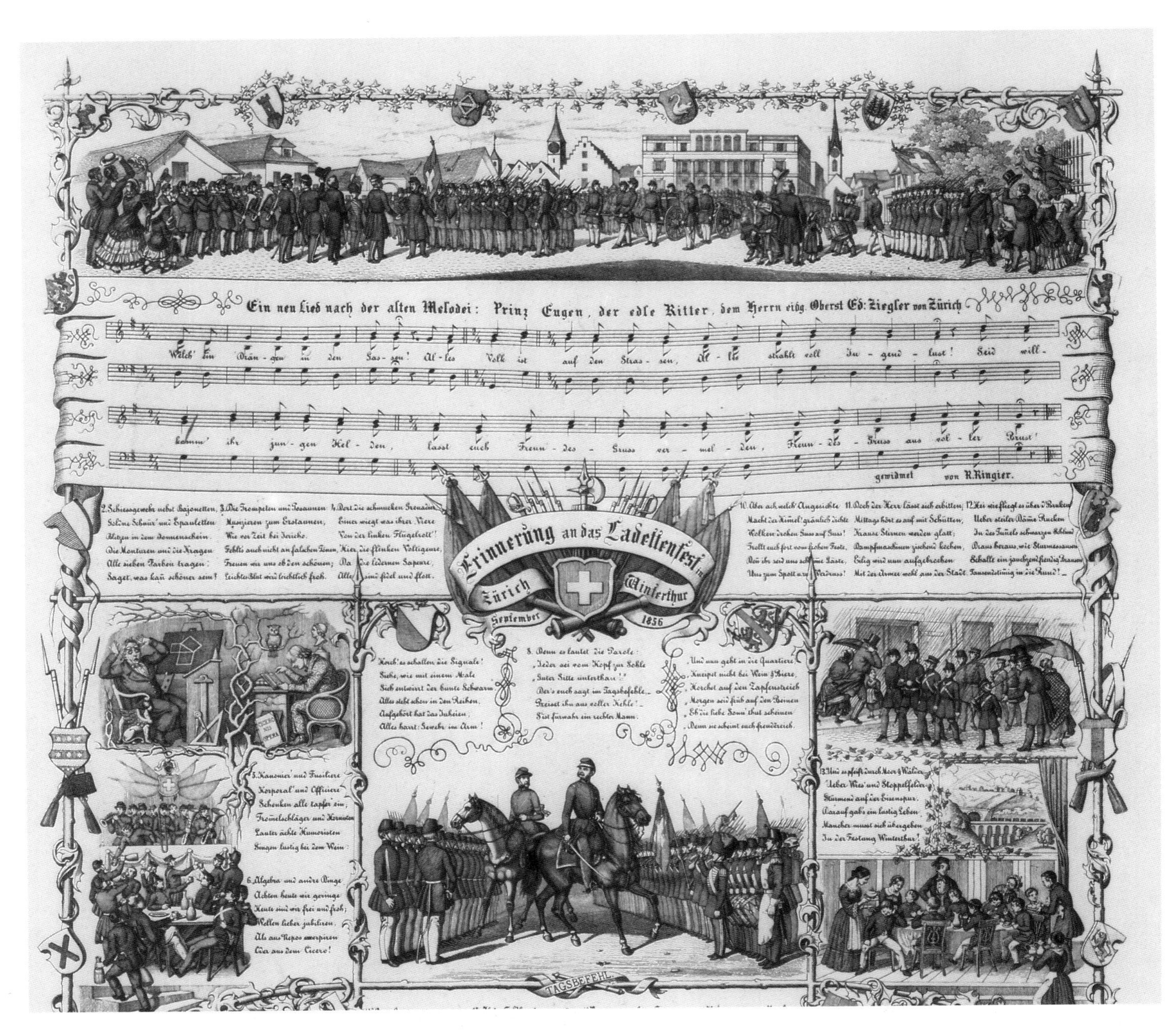

Erinnerungsblatt an das Ostschweizerische Kadettenfest in Zürich und Winterthur, 1.–4. September 1856. Gegen viertausend uniformierte Kadetten versammelten sich zu einem großen Fest mit militärischem Knabenmanöver im Glatttal. Keller hatte ein Weihelied zur Rede des Festpräsidenten und ein Tischlied zum Abendtrunk in der Festhalle beigesteuert.

lich von einem Jungen aus der Patsche gezogen werden. Die sieben Grauköpfe waren alles wirklich erlebte Zürcher aus dem Freundeskreis von Gottfrieds Vater und ihm selber. Die Novelle ist Kellers politisches Glaubensbekenntnis, eingebettet in die behagliche Schilderung bürgerlichen Alltags- und Festlebens. In der Schweiz ist wohl nie eine so begeisterte und doch bescheidene Festrede gehalten worden wie jene des jungen Karl Hediger, und die Ermahnungen über die Zurückhaltung und Ehrlichkeit eines Redners, die er nachher von den Alten über sich ergehen lassen mußte, kann sich jeder Politiker noch heute hinter die Ohren schreiben. «Man muß, wie man schwangeren Frauen etwa schöne Bildwerke vorhält, dem allzeit trächtigen Nationalgrundstock stets etwas Besseres zeigen, als er schon ist; dafür kann man ihn auch umso kecker tadeln, wo er es verdient», schrieb Keller dazu an Berthold Auerbach, der auf den Herbst 1860 um einen typisch schweizerischen Beitrag im Stile der «Leute von Seldwyla» für seinen «Volkskalender» gebeten hatte.

Die frische, fröhliche Erzählung wurde begeistert aufgenommen. Das größte Lob kam vom einflußreichen Verleger Georg von Cotta: «Jede geschäftliche Verbindung zwischen Ihnen und der Cottaschen Buchhandlung wird mir stets willkommen sein.» Zunächst bat er Keller, für seine «Augsburger Allgemeine Zeitung» über die Schillerfeier zu berichten, welche die drei Urkantone Uri, Schwyz und Unterwalden am 21. Oktober 1860 gemeinsam veranstalten wollten. Keller machte sich zur rechten Zeit auf den Weg, feierte aus tiefstem Herzen mit, überraschte die Teilnehmer am anschließenden geselligen Zusammensein mit einem markigen Dank an die Urkantone und sicherte hernach dem herrlichen Feste durch seinen Aufsatz «Am Mythenstein» ein dauerndes Gedächtnis. Zunächst freilich lieferte er nur einen kurzen Artikel für die «Augsburger Allgemeine Zeitung», der aber bereits den äußeren und inneren Glanz jenes «schönsten, wolkenreinsten Herbsttages» ahnen ließ, so etwa an der Stelle, wo Keller erzählte, daß ein Brief von Schillers Tochter verlesen und mit allgemeiner lautloser Teilnahme angehört wurde. «Nur ein kaum erkennbares Galeriepublikum oben auf der himmelhohen Bergwand, das junge Hirtenvolk von Seelisberg, das neugierig den Kopf über den Abgrund hinausstreckte und nicht wußte, daß eben ein Brief von einer ehrwürdigen deutschen Dichterstochter verlesen wurde, sandte einige fröhliche Jauchzer aus der blauen Sonntagsluft herunter.»

Das Schillerdenkmal am Mythenstein. Zeitgenössische Darstellung. Der Auftrag des Verlegers Johann Georg Cotta, für die Augsburger Allgemeine Zeitung einen Bericht über die Innerschweizer Schillerfeier vom 21. Oktober 1860 zu schreiben, kam dem noch immer freischaffenden Keller sehr willkommen. Später erweiterte er den Aufsatz zu seiner großartigen Festspielvision «Am Mythenstein», die im April 1861 in Cottas «Morgenblatt für gebildete Leser» erschien.

Sechs Jahre litt und stritt Keller in Zürich um literarische, mehr noch um menschliche Anerkennung, und er machte es selbst seinen Freunden nicht leicht. Als am 14. Februar 1861 sein großzügiger Gönner Alfred Escher als Großratspräsident in einer Rede über die Neutralität erklärte, der Einzelne und auch jeder Staat könne nur dann selbständig, unabhängig, geehrt und geachtet sein, wenn sie sich eines wohlgeordneten Finanzstandes erfreuten, da trat ihm Gottfried Keller im «Zürcher Intelligenzblatt» vom 20. Februar mutig entgegen: «Es gibt in der Schweiz arme Kantone, die dennoch sehr ehrwürdig sind, und es gab zum Beispiel auch ein einzelnes Individuum namens Pestalozzi, welches sein Leben lang in Geldnöten war, sich auf den Erwerb gar nicht verstand, und dennoch viel wirkte in der Welt, und bei dem der Ausdruck, er verdiene keine Achtung, nicht ganz richtig gewählt gewesen wäre.»

Die allgewaltig sich gebärdende Macht des Geldes konnte Gottfried Keller nicht anerkennen. Gewinnsucht und Geldgier gingen ihm völlig ab. Persönliche Integrität, gegenseitige Hilfsbereitschaft und die eidgenössische Bruderliebe, deren Wirken er in einer Pfingstbetrachtung des «Intelligenzblattes» über den Brand von Glarus gepriesen hatte, waren für ihn die höchsten staatsbürgerlichen Tugenden. Dies entsprang seinem ganzen Wesen und nicht der eigenen pekuniären Not. Zwar hatte er es dem Grafen im «Grünen Heinrich» einmal in den Mund gelegt, man müsse durchaus danach streben, Geld zu haben, nur dann brauche man nicht daran zu denken und sei wirklich frei. «Wenn es nicht geht, so kann man auch sonst ein rechter Mann sein; aber man muß alsdann einen absonderlichen und beschränkten Charakter annehmen, was der wahren Freiheit auch widerspricht.» Er selber hatte einen solchen absonderlichen Charakter angenommen, bis unerwartet die Wende kam.

Im September 1861 berief der Regierungsrat des Kantons Zürich den so wenig zielstrebigen Dichter in das anspruchsvolle Amt des Ersten

Staatsschreibers. Die ihn gewählt hatten, waren alles Männer jener liberalen Partei, die Keller vor einem halben Jahr so freimütig angegriffen hatte. Sie müssen in seine Persönlichkeit tiefere Einsichten gehabt haben, als er selber ahnte. Es wird auch die Novelle von den sieben Aufrechten gewesen sein, die den Regierungsrat vom echten Stammholz Kellers überzeugte. Der Aufruf Karl Hedigers «Hilf dir selbst, so hilft dir Gott!» war nicht ungehört verhallt. Daß man der tapferen Frau Keller und Gottfrieds Schwester damit unter die Arme greifen konnte, mag auch mitgewirkt haben. Die Berufung kam übrigens nicht ganz überraschend. Drei Tage zuvor hatte sich Keller auf einen Wink seines Gönners Regierungsrat Franz Hagenbuch-Ott in einer lakonischen Anmeldung

Regierungsratssaal im Zürcher Rathaus. Zu den Aufgaben des Ersten Zürcher Staatsschreibers gehörte die Abfassung der Protokolle der Sitzungen des Regierungsrats, der Exekutive des Kantons Zürich. Gottfried Keller wurde nachgerühmt, daß er aus langen Reden in wenigen Worten den Sinn herausschäle und damit verdeutliche, was die Ratsherren sagen wollten.

um die freigewordene Stelle beworben, obwohl sich unter den Mitinteressenten tüchtige und erfahrene Männer mit juristischer Bildung befanden, sogar ein Nationalrat war dabei.

Die Bewerbung, die Gottfried Keller am 11. September 1861 einreichte, bestand außer der Gruß- und der Schlußformel in einem einzigen Satz, der kaum von Begeisterung für das zu erringende Amt zeugte: «Hiemit erlaubt sich der ehrerbietigst Unterzeichnete, sich um die am 28. August ausgeschriebene Stelle eines ersten Staatsschreibers zu bewerben und sich dafür zu melden.» Arbeitszeugnisse und Prüfungsausweise wußte er keine vorzulegen.

Am 14. September wurde er vom Regierungsrat mit fünf gegen drei Stimmen gewählt. Die meisten Zeitungen drückten ihre Verwunderung und Mißbilligung aus. Von «staunendem Kopfschütteln», «allgemeiner Heiterkeit», «tief entmutigendem und demoralisierendem Eindruck», «Protektion» und dergleichen war die Rede. Die stockkonservative Bürk-

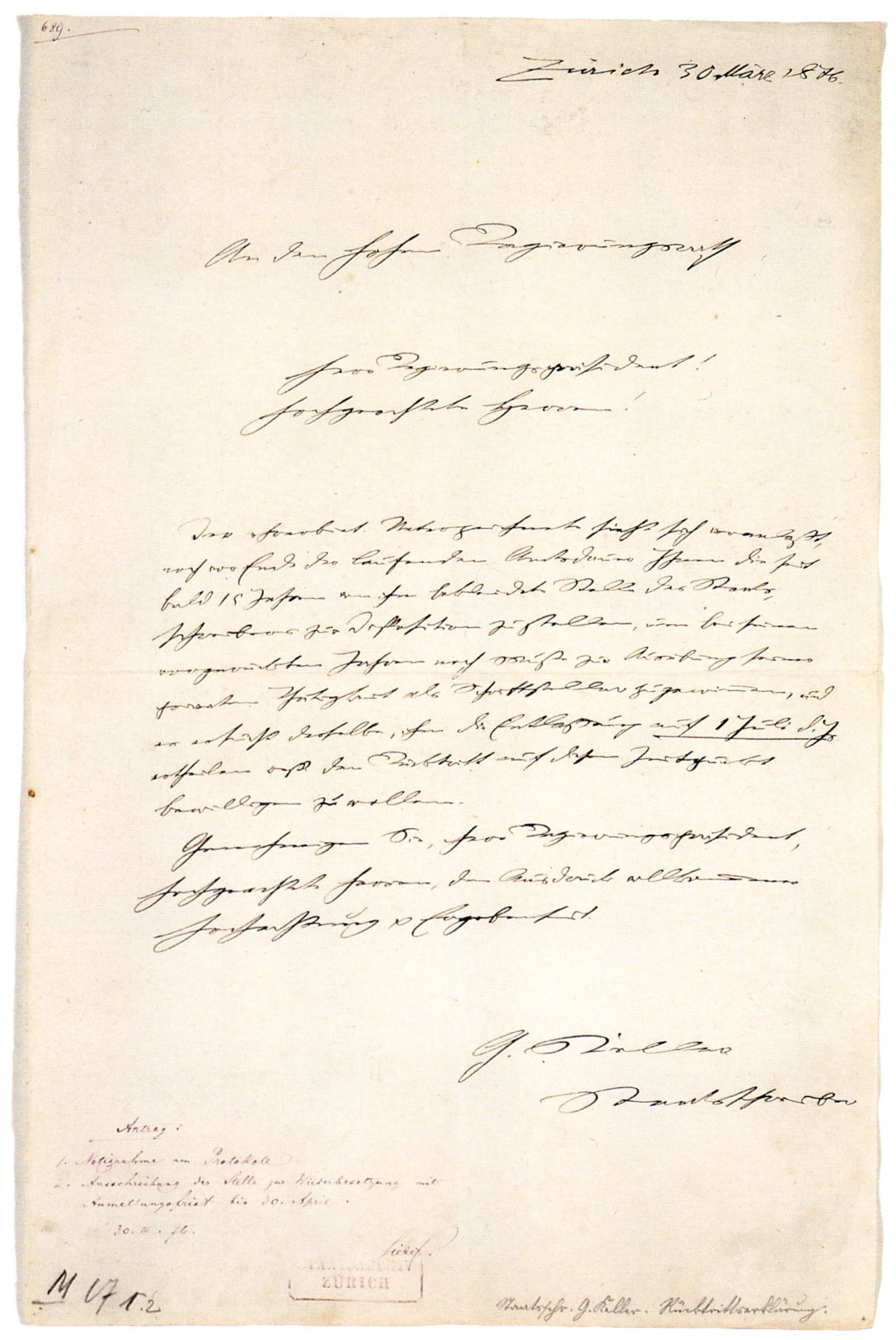

Zürich 30. März 1876.

An den hohen Regierungsrath

Herr Regierungspräsident!
Hochgeachtete Herren!

Der ergebenst Unterzeichnete sieht sich veranlaßt, auf das Ende der laufenden Amtsdauer Ihnen die seit bald 15 Jahren von ihm bekleidete Stelle des Staatsschreibers zur Verfügung zu stellen, um bei seinen vorgerückten Jahren noch Muße zur Ausübung seiner privaten Thätigkeit als Schriftsteller zu gewinnen, und er ersucht dieselben, ihm die Entlassung auf 1 Juli d. J. ertheilen oder den Rücktritt auf diesen Zeitpunkt bewilligen zu wollen.

Genehmigen Sie, Herr Regierungspräsident, hochgeachtete Herren, den Ausdruck vollkommener Hochachtung u. Ergebenheit.

G. Keller
Staatsschreiber

Antrag:
1. Notiznahme am Protokolle
2. Ausschreibung der Stelle zur Wiederbesetzung mit Anmeldungsfrist bis 30. April.
30. III. 76.

Staatsschr. G. Keller. Rücktrittserklärung.

Die Rücktrittserklärung vom Amt des Staatsschreibers. Am 30. März 1876 bat Keller den Regierungspräsidenten nach 15 Jahren auf den 1. Juli um Entlassung aus dem Staatsdienst, «um bei seinen vorgerückten Jahren noch Muße zur Ausübung seiner privaten Tätigkeit als Schriftsteller zu gewinnen.» Er hatte den Rücktritt seit 1872 erwogen. Seine ökonomischen Bedenken konnte schließlich sein Freund, der Bundesrichter Hans Weber, zerstreuen.

lische «Freitagszeitung» höhnte am lautesten: «Am Vorabend vor dem Bettag hat unsere Regierung noch einen Geniestreich begangen, wegen dess gewiß viele sich veranlaßt gesehen haben werden, am Bettag selbst noch extra für sie in der Kirche zu beten.» Die «Neue Zürcher Zeitung» dagegen sprach von einer «Überraschung für viele Freunde der Regierung» und erklärte, die Wahl Kellers sei nicht wegen seiner oppositionellen Stellung, sondern trotz derselben erfolgt: «Einzelne seiner Landsleute hat es schon lange gedrückt, daß ein schönes Talent im eigenen Vaterland sich nicht Bahn brechen konnte, und dieses Gefühl hat wahrscheinlich einen großen Einfluß auf die Wahl geübt.»

Schon in wenigen Tagen sollte Keller sein Amt antreten. Daß es dabei zu einem Eklat kam, mag als Bruch seiner ungebundenen Jugend mit der Zeit der Reife und Selbstdisziplinierung zu erklären sein; der Künstler wurde Bürger, der Ausgesonderte fand zurück in die Gemeinschaft.

Den Abend vorher – es war ein Sonntag – war der Dichter und jetzige Staatsschreiber in eine große Gesellschaft in den «Schwan» am Mühlebach geladen. Viel extravagantes Volk war versammelt. Der sozialistische Agitator Ferdinand Lassalle war der Gefeierte. An seiner Seite war die Gräfin Hatzfeld in roter Bluse und weißer Krinoline erschienen. Georg Herwegh, der einige Wochen später einen Ruf auf den Lehrstuhl für Literaturgeschichte nach Neapel erhielt, seine Frau und sein Sohn, Stein von Gumbinnen und andere waren anwesend. Oberst Rüstow trug als Garibaldianer ebenfalls die rote Bluse. Auf dem Sofa lag eine russische Nihilistin, der die Herren eifrig den Hof machten. Ludmilla Assing sollte den neuen Herrn Staatsschreiber unter ihre Fittiche nehmen. Nach dem Tee begann ein Gelage, das bis in den hellen Morgen hinein dauerte, wobei die Frauen dem Champagner nicht lässig zusprachen und dicke Havannazigarren rauchten. Keller fühlte sich aufs äußerte angewidert, verhielt sich indessen stumm. Als jedoch in vorgerückter Stunde Lassalle seine Kunststücke als Magnetiseur und Tischrücker in schauspielerischer Weise zum besten gab und eben seinen Hokuspokus über dem Haupte Herweghs machte, um denselben einzuschläfern, fuhr Gottfried Keller wütend auf und schrie: «Jetzt ist's mir zu dick, ihr Lumpenpack, ihr Gauner!», ergriff einen Stuhl und drang mit diesem auf Lassalle ein. Eine unbeschreibliche Verwirrung entstand. Die Frauen brachen in heftiges Weinen aus, die Männer schimpften, und der Unhold wurde an die frische Luft gesetzt.

Das Steinhaus. Photographie von Robert Breitinger, April 1895. Das turmartige Haus oben an der Kirchgasse Nr. 3 war 1803–1875 Sitz der Staatskanzlei. Das im 13. Jahrhundert erbaute Haus, einer der typischen mittelalterlichen Wohntürme Zürichs, gehörte einst dem Ritter Rüdiger Manesse. Die Kanzlei befand sich im ersten, Kellers Amtswohnung im zweiten Stock. Hier starb Kellers Mutter am 5. Februar 1864. Ihr fester Glaube, der Sohn werde doch noch einmal etwas Rechtes werden, hatte sich erfüllt. Er schrieb später, der Gedanke, auf der Staatskanzlei zu sterben, sei ihr «ganz stattlich» vorgekommen.

Um acht Uhr morgens sollte er in der Kanzlei feierlich begrüßt werden. Um zehn Uhr war er noch nicht da, der nächtliche Vorfall dagegen bereits ruchbar geworden. Da eilte Regierungsrat Hagenbuch nach Hottingen hinaus, den Schläfer zu wecken. Ein ernstlicher Verweis blieb dem Säumigen nicht erspart. Eine Rüge wegen Amtspflichtverletzung des Staatsschreibers war in Zürich, wie die Presse genüßlich vermerkte, seit zwölf Jahren nicht mehr vorgekommen. Es war aber der erste und letzte Tadel, den Keller entgegenzunehmen hatte. Zwar ließ sich der unabhängige Kopf in seinem bürgerlichen Wandel wohl einiges zuschulden kommen, aber sein ungemeiner Verstand bewahrte ihn stets vor Geschmacklosigkeit und Banalitäten. Im Amt als Staatsschreiber erwies er sich bald als Verkörperung der Pünktlichkeit und Pflichttreue.

«So erlebt», schrieb Mathilde Wesendonck an Richard Wagner, «die arme Mutter des grünen Heinrich doch noch die Freude, ihren Sohn auch äußerlich angesehen und geehrt zu sehen.»

Das Blatt, das den größten Lärm gegen die unbegreifliche Wahl geschlagen hatte, die «Freitagszeitung», erklärte im übrigen schon sechs Wochen später: die allgemeine Meinung hätte sich in Gottfried Keller ganz gewaltig getäuscht, indem sie die Kraft des Genies nicht in Berechnung zog; denn nach allem, was man höre, dürfte aus ihm einer der tüchtigsten Staatsschreiber werden, die Zürich je besessen habe.

Im Dezember 1861 siedelte Keller mit den Seinigen von Hottingen nach Zürich ins «Steinhaus» oben an der Kirchgasse über, in dem sich die Staatskanzlei befand. Das ganze zweite Stockwerk des mittelalterlichen Turmes stand dem Ersten Staatsschreiber für Amtsräume und Wohnung zur Verfügung, in der ersten Etage hausten die drei oder vier Kanzlisten. Die größte und lauterste Freude über diese ehrenvolle Wendung empfand wohl Frau Keller, die bald fünfundsiebzig war und ihre ausharrende Opferbereitschaft und den Glauben an Gott und ihren Sohn nun bestätigt und belohnt sah. Die Stelle eines Ersten Staatsschreibers war die wohl bestbezahlte in der ganzen Beamtenhierarchie. Im Laufe der ersten vier Amtsjahre konnte Keller mit allen seinen Schulden aufräumen, die Mutter und die Tochter ausstaffieren und abends erst noch besseren Wein trinken.

Als angesehene Mutter des angesehenen Staatsschreibers verlebte die verarmte Doktorstochter ihre letzten zweieinhalb Jahre nun sorglos und ohne Not. Sie starb am 5. Februar 1864, kurz vor Mitternacht, ohne ein Anzeichen von Krankheit. Der Sohn war noch nicht zu Hause und hatte keinen Abschied nehmen können. Er schrieb später, der Gedanke, einmal auf der Zürcher Staatskanzlei zu sterben, sei ihr «ganz stattlich» vorgekommen. Für ihn war es eine der bittersten Erinnerungen. Er sei nachher gewiß vier Wochen lang in kein Wirtshaus mehr gegangen.

Zu Kellers Amtspflichten gehörte neben der Oberleitung über die Staatskanzlei das Abfassen der Sitzungsprotokolle des Regierungsrates. «Als der Herr Staatsschreiber zur ersten Sitzung ins Rathaus ging», erzählt der Biograph Baechtold, «mußte der dort aufgepflanzte Landjägerposten übungsgemäß das Gewehr präsentieren. Ein hämischer Nachbar hatte sich beizeiten eingestellt, um den feierlichen Augenblick nicht zu verpassen.» Er glaubte wohl wie viele andere, die Herrlichkeit mit dem Gottfriedli, der nun Herr Staatsschreiber wurde, werde bald ein seldwylerisches Ende nehmen. Doch Keller erfüllte seine vielen Amtsgeschäfte mit größtem Pflichtbewußtsein. Zu den Protokollen und dem schriftlichen Verkehr mit dem Bundeshaus und den Kantonsregierungen kamen hundert andere Aufgaben, die seinen Tag von morgen früh bis oft spät abends in Anspruch nahmen. Als besonders ehrenvoll galt die Abfassung der Bettagsmandate, falls sich keiner der Herren Regierungsräte zur Verfügung stellte. Ein großer Teil der Zürcher Geistlichkeit hatte sich im übrigen geschworen, von diesem neuen, gottlosen Staatsschreiber niemals ein Bettagsmandat von der Kanzel zu verlesen.

In der Fron. Fünfzehn Jahre arbeitete Keller als Staatsschreiber, um seiner Mutter und der Schwester endlich ein sicheres Auskommen zu bieten, sich selber zu rehabilitieren und nicht zuletzt, um als Bürger dem Staat und damit der Allgemeinheit zu dienen. Die schriftstellerische Tätigkeit war in dieser Zeit sehr eingeengt. Dies drückte Burkhard Mangold in seiner Illustration von 1906 auf sinnfällige Weise aus: Der Pegasus sitzt im Vogelkäfig gefangen.

Groß war die Überraschung, welche die Studenten beider Hochschulen dem Dichter zum 50. Geburtstag bereiteten. Sie galt weniger dem Staatsschreiber als dem Verfasser des «Grünen Heinrich» und der Novellen «Frau Regel Amrain» und «Das Fähnlein der sieben Aufrechten». Die Initiative war von der Zofingia ausgegangen. Keller erfuhr von diesem «Anschlag auf seine Personnage» erst, als die Sache nicht mehr rückgängig gemacht werden konnte.

Am schönen, nachtblauen Sommerabend des 19. Juli 1869 zogen die strammen Studentenverbindungen in einem von Fahnen umwehten Fackelzug den Limmatquai herauf, bogen über die Münsterbrücke zum Paradeplatz hinüber und postierten sich im Halbkreis vor dem Hotel Baur. Die Singstudenten und Zürichs Sängergesellschaften stimmten das «O mein Heimatland» an. Der Redner der Studenten trat vor und pries in

Rechte Seite: Vier Seiten aus den Notizheften des protokollführenden Staatsschreibers zu Sitzungen des Regierungsrats am 11. August 1863, 28. April 1869, 5. und 12. Januar 1876. Keller schrieb jeweils in kurzen Sätzen das Wesentliche der Debatte nieder und gab es dann in ausführlichen Protokollen sinngemäß wieder. Die Zeit während langen Reden verkürzte er sich gelegentlich mit Kritzeleien, die den Ernst des Geschäftsgangs und seine eigene Position relativierten.

Adolf Exner (1841–1894), Photographie um 1870. Keller lernte den Wiener Rechtsgelehrten, der 1868 bis 1872 ordentlicher Professor für römisches Recht an der Zürcher Universität war, anläßlich der Feierlichkeiten zu seinem 50. Geburtstag kennen. Der verwaiste Exner hatte seine Schwester Marie viermal nach Zürich kommen lassen, wo sie 1872 erstmals Keller begegnete. Nach ihrer Rückkehr nach Wien begann zwischen dem Dichter und der «Exnerei» ein reger Briefwechsel. Gemeinsame Ferien im Salzkammergut und ein Besuch Kellers in Wien zeigen, wie freundschaftlich und herzlich der Zürcher den Wienern zugetan war.

jugendlicher Begeisterung namentlich das patriotische Element in Kellers Dichtung. Der Gefeierte, der sonst jeder öffentlichen Rederei aus dem Weg ging, stand zwischen den hohen Säulen des Hotelbalkons. Er sprach allen verständlich auf den dichtbesetzten, vom Fackelschein erleuchteten Platz hinaus: Das Unternehmen, seinen fünfzigsten Geburtstag ans Licht zu ziehen, habe in ihm das beschämende Gefühl einer unverdienten Ehrung geweckt. Er befürchte nämlich, man könne, wenn in dieser Weise hell in das Kämmerlein des Poeten hineingeleuchtet werde, nichts finden als ein altes Frauenzimmer, die Muse früherer Tage. Möglich, daß dieser Schein sie früher wecke, als sie selber gedacht habe.

Nach der öffentlichen Huldigung auf dem Paradeplatz wurde der Jubilar in einer vierspännigen Kutsche hinaus ans Bellevue zum studentischen Festkommers in der alten Tonhalle geführt, wo der Dekan der Philosophischen Fakultät dem Überraschten das Diplom des Ehrendoktors überreichte. Zwar knurrte Keller einmal, man habe ihm mit dem akademischen Titel einen Spitznamen angehängt, aber dem Dichter Nahestehende nannten diesen Tag den glücklichsten seines Lebens. Ein Jahr darauf schrieb er an Ludmilla Assing, er durchgehe alte Manuskripte, mache sogar wieder Verse, kurz, er übe sich vorsichtiglich, aber behaglich ein, heute oder morgen wieder ein freier Schriftsteller zu werden.

Am Studentenkommers lernte er Professor Adolf Exner, Lehrer für römisches Recht, kennen, der aber bald nach Wien zurückberufen wurde. Zwischen Keller und dem viel Jüngeren, mehr noch mit dessen Schwester Marie, der späteren Mutter des Nobelpreisträgers Karl von Frisch, entspann sich ein liebenswürdiger, von fröhlichen Einfällen sprühender Briefwechsel, der später als Buch «Aus Gottfried Kellers glücklicher Zeit» erschien und zu den bezauberndsten Lebensäußerungen des sonst so verschlossenen Hagestolzes zählt.

Bei seinem Amtsantritt hatte sich Keller einen neuen Spazierstock geleistet, ein seiner Statur entsprechendes kurzes Meerröhrchen mit Horngriff. Bei jeder Wiederkehr seines Antrittstages, jeweils am 23. September, schnitt Keller eine Kerbe in den Stock. Als er nach vierzehn solchen Schnitten aus dem Amt schied, übergab er das Kerbholz erfüllter Beamtenpflichten seinem geschätzen Weibel Gottlieb Vontobel. Keller war Vontobels Erstgeborenem vor zwei Jahren Pate gestanden, und der Staatsweibel hatte seinen Sprößling dafür Gottfried getauft. So war der spätere Kirchengutsverwalter der Gemeinde Enge auf gleiche Weise durch den Paten zu seinem Vornamen gekommen wie einst der Staatsschreiber selber.

Am 1. Juli 1876 nahm er seinen Abschied. Am 5. Juli war er zum letztenmal in der Ratssitzung anwesend und trug ins Handprotokoll hoch aufatmend die Notiz ein: «Letztes Protokoll verlesen. Präsidium hält Ansprache an den abtretenden Staatsschreiber, nach fünfzehnjähriger Amtsführung. Punktum!»

Fünfzehn Jahre ist Gottfried Keller im Amt geblieben. Es war ein rigoroser Verzicht auf dichterisches Schaffen. Doch am 20. Dezember 1875 – er war bereits aus dem Steinhaus der Staatskanzlei nach der ländlichen Enge umgezogen – schrieb er an Marie Exner: «Nächstes Jahr habe ich vorläufig vor, meine Schreiberstelle zu quittieren und ganz den

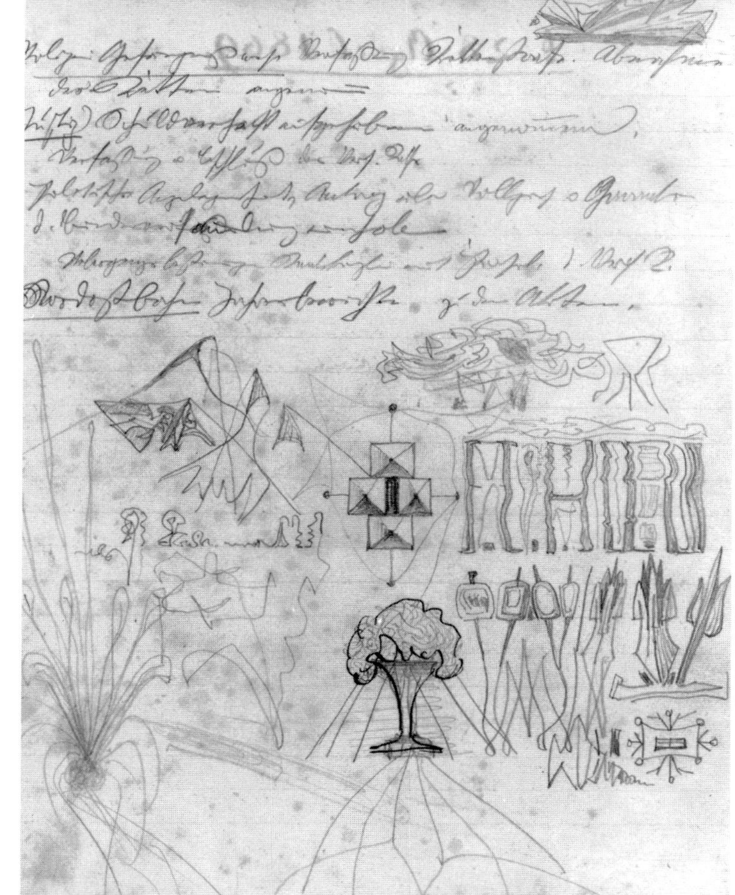

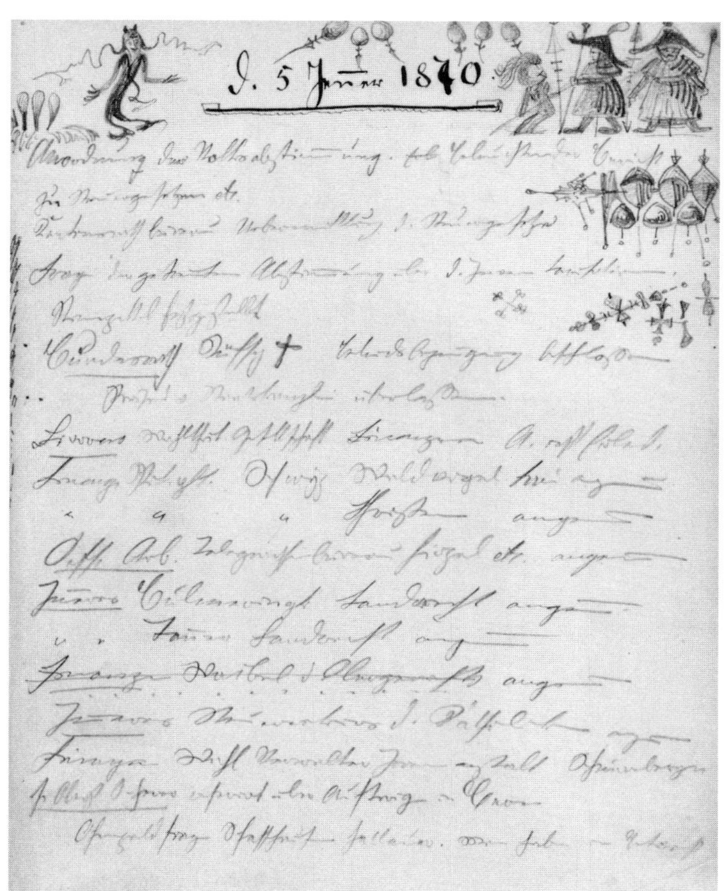
d. 5 Juni 1870

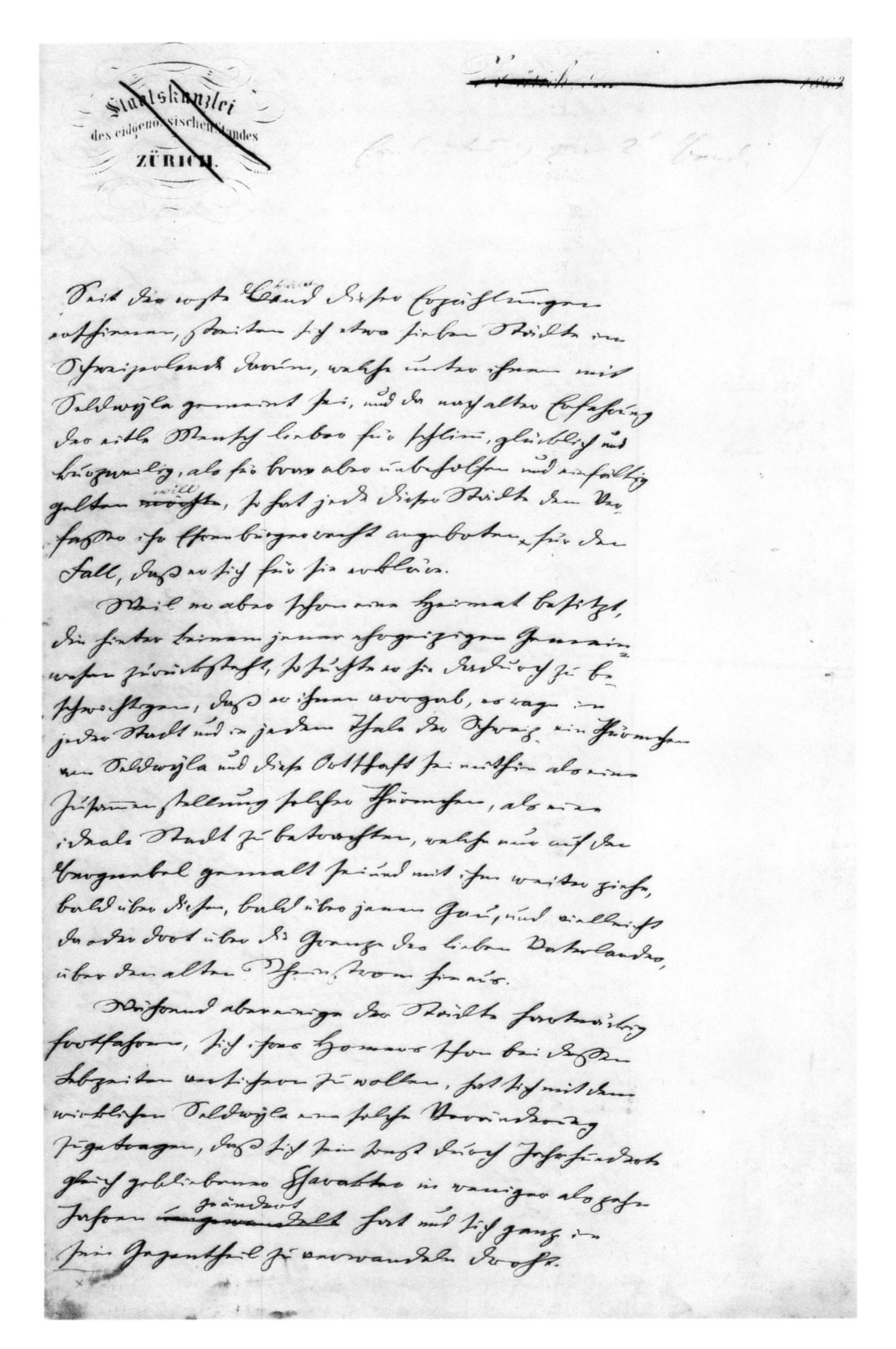

Eines der wenigen dichterischen Werke, die während Kellers Staatsschreiberzeit entstanden, war der zweite Novellenband «Die Leute von Seldwyla», der 1873/74 bei Göschen erschien, nachdem sich Keller von seinem ersten Verleger Vieweg im Vorjahr getrennt hatte. Die Einleitung zu diesen Seldwyler Geschichten schrieb er 1873 auf Kanzleipapier.

sogenannten Musen zu leben. Ich bin nun schon so alt, daß es nicht mehr so schlimm gehen kann ohne eine solche Philisterversorgung, und die schönen langen Tage und Wochen fangen mich doch an zu schmerzen, wenn ich immer vom Zeug weg ans Geschäft laufen muß.» Und einem deutschen Freund meldet er im folgenden Mai: «Am 1. Juni bin ich nun vom Amte frei; ich habe es nicht länger ausgehalten; den Tag durch Amtsgeschäfte, des Abends soll man schriftstellern, lesen, Korrespondenzen führen usw.; das geht nicht und bleibt dann meistens alles zusammen liegen.»

Keller ist seinem Amt – wie fleißig, gewissenhaft und zuverlässig er es auch verwaltete – stets mit einer gewissen Reserve gegenübergestanden. Bei acht- bis zehnstündiger täglicher Arbeit hatte die Poesie das Nachsehen, und auch die Lust am behaglichen Briefplaudern verkümmerte. Durch seine Position als Staatsschreiber war er automatisch Mitglied verschiedener Kommissionen geworden. Ein paar Jahre gehörte er auch dem Kantonsrat als Vertreter des Wahlkreises Bülach an, wo er sich mit seinem Vetter Fritz Scheuchzer entzweite. Mit großer Mühe, aber mitmenschlicher Hilfsbereitschaft führte er das Sekretariat des Eidgenössischen Hilfskomitees zur Unterstützung polnischer Flüchtlinge, was in Wenzel Strapinski, dem Schwindler wider Willen, in der Novelle «Kleider machen Leute» seinen zauberhaften Niederschlag fand.

Gottfried Keller im Alter von 40 Jahren. Photographie von Georg Adolf Grimminger um 1860. Das Bild zeigt den Dichter kurz vor seinem Amtsantritt als Staatsschreiber. Im Frühjahr 1860 hatte er die Novelle «Das Fähnlein der sieben Aufrechten» und im April 1861 den Aufsatz «Am Mythenstein» geschrieben. Er legte darin ein großartiges Programm vaterländischer Festspiele vor, womit «die Frage des Dramas in ein neues Stadium treten könnte».

Nicht einmal Urlaub hatte Keller in den ersten zehn Amtsjahren genommen. An dichterischen Werken entstanden in der Staatsschreiberzeit der zweite Teil der «Leute von Seldwyla» und die «Sieben Legenden». Der einstige genüßliche Schlendrian der Seldwyler hatte sich nun in die allgemein herrschende spekulierende Betriebsamkeit verwandelt. Der Gegensatz von Sein und Schein wurde bei Keller zum immer wieder variierten Grundthema. Doch am Ende stellt sich, zumeist mit Hilfe einer Frau, anstelle des trügerischen Scheinwesens oder törichter Phantasterei die rechte, vernunft- und naturgemäße Lebensordnung wieder ein. Gegenüber harmloser Verschrobenheit zeigt der Dichter ein verzeihendes Lächeln; wo es um Verhärtung des Herzens und seelenlose Scheinheiligkeit geht, kennt er keine Gnade.

Mit dem Nachfolger des 1859 verstorbenen Vieweg löste Keller den Vertrag und bot die «Sieben Legenden» dem Stuttgarter Göschen-Verleger Ferdinand Weibert an. Die 1872 erschienenen Legenden, «der höchste Ausdruck von Kellers geläuterter Weltanschauung und seine vollendetste künstlerische Leistung», machten schon nach wenigen Wochen eine zweite Auflage nötig. Weibert schrieb Keller begeistert: «Eduard Mörike, dessen Kritik ich aus langjährigem Verkehr am höchsten stelle sagte: einen größeren Genuß als diese Lektüre hätte er seit langem nicht gehabt und eine vollendetere Darstellung wüßte er an keinem neueren Buche zu rühmen.»

Der schweizerische Bundeskanzler Johann Ulrich Schieß erklärte einmal, Keller sei der beste und zuverlässigste Staatsschreiber der Schweiz gewesen, und Adolf Frey, Kellers langjähriger Begleiter, rühmte dessen großen Fleiß. Zweihunderttausend Unterschriften und zweihundert Bände an Manuskripten zeugten von seiner unermüdlichen Tätigkeit in der Staatskanzlei. Zumindest in quantitativer Hinsicht müssen an diesem Lob einige Abstriche gemacht werden. Vor einigen Jahren präzisierte der Zürcher Staatsarchivar Ulrich Helfenstein: «Die außerordentlich geringe Zahl der erhaltenen Akten mag als Hinweis darauf gelten, daß in Kellers Amtszeit kaum Neues oder grundsätzlich Wichtiges geschah. Er trat, so scheint es, ohne Umstände in die Fußstapfen seiner Vorgänger und fühlte sich nicht veranlaßt, an den übernommenen Verhältnissen etwas zu ändern!» Nirgends seien Spuren einer Auseinandersetzung mit verwaltungstechnischen Fragen zu finden, noch Anzeichen dafür, daß Keller Verbesserungen irgendwelcher Art auch nur erwogen hätte. So sei denn erst unter seinem Nachfolger Johann Heinrich Stüssi das spärlich sickernde Rinnsal der Archivalien unversehens zu einem breiten Fluß angeschwollen. «Denn anders als Keller lebte Stüssi ganz und gar seiner amtlichen Aufgabe und suchte ständig Mittel und Wege, um sie fester in den Griff zu bekommen und zweckmäßiger zu lösen.» Stüssi ging von der alten deutschen zur modernen Schreibschrift über, 1877 begab er sich nach Schönenwerd, um die dort bei Bally in Gebrauch stehende «Elektrische Feder» von Edison zu prüfen, eine Vorgängerin der elektrischen Schreibmaschine. Bald wurde das erste Aktenstück elektrisch geschrieben, und 1887 «trat das Telephon seine triumphale Laufbahn als neuestes Hilfsmittel der zürcherischen Staatsverwaltung an».

Zu Kellers Rücktritt im Juli 1876 offerierte ihm die Regierung ein Nachtessen und überreichte ihm einen silbernen Pokal. Bei einem üppigen, von Keller bestellten Weingelage sagte er den Magistraten seine Meinung: «Sie machten jedoch geduldige Miene dazu; ich glaube, sie gäben mir jetzt den Becher nicht mehr.»

«In dieser Hinsicht scheint es um Kellers Sache nicht zum besten zu stehen», fährt Helfenstein fort, im Vergleich mit der Leistung des Nachfolgers, eines Verwaltungsmannes aus Leidenschaft, nehme Kellers Besorgung der Geschäfte sich altväterisch und phantasielos aus. «Ganz wohl wird einem bei diesem Befund nicht, und in der Tat weist die Argumentation einen Schönheitsfehler auf: sie geht nämlich von der ungeprüften Voraussetzung aus, das Prinzip der Bewegung sei dem der Beharrung durchaus überlegen.» Ähnliche Gedanken muß sich auch schon Keller gemacht haben. 1865 bemerkte er in einer Artikelfolge in der Berner «Sonntagspost», der herrschende starke Wechsel in allen öffentlichen Einrichtungen erstrecke sich auch auf Gebiete, welche mehr unveränderlichen Wesens seien und auf welches es mehr auf den Geist als auf die Form ankäme: «Hier wird der unruhige Wellenschlag nicht zum geringen Teil von den zeitweiligen Verwaltungsmännern hervorgerufen, welche eine rühmliche Kunde von ihrem Dasein hinterlassen wollen und dieses Ziel besser durch Schaffen eines neuen Gesetzes als durch Handhabung des alten zu erreichen glauben.»

Kellers Amtsnachfolger, der im Zürcher Oberland 1842 geborene Heinrich Stüssi, war ein Schüler des jungen Polytechnikums, wo er in der mathematischen Sektion diplomierte, in Berlin weiterstudierte und dann als Versicherungsmathematiker, Mittelschullehrer und engagierter Redaktor der «Eisenbahn- und Bauzeitung» arbeitete. Seine Wahl zum Staatsschreiber erfolgte aufgrund seiner Begabungen auf dem Gebiete der schnell fortschreitenden Technik. Er organisierte die Staatskanzlei bald in einen modernen effizienten Betrieb um.

Sein Tod gehörte zu seinem Leben: Am 22. September 1900 meldete die «Zürcher Wochenchronik», die Umgestaltung der Pferdebahn zur Elektrischen sei nun zur allgemeinen Zufriedenheit praktisch abgeschlossen. Unmittelbar nach dieser Freudenbotschaft folgte die Mitteilung über den Tod des Staatsschreibers. Er sei, von einer Sitzung des Regierungsrates aus dem Rathaus kommend, am Limmatquai vor einen elektrischen Tramwagen gelaufen und auf der Unfallstelle gestorben. «Den Wagenführer, einen alten zuverlässigen Angestellten, trifft keine Schuld.»

Luise Scheidegger – die unbekannte Braut

Die traurigste Liebesepisode, die den einsam Gewordenen doch noch auf einen eigenen Hausstand hoffen ließ, war die Verlobung mit Luise Scheidegger, zwei Jahre nach dem Tode seiner Mutter. Was über diese Verbindung bekannt geworden ist, gehört zu jenen Geheimnissen Kellers, an die bisher aus Pietät kaum gerührt worden ist. Zu Unrecht, wenn wir uns vergegenwärtigen, wie falsch und schemenhaft sich dieses tragische Kapitel in Kellers eigenen Lebensroman eingeschlichen hat.

Er selber hat Schriftliches, das seine Braut betraf, vernichtet; was davon noch übrigblieb, verbrannte sein Testamentsvollstrecker. «Es handelt sich um ein trauriges Erlebnis in vorgerücktem Alter», hat Keller später erklärt. «Es weht ein Geheimnis um dieses Ereignis», schrieb Kurt Guggenheim in «Das Ende von Seldwyla», spricht dann aber vom neunundvierzigjährigen Keller, der um Luisens Hand angehalten habe, was ein Rechenfehler sein muß. Baechtold, der frühe Begleiter und Biograph Kellers, verschwieg es kurzerhand. Adolf Frey erwähnte es 1891 in seinen «Erinnerungen» im November 1891 in der «Deutschen Rundschau», ließ die Episode aber in der Buchausgabe weg, «als eine nicht völlig liquide Sache». C.F. Meyer fand dies völlig in Ordnung: «Die Liebes-Selbstmord-Geschichte vermisse ich nicht – diese mag zur Not wahr sein, hat aber etwas Unwahrscheinliches», schrieb er Frey.

Emil Ermatingers noch heute gültige Keller-Biographie von 1916 griff offensichtlich auf Adolf Freys unzulängliche Darstellung in der «Deutschen Rundschau» zurück. Warum hat er nicht weitergeforscht? Zum Beispiel in der Zürcher Stadtbibliothek oder in Herzogenbuchsee? Beide berichten vom melancholischen Waisenkind, welches Keller bei dessen Onkel, einem nicht näher bestimmten Gefängnisdirektor namens Wegmann, kennengelernt und das dann als Kellers Verlobte – wegen Verunglimpfung des Dichters selber zweifelnd geworden – sich bei Verwandten in Herzogenbuchsee in einem Anfall von Schwermut in den Gartenteich gestürzt habe. Weder Kellers Beziehung zu diesem Wegmann noch die Zusammenhänge mit Herzogenbuchsee und die wirklichen Lebensverhältnisse des Mädchens werden deutlich. Weitere Biographen wie Erwin Ackerknecht folgerten, Wegmann habe das Mädchen «nach dem Tode ihrer Eltern als Pflegetochter in sein Haus genommen.»

Schon ein Vierteljahrhundert nach des Dichters Tod gelang es also nicht mehr, sich aus den merkwürdigen Bruchstücken ein klares Bild der Ereignisse zusammenzureimen. Kellers Verlobung muß ganz im Stillen stattgefunden haben; seine Braut blieb die Unbekannte, nach der man nicht fragte und von der man nicht sprach. Selbst Kellers nächste

Luise Scheidegger (1843–1866). Anonyme Photographie. Als Tochter eines Arztes im Emmental lebte sie nach dem Tod ihrer Mutter bei Verwandten in Herzogenbuchsee, die sie zur Konzertpianistin ausbilden ließen. Bei einem Ferienaufenthalt in Zürich lernte sie 1865 den um 24 Jahre älteren Keller kennen, mit dem sie sich 1866 verlobte. Nach einer politisch motivierten Verunglimpfung des Staatsschreibers in der Presse wählte sie im Juli 1866 den Freitod. Keller ließ alle Briefe und Erinnerungen an Luise von seinem Testamentsvollstrecker vernichten.

Freunde, wie Frey und Meyer, wußten nichts genaues, und andere, wie Wegmann und Baechtold, schwiegen sich aus.

Erstaunlich ist, daß niemanden bisher die verräterische Geschichte über den Selbstmord einer gewissen Louise im «Zürcher Kalender auf das Jahr 1891» hellhörig machte. Besitzer und Redaktor des «gelben Kalenders» war Fritz Bürkli; als Stammgast in der «Meise» gehörte er zu Kellers engem Bekanntenkreis. Er war es, der einst Kellers Wahl zum Staatsschreiber am vehementesten angriff, sich sechs Wochen später in loyaler Weise korrigierte und entschuldigte. Er muß die Selbstmordgeschichte kurz nach Kellers Tod verfaßt haben, allerdings so transponiert, wie Keller es auch zu tun pflegte: leicht verschlüsselt und als Exempel in eine Rahmenepisode gefaßt, jene von der verweigerten kirchlichen Bestattung, die zwar da und dort noch vorkam, aber im Falle der Luise Scheidegger nicht zutraf:

«Der Selbstmord weder sündlich noch schändlich

Auf einer Schweizerreise kam ich zu einem bekannten Landstädtchen. Vor ihm lag der hochummauerte Kirchhof. Zu meinem Erstaunen befand sich außerhalb an der Mauer eine Anzahl Gräber und eines war frisch aufgegraben, eine Leiche aufzunehmen.

Im Gasthof abgestiegen, fragte ich, ob meine Ahnung richtig, daß diese Gräber, Gräber von Verbrechern und Selbstmördern seien, welchen man ein ehrliches Begräbnis in Reihe der anderen Christen versage. Es wurde mir bejaht. Ich fragte weiter: ‹Was für ein Unglücklicher kommt denn in das jetzt geöffnete Grab zu liegen?›

‹Ach das ist eine traurige Geschichte›, antwortete, in helle Tränen ausbrechend, die bildschöne Wirtstochter. ‹Ich bringe es kaum über mich, Ihnen dieselbe zu erzählen. Doch meine beste Freundin, eine grundbrave, fromme und sittsame Tochter angesehener, aber nicht reicher, merken Sie es sich, nicht reicher Eltern. Vor einigen Wochen war sie bei Verwandten in der Hauptstadt zu Besuch. Dort machte sie die Bekanntschaft eines geistvollen, hochpoetischen Mannes, dessen Antlitz den treuen Spiegel seiner schönen Seele trug. Bei einer Landpartie, welche man aus der Stadt hinaus machte, kamen die beiden näher zusammen; die schönen Seelen erkannten sich bald, und plötzlich sprang der Funke der Liebe von einem Herzen zum anderen. Sie betrachteten sich als Verlobte, obgleich ein förmliches Versprechen noch nicht stattgefunden hatte, weil sie, als wohlerzogene Tochter, zuerst die Einstimmung ihrer Eltern haben wollte. Diese binnen weniger Wochen zu holen, nahm sich ihr Geliebter vor.›

‹Einige Tage nach ihrer Wiederkunft wollten wir diese feiern; denn Louise war uns allen die liebste, treueste Freundin. Mit Einwilligung meiner Mutter lud ich sämtliche Gespielinnen zu einem Abendessen ein. Es war natürlich schon ausgeschwatzt, daß Louise in der Stadt ihr zukünftiges Glück gefunden habe. Man war sehr heiter und vergnügt; unsere Freundin strahlte von innerer Beseligung. Da brachte der Postbote die Zeitungen aus der Hauptstadt. Die Tochter des Vertreters unseres Dorfes im Kantonsrat, selbst eine eifrige Politikerin, nahm das Blatt der Opposition in die Hände, und es fiel ihr unglücklicherweise gerade eine Korrespondenz aus der Hauptstadt unter die Augen, in welcher der Geliebte unserer Louise als politischer Gegner aufs Schänd-

David Bürkli's — David Bürkli's

Züricher Kalender

nebst Monatskalenderchen und Münz- und Maßvergleichungen
auf das Jahr

1891.

Das Zürcher Theater am Dufourplatz (s. Seite 4).

Preis: 1 Exemplar gebunden 30 Rpn. — Gedruckt und zu haben bei David Bürkli.

Keller verbat sich jede Bemerkung über seine unglückliche Verlobung, die sich offenbar in aller Stille vollzogen hatte. Auch seine nächsten Freunde wußten nichts Genaues, und Kellers Biographen begnügten sich mit vagen, kaum glaubwürdigen Andeutungen. Bis heute wurde eine leicht verschlüsselte Darstellung von Kellers Freund Fritz Bürkli in seinem «Züricher Kalender 1891» nicht zur Kenntnis genommen. Unter dem Titel «Der Selbstmord weder sündlich noch schändlich» schilderte er wenige Monate nach Kellers Tod die Geschichte der Louise, die in der Hauptstadt einen hochpoetischen Mann liebt und durch dessen politische Verunglimpfung in den Tod getrieben wird.
Als Titelbild zeigte der Kalender den Bau den neuen Stadttheaters, nachdem das alte Aktientheater anfangs 1890 abgebrannt war. Keller plante zur Eröffnung des neuen Theaters auf den Herbst 1891 einen Prolog, der dann von Carl Spitteler geschrieben wurde.

lichste heruntergehudelt und, wegen seiner Liebe zu einem guten Glase Wein, als ein unverbesserlicher Säufer verleumdet wurde. War es Bosheit, war es Dummheit, ich glaube das letztere, die Jungfer Kantonsrätin rief: ‹Stille! hört zu!› Und sie las laut die schändliche Korrespondenz vor. Wir fühlten das Unschickliche, das in dieser Vorlesung lag, und keine sagte ein Wort darüber.

‹Louise aber wurde den ganzen übrigen Abend still und ernst. Wir trennten uns gegen zehn Uhr. Mein Bruder begleitete meine Freundinnen heim, von einem Hause zum anderen. Sie sehen, unser Dorf ist eben nicht sehr groß. Zuletzt verabschiedete er sich von Louise vor deren Haustür; er hatte gesucht, so lange als möglich mit ihr allein zu sein, da er ihr doch noch sagen mußte, wie sehr er gehofft habe, daß sie ihn beglücken würde, und wie wehe es ihm nun tue, daß sie einen anderen nehme. Wie erstaunt waren wir, als am Morgen in aller Frühe Louises Vater zu uns kam und voller Angst fragte, wo denn sein Kind sei; ihr Bett sei am Morgen unberührt gefunden worden und man habe sie nirgends gesehen. Nach langem Suchen endlich fand man sie tot im Teiche hinter ihrem Hause. Sie hatte sich offenbar sanft hineingleiten lassen, und, von nur zwei Fuß Wasser überdeckt, ohne Kampf mit wunderbarer Entschlossenheit unter Wasser ausgehalten, bis der Tod sie von ihrem Jammer erlöste. Unendlich war nun auch unser aller Jammer, und man rüstete sich, ihr Grab mit Blumen zu überschütten. Aber wir hatten nicht an unseren frommen Herrn Pfarrer gedacht. Der erklärte, es müsse endlich einmal ein Exempel statuiert werden; Louise müsse, so leid es ihm tue, in die Reihe der Selbstmörder außerhalb der Kirchhofmauer gelegt werden. Sonst könnte der Selbstmord Mode werden. Es hatte sich nämlich kurz vorher der liederliche Sohn unseres reichen, merken Sie es sich, unseres reichen Metzgers erhängt, und noch etwas vorher, der reiche, merken Sie es sich, der reiche Notar, dessen Schlechtigkeiten ausgekommen waren, sich die Gurgel abgeschnitten. Denen hatte der fromme Herr Pfarrer das ehrliche Begräbnis nicht versagt; die reichen Hinterlassenen hatten aber auch die Kirche mit großen Vermächtnissen bedacht. Dem Machtspruch des Herrn Pfarrers gegen die arme Louise müssen wir uns fügen; aber nicht wird er uns hindern, über das Grab der so gescholtenen ‹Selbstmörderin› einen Berg von Blumen aufzuhäufen.›

‹Ich wollte diesem entehrenden Begräbnis als Zeuge beiwohnen, und beschloß daher, bis dahin in dem Orte zu bleiben. Mein Vorsatz war, das Benehmen des Herrn Pfarrers zur Beurteilung öffentlich bekanntzugeben. Nach einer Stunde aber kam die Wirtstochter freudig in die Gartenlaube, wo ich die Zeitungen, auch die mit dem schändlichen Artikel, las und ernste Betrachtungen darüber anstellte, was wir Zeitungsschreiber oft, ohne es zu wollen und zu wissen, mit unseren giftigen Artikeln gegen politische Gegner für Unglück anrichten können.

‹Louise erhält ein ehrliches Begräbnis›, rief sie aus. ‹Gott sei Dank! Der Herr Kantonsrat, ein braver Mann, als er erfuhr, daß seine Tochter durch ihre Unvorsichtigkeit Louises Tod mit verschuldet habe, begab sich sofort zu dem Pfarrer, und machte ihm den Standpunkt so klar, daß der gestrenge Herr sogar versprach, bei der Abdankung nicht das Gebet für Selbstmörder, sondern eine schöne Grabrede zu halten.›

Das tat er dann auch und versöhnte und befreundete sich damit wieder die ganze Ortschaft.»

Offenbar war Bürkli in der Verfremdung der Geschichte so weit gegangen, daß sie damals nicht zur Kenntnis und noch weniger zur Erkenntnis genommen wurde.

Ausgangspunkt der Ereignisse war «Gefängnisdirektor Wegmann», wie er in den verschiedenen Keller-Biographien genannt wird, ohne Vorname und lokale Fixierung. Nach den damaligen Zürcher Einwohnerverzeichnissen muß es sich um Karl Gottlieb Wegmann, Direktor der kantonalen Strafanstalt Oetenbach, gehandelt haben. Das Staatsgefängnis befand sich in den ehemaligen Klostergebäulichkeiten am oberen Ende der heutigen Oetenbachgasse.

Wegmann, im gleichen Jahr wie Keller geboren, war ursprünglich Pfarrer im Zürcher Oberland, dann Bezirkslehrer in Langenthal. Von 1852 an hielt er sich in Herzogenbuchsee auf, kehrte 1854 als Pfarrer zurück nach Albisrieden, wo er gegen das Tischrücken und Geisterbannen auftrat, bis er 1857 Strafanstaltsdirektor wurde. In dieser Funktion, in der er viele Neuerungen einführte, hatte er mit dem Staatsschreiber Keller oft persönlichen Kontakt, aus dem sich wohl eine Art Freundschaft entwickelte. Keller soll bei Wegmanns an der Oetenbachgasse 10 oft zu Besuch gewesen sein. Vermutlich Anfang 1865 lernte Keller dort das anmutige Fräulein Scheidegger kennen, mit dem er sich nach ihrem längeren Zögern im Mai 1866 verlobte. Sie war eine verwaiste Berner Arzttochter, die der Gefängnisdirektor angeblich als arme, schwermütige Pflegetochter in sein Haus genommen hatte. So die gefühlvolle, gängige Version mit einer Prise «Gartenlaube».

Werner Staub, kantonaler Schulinspektor von Herzogenbuchsee, hat sich kürzlich der rätselhaften Erscheinung Luise Scheideggers angenommen und die Ergebnisse seiner Nachforschungen im «Jahrbuch des Oberaargaus 1982» bekanntgegeben: Das am 19. April 1843 geborene Mädchen hieß nach den Registern Christina Luise Scheidegger und war die Tochter des Landarztes Ulrich Scheidegger (1804–1856) in Langnau im Emmental. Ihre Mutter Rosina Moser stammte aus Herzogenbuchsee und war die Schwester von Frau Direktor Wegmann. Nach dem frühen Tod seiner Frau heiratete der Arzt wieder, doch die Stiefmutter und das kleine Mädchen vertrugen sich schlecht. So gab es der Arzt zu Verwandten der Mutter nach Herzogenbuchsee, und zwar in die wohlhabende Textil-Kaufmannsfamilie Johann Ulrich Born. Auf ihrem vornehmen Gutsbesitz unmittelbar beim Dorfzentrum wurde Christina Luise von Onkel und Tante herzlich aufgenommen. Man bemühte sich, dem aufgeweckten Mädchen eine gute Ausbildung zu geben. Da es für Musik besondere Begabung zeigte, schickte man Luise an das Konservatorium in Genf, wo sie das Konzertdiplom erwarb. Sie wurde wie ein eigenes Kind behandelt. Sie war «hilfreich, angenehm im Umgang, geistvoll und in ihrer Erscheinung von großer Lieblichkeit. Spürbarer Frohsinn, gezeichnet von einer leisen Wehmut, verlieh ihr zu den schon vorhandenen Anlagen noch besonderen Adel.» Im Frühling 1866 hatte Onkel Wegmann die vornehme junge Dame für fünf Wochen zu sich nach Zürich in die Ferien eingeladen. Von einem armen, heimatlosen und schutzbedürftigen Waisenkind also nicht die Rede!

Die Villa der Familie Born in Herzogenbuchsee, bei der Luise Scheidegger wohnte. Der sehr wohlhabende Textilhändler Johann Ulrich Born hielt Luise wie sein eigenes Kind und ließ ihr die beste Ausbildung angedeihen. Er war ein Vetter mütterlicherseits von Luisens Vater, dem Emmentaler Landarzt Dr. Ulrich Scheidegger. Offenbar hatte Born für Luises Liebe zum «trinkenden und randalierenden», doppelt so alten Keller wenig Verständnis. In diesem Dilemma zwischen der Sprache ihres Herzens und den Vorhaltungen der Pflegeeltern sah Luise keinen gangbaren Ausweg mehr.

Fräulein Scheidegger hatte mehrere begeisterte Klavierschüler, sie war unabhängig, gebildet und belesen. Warum es nach der wohl stillen Verlobung im Hause Wegmann nicht zur Heirat kam? Offenbar begann in der sich aristokratisch gebärdenden Kaufmannsvilla Born ein wahres Kesseltreiben gegen die Verbindung. Man wies auf den geradezu unmoralischen Altersunterschied hin: sie 23, er 46! Und dann die ungewöhnlichen Proportionen von Kellers struppiger Gestalt, und das Trinken, das Weinstubenhocken mit den bekannten ordinären Auswüchsen. Im Sommer 1865 war der eigenartige Zürcher Staatsschreiber in der konservativen «Winterthurer Zeitung» persönlich hart angegriffen worden.

Die öffentliche Verunglimpfung Kellers begann mit einem «Eingesandt» im oppositionellen Winterthurer «Landboten» vom 25. Juni 1865, hinter dem man den eitlen Pamphletisten, schonungslosen Systemgegner und einstigen Schulkameraden Kellers, Dr. Friedrich Locher, vermuten darf. Es ging damals darum, die kantonalen Beamten gegen Todesfall zu versichern. Pensionsberechtigt waren sie nicht, auch Keller quittierte sein Amt ohne jede Abfindung. Das Ganze sei nun schon seit bald vier Jahren ein arges Problem, hieß es im «Landboten», denn am meisten Kopfzerbrechen bereite es, «den obersten Schreiber unserer Republik gegen Händel und darauffolgende Prügel zu assekurieren.» Dem «gegen Prügel so schwer zu Assekurierenden» gehe es im übrigen nur darum, den ihm mißliebigen «Landboten» totzuschlagen, und er hätte beim Schoppen schon mehrmals gegen das «Landbotenpack» und dessen «Schnörrenwagnerei» seinem ingrimmigen Haß Luft gemacht.

Diese Mischung von Wahrheit und Verleumdung, ganz im Stile der damals üblichen Zeitungspolemik, wurde offenbar auch in Herzogenbuchsee für bare Münze genommen. Konnte sich Luise nun den wohlgemeinten Ermahnungen und ernstlichen Vorhaltungen ihrer Pflegeeltern widersetzen? Am Abend des 12. Juli 1866, als sie ganz allein im Hause war, ertränkte sich Luise im kaum knietiefen Springbrunnenbecken im Park der Villa.

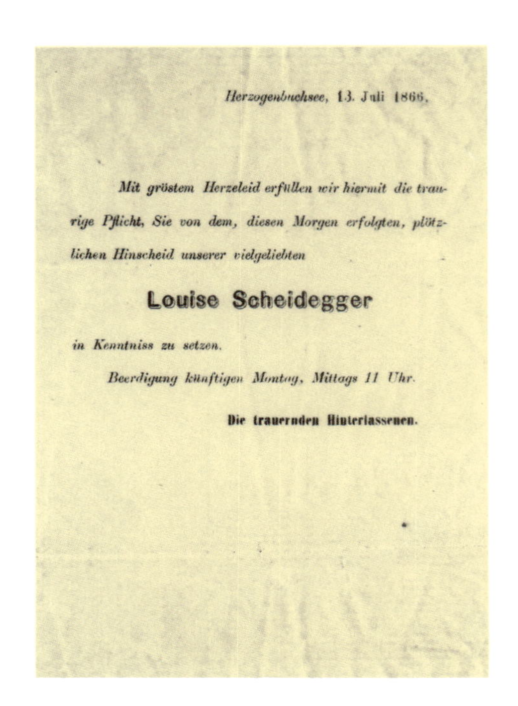

Herzogenbuchsee, 13. Juli 1866.

Mit grösstem Herzeleid erfüllen wir hiermit die traurige Pflicht, Sie von dem, diesen Morgen erfolgten, plötzlichen Hinscheid unserer vielgeliebten

Louise Scheidegger

in Kenntniss zu setzen.

Beerdigung künftigen Montag, Mittags 11 Uhr.

Die trauernden Hinterlassenen.

Todesanzeige für Luise Scheidegger, vermutlich von ihrem Pflegevater Johann Ulrich Born aufgegeben und verschickt. Gemeindekanzlei Herzogenbuchsee.

Am 17. Juli meldete die «Neue Zürcher Zeitung»: «Bern. Am 13. stürzte sich Fräulein L. Scheidegger in Herzogenbuchsee, ein liebenswürdiges und gebildetes Frauenzimmer, in einem Anfall von Schwermut in einen Weiher und ertrank.» Am 21. Juli brachte auch der «Landbote» die Nachricht, zweifellos ohne Wissen um die eigene Schuld an diesem Fall.

Gottfried Keller war tief erschüttert. «Es ist wie ausgestorben in mir. Die Tote hat mich einen Augenblick angesehen und ist dann ihren einsamen Weg gegangen, ohne zu wissen, an was sie vorüberging», schrieb er an Wegmann, und in einem nachgelassenen Gedicht:

> «Die in der Morgenfrüh in leisen Schuhen
> Die Ruh gesucht und mir die Unruh gab...»

Keller soll in dieser Zeit sehr schweigsam gewesen sein und merklich gealtert haben. Da nahm er in seiner Verlassenheit sein wildes Wirtshausleben wieder auf. In seinem Nachlaß hat sich eine Polizeiverfügung vom 29. Oktober 1866 erhalten:

«Herr Keller, Staatsschreiber, an der Kirchgasse Nr. 33, hat vom 27/28t Oktob. 66, Nachts 1½ Uhr, in betrunkenem Zustande, an der Storchengasse durch Lärmen und Poltern an der Haustüre des Café littéraire, die nächt. Ruhe gestöret, und beschimpfte die Polizisten, welche Ihn warnten, auf insolende Weise.»

Der Herr Staatsschreiber wurde mit einer Buße von Fr. 15,-, bei 30 Cts. Schreibgebühr, belegt, die er innert 8 Tagen in der Kanzlei der Polizeikommission auf dem Stadthaus zu entrichten hatte.

Die Erlösung des Mannes durch die Frau ist ein Lieblingsthema Kellers. Aber als glücklicher Ehemann hätte er schwerlich die Legende vom Ritter Zendelwald ausgeheckt. Sein unfreiwilliges Junggesellentum gab ihm den Antrieb, sich immer neue schöne Frauenbilder auszumalen. Vielleicht wäre der verheiratete Gottfried Keller ein anderer, weniger umgetriebener und weniger tief schöpferischer geworden. Und er hat es wohl selber geahnt. Seine Unzulänglichkeit und Unbehaustheit wurden zu Triebfedern seines Schaffens.

Dem Unstern, der über seinen Liebespfaden stand, hat Keller in seinen Werken nie gegrollt. Im Gegenteil, Liebesenttäuschungen waren ihm Grund zur Läuterung und zur Klärung seiner verworrenen Existenz. Im «Landvogt von Greifensee», seiner heitersten Novelle, sammelt er das

Quintett seiner Verflossenen zu einer fröhlichen kleinen Lustbarkeit zusammen, die der Wehmut des unfreiwilligen Junggesellentums jede Bitternis nimmt. Einzig in den «Alten Weisen» räsonierte er eine kurze Strophe lang:

Gott was hab' ich denn getan,
Daß ich ohne Lenzgespan,
Ohne einen süßen Kuß,
Ungeliebet sterben muß?

Die zweite erhaltene, ebenfalls anonyme Aufnahme von Luise Scheidegger zeigt sie als schöne, ernst dreinblickende junge Dame. Sie galt als «hilfreich, angenehm im Umgang, geistvoll und in ihrer Erscheinung von großer Lieblichkeit. Spürbarer Frohsinn, gezeichnet von leiser Wehmut, verlieh ihr zu den vorhandenen Anlagen noch besonderen Adel.»
Am Konservatorium in Genf hatte sie das Konzertdiplom erworben und danach Klavierunterricht erteilt. Sie war durchaus nicht das arme Waisenkind, als das sie in Kellers Biographien bisher dargestellt worden ist.

Kellers ganzes Werk ist eine Verherrlichung der Frau. Er hat sie idealisiert und sich selber zu wenig wert gefunden. Er stattete sie mit Anmut und Schönheit, mit einem bezaubernden Wesen, mit Geist und Witz, aber auch mit verstecktem Schalk und einer Entschiedenheit aus, die mehr aus dem Herzen als aus dem Wollen kommt, doch auch das herbere Frauenbild fehlt nicht. Etwa die blühende, hinreißende Judith im «Grünen Heinrich», die ihn lehren will, was Liebe ist, wenn er den versprochenen Besuch aufschiebt, woraus sie lediglich sehen will, ob sie ihm etwas gilt.

Aber auch den klugen, reifen Müttern, die arbeiten und zum Rechten sehen, setzte der Dichter manchen Denkstein: der Mutter des

Der Springbrunnen im Garten der Villa Born, in dem Luise Scheidegger am 12. Juli 1866 in kaum knietiefem Wasser den Tod suchte. Sie war an jenem Tag allein im Hause geblieben und wurde erst am nächsten Morgen aufgefunden. Gottfried Keller war von der Todesnachricht tief erschüttert. «Es ist wie ausgestorben in mir. Die Tote hat mich einen Augenblick angesehen und ist dann ihren einsamen Weg gegangen, ohne zu wissen, an was sie vorüberging», schrieb er an Luises Onkel in Zürich, Karl Wegmann.

«Grünen Heinrich», der Regel Amrain und noch im Alter der Frau Marie Salander. Was Keller im Leben versagt blieb, die liebevolle Lebensgefährtin mit Charakter, Schönheit und Verstand, hat er den andern in seinen Werken vorgespiegelt:

> Doch die lieblichste der Dichtersünden
> Laßt nicht büßen mich, der sie gepflegt:
> Süße Frauenbilder zu erfinden,
> Wie die bittre Erde sie nicht hegt.

Erntezeit

Unglaublich, mit welcher Unbekümmertheit Kellers Biographen gelegentlich zur Feder griffen. Ein Beispiel von vielen: Dr. Jakob Baechtold, Ordinarius für Literaturgeschichte an der Universität, 1893/94 Verfasser der ersten großen Keller-Biographie, gratulierte mit einer «Ode an Gottfried Keller zum 1. Juli 1876» in der Neuen Zürcher Zeitung zum Rücktritt vom Staatsschreiberamt. Der Anfang lautete:

«Der Morgen steigt mit dampfendem Nacken
Aus der grauen Seeflut. Schon spielt
Drüben am Fraumünster ein junger Sonnenstrahl
Mit Schwert und Krone des steinernen Frankenkönigs,
Der eingenickt in der luftigen Nische sitzt.»

Das war nun sicher gut gemeint und schön gedacht. Aber – jedes Zürcher Kind weiß es – die von Baechtold angeführte Statue des Frankenkönigs Karl des Großen sitzt nicht am Fraumünster, sondern am gegenüberliegenden Limmatufer hoch oben an einem Turm des angeblich von ihm gegründeten Großmünsters. Die Figur ist jedem einigermaßen Stadtkundigen so geläufig wie der Lindenhof oder der Üetliberg.

Keller dankte Baechtold in einem höflich lächelnden Brief: «Verehrter Freund! Empfangen Sie meinen tiefgefühlten Dank für Ihre poetische Begrüßung meiner letzten Wandlung resp. späten Menschwerdung», sprach dann von seinem neuen literarischen Verkaufladen draußen in der Enge und legte ohne ein Wort des Tadels «folgendes Inserat im hiesigen Tagblatt» bei, «welches ich Ihnen nicht vorenthalten darf»:

«An den Dichter der N. Z. Z. Feuilleton Nr. 331.
Mit Karli Kaisers Schwert und Krone hat, seit er da oben am Großmünsterturm sitzt, noch nie ein Morgensonnenstrahl gespielt, sintemalen Karli beharrlich nach Südwesten sieht. Fraglicher Morgensonnenstrahl wird's wohl auch zur Feier des 1. Juli 1876 kaum getan haben.»

Dazu bemerkte Keller: «Die kleine Philistermalice gilt natürlich mir, dessen Unwürdigkeit so unzuträglich besungen wurde.»

Im übrigen erklärte er bei Gelegenheit zum Abschluß seiner amtlichen Tintenkleckserei, er sei nun allmählich genug erzogen, um auf eigenen Füßen ein bescheidenes Fortkommen zu finden. In Wahrheit war es sein Nachbar an der Kirchgasse, Dr. Hans Weber, Chefredaktor der Neuen Zürcher Zeitung und späterer Präsident des Bundesgerichtes,

Mittelalterliche Figur Karls des Großen am Südturm des Großmünsters, wo die Morgensonne nie hinkommt. Daß ihn Kellers Biograph Jakob Baechtold auf das andere Limmatufer an das Fraumünster verpflanzte, veranlaßte Keller zu einem zwar dankenden, aber etwas mokanten Brief an den Verfasser der Ode zum 1. Juli 1876, worin sein Rücktritt als Staatsschreiber belobigt wurde.

der ihn ermutigte, endlich den Schritt in die Unabhängigkeit zu wagen: «Wir besprachen das Thema oft auch mit der Schwester und stellten anhand ihrer bisherigen Ausgaben und der voraussichtlichen Einnahmen aus den literarischen Arbeiten Wahrscheinlichkeitsberechnungen für die Zukunft an.»

Als Staatsschreiber hatte Gottfried Keller nach Jahrzehnten der Misere gut verdient und gratis gewohnt. Mit Rücksicht auf seine Schwester wagte er lange Zeit nicht, auf diese Sicherheit und gesellschaftliche Geborgenheit zu verzichten. Die haushälterische Regula, auf dem Markt und in den Ladengeschäften bei aller Sparsamkeit stets mit respektvoller Zuvorkommenheit bedient, war im Grunde einsam, ältlich und mißtrau-

Das Obere Bürgli. Photographie von Robert Breitinger, Mai 1902. Gottfried Keller bewohnte, zunächst noch als Staatsschreiber, vom April 1875 bis September 1882 den obersten Stock des «Bürgli» genannten Hauses auf einem Moränenhügel in der Enge. Hier schrieb er die zweite Fassung des «Grünen Heinrich» und den Novellenzyklus «Das Sinngedicht». Mit der Zeit wurde der kränkelnden Schwester der Aufstieg zum Bürgli zu beschwerlich, und auch ihm selbst bereitete der Gang zu seinen Abendgesellschaften in der Stadt zunehmend Schwierigkeiten, obwohl ihn bei schlechtem Wetter der Engemer Nachtwächter an der Stadtgrenze abholte.

isch geworden. Den optimistischen Zukunftsberechnungen des Bundesrichters Weber traute sie kaum, von den Dichtungen ihres Bruders hielt sie wenig. Doch Keller wäre nicht der Unentwegte gewesen, wenn nicht eines Tages der Drang nach Freiheit und Künstlerleben sein Recht verlangt hätte. Seit seinem 50. Geburtstag bohrte und reifte der Gedanke in ihm. Nun trennte er sich schrittweise von seinem Amt. Im April 1875 siedelte er nach dem Bürgli in der Enge über. Das spätklassizistische Haus steht heute noch auf einem hohen, von Reben umrankten Hügel. Es befand sich schon damals im Besitz der Familie Landolt. Bis 1834 stand an seiner Stelle ein großes Bauernhaus, das wegen seines turmartigen Mittelbaus den ritterlichen Namen erhielt. Gottfried Keller und seine Schwester bewohnten das sechszimmrige zweite Obergeschoß. «In meiner Wohnung lebe ich wie ein König, weiteste Aussicht und Wolken ganze Heerscharen. Das Haus hat großes Ausgelände, Bäume, Wiesen, Linden, die dicht vor dem Fenster stehen. Wenn ich nur darin zu Hause bleiben könnte den ganzen Tag. Aber ich muß hin und her rennen wie ein Jagdhund, es fehlt nur, daß ich belle unterwegs. Abends aber bleibe ich fast immer zu Haus und schreibe am offenen Fenster, während der weite See im Mondschein schimmert, wenn's nämlich Vollmond ist», schrieb er im Juli 1875 nach Wien. Und einen Monat später: «Hier in Zürich ist jetzt ein hübsches Café auf der ‹Meisen› (mit dem schönen Barockbalkon); da sitzen wir in den schönen Sälen und trinken! Öfter als nötig! Das heißt, ich bin doch abends meist zu Haus auf meinem Bürglibühel. Aber am Samstag abends oder sonntags da bleib ich in der Stadt, und dann sauf ich für sieben Mann. Ich sag's Ihnen! Dann humple ich, oft lang nach Mitternacht, die dunkle Engestraße hinaus auf das Bürgli.»

Obwohl Keller nun wieder auf dem Lande wohnte und sich auf seiner von Föhnstürmen umbrausten «Windmühle» sehr behaglich fühlte, schenkte ihm die Bürgergemeinde von Zürich am 28. April 1878 das Bürgerrecht. Im Protokoll des Stadtrats heißt es darüber: «Schon seit einiger Zeit war beabsichtigt, der Bürgergemeinde bei passender Gelegenheit zu beantragen, den Dichter der ‹Züricher Novellen› Dr. Gottfried Keller durch Erteilung des Bürgerrechtes zu ehren. Dieser Anlaß dürfte nun vorhanden sein, da der Gedanke an dem diesjährigen ‹Sechseläuten› auch von Zünften besprochen und allseitig willkommen geheißen wurde.» Unterzeichnet war die Urkunde vom Stadtpräsidenten Dr. Römer und von Stadtschreiber Dr. Spyri, dem Gatten der Jugendschriftstellerin. Daß Keller das Bürgerrecht zum 60. Geburtstag geschenkt worden sei, wie da und dort zu lesen ist, stimmt also nicht. Entscheidend war der Dank für seine «Züricher Novellen», die knapp vor Weihnachten 1877 in zwei Bänden erschienen waren. Keller war bisher Bürger von Glattfelden. Bei der Zürcher Bürgerrechtsschenkung war er noch nicht neunundfünfzig. Im Dankbrief an den Stadtrat schrieb er, er habe sich «immer als Angehöriger der Landschaft gefühlt und kein Bedürfnis empfunden, Bürger der Stadt zu sein». Eine typische Kellersche Aufrichtigkeit, die er gleich im nächsten Satz wieder zurechtbog: «Um so unbefangener erfreue ich mich nun der Aufnahme in den Bürgerverband.»

Rokokointerieur des barocken Zunfthauses zur Meisen, das damals noch ein Restaurant und während Jahren Kellers Stammlokal war. Ein- bis zweimal in der Woche fand er sich mit seinen vertrautesten Freunden zur Abendgesellschaft. Hier stellte sich ihm 1885 der Maler Arnold Böcklin vor. Daraus entwickelte sich eine lange, treue Männerfreundschaft. Keller blieb der «Meise» schließlich für längere Zeit fern, nachdem er sich mit seinem Biographen Baechtold zerstritten hatte. Er bezeichnete diesen als eine Literaturhyäne, die ihm seine Alkoholexzesse nachzähle.

Bei aller Emsigkeit fühlte sich Keller älter werden. Im Sommer 1878 schrieb er an seinen Freund Petersen: «Ich muß sehen, wie ich mein Heu noch unter Dach bringe, da der ‹Andere› schon am Rande der Wiese seine Sense wetzt.» Zunehmend von Rheumatismus gequält, bat er den Arzt zu sich: «Kommt das vom Essen, Herr Doktor?» fragte er. «Nein, Herr Staatsschreiber, das kommt vom Flüssigen», lautete die anzügliche Antwort. Da wandte sich der Dichter zur anwesenden Schwester: «Siehst du Regel, da hast du's mit deinen ewigen Suppen!»

«Es muß einer schon ein schlechter Kerl sein, wenn er sechzig ist und wehrt sich gegen das Sterben», meinte Keller damals zu Adolf Frey. Sein 60. Geburtstag wurde mit einer kleinen, intimen Feier begangen, an der sich Keller trotz zunehmender Hinfälligkeit als der einzige Aufrechte und Trinkfeste zeigte:

«Es war ein heißer Nachmittag, der am 19. Juli 1879 einen engen Kreis von Verehrern in dem schönen kleinen Rokokosälchen der ‹Meisen› zusammenführte. Wohl hatte es einige Mühe gekostet, den Jubilar zur Stelle zu schaffen. Es gab ein auserlesenes Festessen, u. a. Suppe von Schildkrot à la Kammacher, Rebhühnerpastete à la Strapinsky, Rehkeule à la Zendelwald, Erdbeertörtchen (da die Himbeeren noch nicht reif waren) à la Madame Litumlei. ‹Der kleine Wald von Gläsern, aus welchem der Champagnerkelch wie eine Pappel emporragte›, fehlte auch nicht. Die Flaschenetiketten waren mit Kellerschen Liederstrophen bedruckt. Man hatte ausgemacht, daß jegliches Wortgepränge vermieden werden sollte. Herr alt Regierungsrat Hagenbuch als der älteste der anwesenden Freunde Kellers hielt die bescheidene Ansprache. Dann

Bürgerrechts-Urkunde.

Der Stadtrath Zürich

urkundet anmit,

dass die Bürgergemeinde in ihrer heutigen Versammlung auf den Antrag der Stadtbehörden dem schweizerischen Dichter

Herrn

Dr. Gottfried Keller,

von Glattfelden, geboren in Zürich 19. Juli 1819,

aus Freude über die ihm in und ausser seinem Vaterlande gewordene allseitige Anerkennung und aus besonderm Dank für die lebensfrischen Dichtungen, die er zum Gedächtniss Zürich's und eines strebsamen und thatkräftigen Bürgersinnes geschaffen hat,

das Bürgerrecht der Stadt Zürich

schenkungsweise verliehen hat.

Zürich, 28. April 1878.

Namens des Stadtrathes:

der Präsident:

der Stadtschreiber:

Obwohl Keller nach seinem Staatsschreiberamt wieder auf dem Land wohnte und sich auf dem Bürgli, der von Föhnstürmen umbrausten «Windmühle», sehr behaglich fühlte, schenkte ihm die Bürgergemeinde von Zürich am 28. April 1878 das Bürgerrecht. Die Ehre galt vor allem dem Dichter der «Züricher Novellen»; der entscheidende Anstoß war von den Zünften ausgegangen. Unterzeichnet ist die Urkunde vom Präsidenten des Stadtrats, Dr. Melchior Römer, der vor allem von der Novelle «Hadlaub» begeistert war, und vom Stadtschreiber Dr. Bernhard Spyri, dem Förderer Richard Wagners und Gatten der Jugendschriftstellerin Johanna Spyri, die in jener Zeit an ihrem ersten Heidi-Buch arbeitete. In seinem Dankschreiben bemerkte Keller, er habe sich «immer als Angehöriger der Landschaft gefühlt und kein Bedürfnis empfunden, Bürger der Stadt zu sein». Eine für ihn typische Aufrichtigkeit, die er aber gleich wieder zurechtbog: «Umso unbefangener erfreue ich mich nun der Aufnahme in den Bürgerverband.»

klingelte der Gefeierte ans Glas und wand in seinem originellen Dankspruch jedem der Reihe nach ein Sträußchen mit und ohne Dornen. Der schwüle Rest des Nachmittags schwand in ungebundener Fröhlichkeit dahin.» Man vereinbarte, sich am Abend nochmals zu treffen, aber Keller war der einzige, der wieder erschien. Adolf Frey weiß dann allerdings noch davon zu berichten, daß der Becherlupf in der «Kronenhalle» weiter floriert habe. «Meister Gottfried warf mit Grobheiten fürstlich um sich.» Der Jubilar, der keinen Hausschlüssel bei sich hatte, sei schließlich von einigen Freunden gegen elf am Fuße des Bürgli abgeliefert worden. Es regnete in Strömen, und der Aufstieg gelang nicht ohne Zwischenfälle.

«Um die Schwester nicht zu stören», so habe Keller selber hinterher berichtet, «schellte ich bei Landolts, den Hauseigentümern im Erdgeschoß. Als die kamen, dachte ich, ich wollte meinen guten Humor nicht verlieren, und sagte: ‹So, so Jungfer Landolt, sehe ich Sie auch einmal im Unterrock›.»

«Besonders liebenswert erscheint Keller in seinen Beziehungen zu den Frauen», schrieb Ricarda Huch, die ihm in seinen letzten Lebensjahren gelegentlich am Zeltweg begegnet war: «Klein und gebückt, für mich eine große, verehrte Gestalt», stolperte er dahin. «Daß Keller die herzlichsten Gefühle, aber keine Gegenliebe in den geliebten Mädchen erregte, lag vielleicht an seinem weiblichen Mangel an Feuer und Tatkraft, der ihn verhinderte, da wo er liebte, als Eroberer und zukünftiger Besitzer, überhaupt mit der leidenschaftlichen Sicherheit aufzutreten, die Frauen nun einmal hinzureißen pflegt. Was Keller als Freier schädigte, muß ihn als Menschen in unsern Augen erheben: die mannhaft stolze Art, wie er sein Liebesunglück im stillen überwand, und vor allen Dingen sein vornehmes Betragen gegen die, die ihn abgewiesen hatten, das niemals von Empfindlichkeit, geschweige denn jener Gehässigkeit und Rachsucht zeugt, die beim Manne leicht an die Stelle der zurückgewiesenen Liebesleidenschaft treten.»

Diesem einfühlenden Urteil einer Frau stehen eigentlich nur männliche Äußerungen zu Kellers unglücklichen Liebesverhältnissen gegenüber. Eine Ausnahme macht noch Marie Exner, seine kluge, fröhliche Wiener Briefpartnerin der beiden letzten Lebensjahrzehnte: «Wäre Keller einen Kopf größer gewachsen gewesen, so hätte sein Leben sich anders gestaltet.» Aber war es nur sein Äußeres, das den Zweifler und Zögerer unfähig zur Zweisamkeit machte? Die Wienerin fand ihn «immer wohlwollend, gütig und umgänglich». In Kellers Briefen war nie etwas von seinem impulsiven, ja jähzornigen Temperament zu spüren. Seine Brieffreundschaften dauerten deshalb länger als direkte Beziehungen.

Marie von Frisch, geb. Exner (1844 bis 1925), Photographie von Julius Gertinger, Wien um 1872. Kellers liebenswürdige Wiener Briefpartnerin war die Schwester des Wiener Juristen Adolf Exner. Keller hatte ihn bei der Feier zu seinem fünfzigsten Geburtstag kennen gelernt. Mit dem Geschwisterpaar verbrachte Keller später zweimal Ferien in Österreich. Marie Exner, die 1874 den Chirurgen Anton von Frisch heiratete, wurde die Mutter des späteren Biologen und Nobelpreisträgers Karl von Frisch.

Im Frühling 1885 übersiedelte Arnold Böcklin von Florenz nach Zürich und nahm in Hottingen Wohnsitz. Er hatte seinem Studienfreund Rudolf Koller, der am Zürichhorn draußen arbeitete, schon vor Jahren versprochen, dereinst in seine Nähe zu kommen, vielmehr war es aber Gottfried Keller, den er kennenlernen wollte und der schon über zwei Jahre am Zeltweg hauste. 1897 erinnerte sich Albert Fleiner: «Wenn wir jener Jahre uns erinnern, da die beiden großen Schweizer hier wirkten, im gemeinsamen vertraulichen Verkehr Anregungen austauschend, so kommt es mir vor, als ob wir eines goldenen Zeitalters gedächten, des goldenen Zeitalters von Hottingen, das damals so etwas wie ein künstlerisches Mekka geworden war.» Ja, damals habe ein deutscher Kunstkritiker geschrieben, man müsse heute unterscheiden zwischen der Kunst von Hottingen und jener der übrigen Welt.

Auch mit Böcklin kam es eines Abends zu einem unschönen Auftritt: Ohne sichtbaren Anlaß sagte Keller seinem treuen Beschützer eines Abends am Wirtshaustisch eine durch nichts begründete Derbheit, die dieser nicht auf sich sitzen lassen konnte. Böcklin stand schroff auf und entfernte sich wortlos. «Eigentlich sollte ich mich mit ihm duellieren», äußerte sich der Brüskierte zu einem Bekannten, «aber er ist ja so klein! Ich kann mich doch nicht mit ihm schlagen! Aber natürlich kann

ich nicht mehr mit ihm verkehren!» Nach zwei Tagen saßen sie wieder einträchtiglich beisammen. Sie konnten nicht mehr ohne einander sein.

«Mein Mißgeschick liegt eigentlich in mir selbst», hatte Keller einmal aus Berlin geschrieben. Natürlich kannte er seine aufbrausende Art selber. Insgeheim litt er wohl an seiner körperlichen Ungestalt: auf zu kurzen Beinen und einem untersetzten Leib saß ein mächtiger Kopf. «Wenn er saß, erschien er wie ein Riese, wenn er stand, wie ein Zwerg.» Für seine Staatsschreiberei mußten extra Stühle mit kurzen Beinen angefertigt werden. Wie groß oder wie klein war er eigentlich? Nach seinem Paß von 1848 maß er umgerechnet 1,47 Meter; nach Adolf Frey, der ihn von der Bürglizeit an oft begleitete, betrug Kellers Körpergröße nur 140 Zentimeter.

Mehr und mehr verkroch sich der alternde Dichter in sich selber. Aber einen Ruhestand kannte er nicht. Fast täglich schrieb er Briefe, zahlreiche Patenkinder in Zürich und Glattfelden warteten auf Geburtstags- und Weihnachtsgeschenke. An der Türe klingelten aufdringliche Bewunderer und geschwätzige Damen, die den berühmten Schweizer Dichter persönlich gesehen haben wollten. Vereine und wohltätige Gesellschaften verlangten nach literarischen Beiträgen. «Gottfried, ein Herr möchte dich sprechen», meldete die Schwester oft schon am Morgen.

Eine Gouvernante in Hinterpommern, die eine Leihbibliothek etablieren wollte, legte Wert darauf, daß der «Grüne Heinrich» darin vertreten sei, und bat um die vier Bände. Einer Frau in Berlin fehlten zur Hausmiete just noch drei Taler. Ein Leipziger Student schickte sein Autographenalbum für einen Eintrag. Dieses solle bitte wieder verpackt, frankiert und zur Post gebracht werden. Ein bayrischer Lehrer stellte Keller zur Rede wegen der Windrichtung der weißen Zipfelkappen der beiden pflügenden Bauern in der Romeo-Novelle. Der Küster einer reformierten Kirche in Moskau wollte einen Nationalhymnus für die Schweizer in Rußland haben.

Für die erste Schweizerische Landesausstellung im Sommer 1883 auf der Platzspitzanlage, wo er einst seine ersten Verse geschrieben, verfaßte er eine Kantate und erhielt dafür eine Dauerkarte. Statt der erwarteten 600 000 Besucher waren über 1,7 Millionen gekommen. Am 11. Juni 1883 schrieb er an Adolf Exner, der eine Reise nach Zürich zum gleichzeitig stattfindenden 50-Jahr-Jubiläumsfest der Universität anmeldete: «Ich selbst hatte halb und halb vor, mich über diese Tage still zu entfernen, weil mir die ewige Festbummelei anfängt, die Freude an Land und Leuten zu verderben, zuvörderst an mir selbst, wie immer es geht, wenn man eine Sache übertreibt. Wenn Sie aber kommen, so bleibe ich selbstverständlich da um Sie überwachen zu können, damit Sie nach ihrer leidigen Gewohnheit nicht zu viel Wein saufen. Ein Bett werden wir an beliebigem Platz aufstellen.»

Und kurz darauf: «Meine kränkliche Schwester ist dieser Tage so schwach, daß man nicht sicher ist, wann man sie ins Bett gehen lassen muß. Unter diesen Umständen möchte ich Ihnen vorschlagen, im ‹Zürcherhof› oder im ‹Hotel Bellevue› zu logieren. Ich fürchte die Sorella wird mir eines Tages abhanden kommen, worauf ich erst sehen werde, wie ich allein bin.»

Seinem Freund, dem Schleswiger Professor Wilhelm Petersen,

Linke Seite: Gottfried Keller 1887. Radierung von Karl Stauffer-Bern, ursprüngliche Fassung vor Ausschleifen der Kopfstudie. Die Darstellung gilt als bedeutendste Charakteristik des alternden Dichters. Einmal schrieb er darunter: «Es scheint der kurze Mann fast krank, doch raucht er ja noch, Gott sei Dank.»

Eingang zur Landesausstellung 1883 in Zürich. Die von Zürcher Unternehmern organisierte erste Schweizerische Landesausstellung zur Eröffnung der Gotthardbahn markierte Zürichs Aufschwung zur Industrie- und Touristikstadt. Gottfried Keller hatte zum Eröffnungsfest eine Kantate geliefert und dafür eine Dauereintrittskarte und jenen goldenen Chronometer erhalten, der dann im Prozeß um sein Testament zum Streitobjekt wurde. Am liebsten wäre er vor Zürichs Betriebsamkeit im Ausstellungssommer ins Grüne entflohen, aber die fortschreitende Krankheit seiner Schwester hielt ihn zurück.

Wilhelm Petersen (1835–1900). Aufnahme von G.F. Koch, Schleswig, um 1882. Petersen war Regierungsrat in Schleswig, Freund Theodor Storms und Paul Heyses. Am 27. Juni 1876 schrieb er an Keller: «Ich bin nicht Schriftsteller, wenn ich gelegentlich wohl auch in Poesie etwas gesündigt habe. Dagegen gebrauche ich, wenn losgelassen, ziemlich viel Papier zur Vergeudung von Wasserfarben». Petersen hatte den Briefwechsel Kellers mit Storm vermittelt.

Rechte Seite: Wilhelm Petersen, der 1875 nach der Lektüre des «Grünen Heinrich» mit großem Lob und einigen Anregungen einen Briefwechsel mit Keller aufgenommen hatte, besuchte ihn erstmals im Mai 1877 auf dem Bürgli. Dabei entstand diese aquarellierte Bleistiftzeichnung. Petersen schrieb später in seinen Erinnerungen, Keller habe in einem feinen grauen Hausrock vor dem Fenster gestanden, «nachdenklich hinunterschauend auf die schöne Landschaft und mit Behagen die Zigarre rauchend.»

durch den er mit Theodor Storm in Verbindung kam, schrieb Keller, er habe für die Eröffnungsfeier der Landesausstellung am 1. Mai auch «ein Geschäftchen gemacht, nämlich eine Festkantate, die gesungen und musiziert wurde trotz der sehr mittelmäßigen Verse.» Vier Wochen später habe ihn das Ausstellungskomitee im Rahmen eines «Bankettchens» mit einem Chronometer beschenkt. «Ich war über diese Generosität und Honorierung, da ich an gar nichts dergleichen gedacht, so verblüfft, daß ich mich in meinem Dankspruch unter die Bäume verirrte und diejenigen Leute leben ließ, welche die Bäume stehen lassen! Man hatte nämlich in einer alten Parkanlage einige schöne Bäume geschlagen, um Raum für die Gebäude zu gewinnen. Die Herren stießen auf die Grobheit dennoch tapfer mit mir an und schrieen hoch!»

«Eine ernste Stimmung macht sich mausig in mir», schrieb er im folgenden Sommer. Im Herbst 1884 besuchte ihn Friedrich Nietzsche: «Kellers Gesicht hat etwas Grämliches, Gleichgültiges. Sobald er aber lächelt, blitzen seine Augen voller Schelmereien, und das ganze Gesicht nimmt den Ausdruck einer geistvollen Schalkheit an.»

Keller litt an Rheuma, Vereinsamung und unter der zunehmenden Krankheit seiner Schwester. Schon vor zwei Jahren – damals noch im Bürgli – hatte er nach Wien geschrieben: «Sie hat nämlich gewisse Zerbrechlichkeiten in den Pumpschläuchen, die vom Herzen ausgehen, ist blutärmlich und atmungsnotdürftig, dazu noch am Hals dick und will noch immer alles selber machen.» Seine herzlichste Zuneigung galt nun Marie Exner in Wien, in einem ungezwungenen Briefverhältnis, in dem er sich von der liebenswürdigsten Seite zeigte. Er nannte sie «Schönstes Fräulein Exner!» und «Freundlichste Fräulein Marie!» Sie antwortete mit «Liebster Herr Staatsschreiber!» und «Liebster Herr Keller!»

Mitte September 1873 war nun gar das Unerhörte geschehen: Der so seßhafte Herr Staatsschreiber begab sich ins Salzkammergut, um nach Herzenslust mit der Exnerei – mit dem Professor, mit Marie und den Brüdern Siegmund und Karl – Ferien zu feiern. Erst machte er Station in Salzburg und reiste dann weiter an den Mondsee, wo «ein Rudel Wiener, Herren und Frauenzimmer, in Bauernwirtschaften lebten». Es muß eine vergnügte Gesellschaft gewesen sein, die fleißig Kegel schob, in der Gegend herumtrabte und sich abends Schwänke erzählte. Zu Weihnachten schickte er Marie ein sehr hübsches Aquarell vom Mondsee. Die Freundin war so beglückt, daß sie «ihr ganzes dick geschwollenes Dankgefühl nicht mehr in sich hineinschlucken konnte, ohne zu platzen.» «Seien Sie mir nicht böse wegen der Verehrungsduselei», bat sie, «ich werde sie mir schon abgewöhnen, nur ein bißerl noch!» Worauf er gemütlich schnurrte: «Item, es schmeckt doch gut, ich freß nachgerade alles, was man mir ins Maul schmiert, und lecke noch nach dem Löffel! Aber ich fürchte, Sie kehren denselben einmal unversehens um und geben mir mit dem Stiel eins auf die Nase!»

Im folgenden Sommer fuhr Keller, der sonst so Reisescheue, sogar für drei Wochen nach Wien. Die Exners hatten ihn eingeladen, die Freude des Wiedersehens zu feiern. Am 6. Juli reiste er ab, nachdem er noch auf Bitten der Marie ein «Kantätchen ausgeschwitzt» hatte für einen «Gartenjux» zu Ehren der Verlobung ihres Bruders Siegmund und zur nachträglichen Einweihung des Hausumbaus an der Josefstädterstraße 17. Das Kantätchen, das kürzeste in der ganzen Literatur, wurde von

Gottf. Keller
Zürich

Unten: Im September 1873 verbrachte Keller mit seinen Wiener Freunden Exner und einem Rudel ausgelassener Damen und Herren ein paar vergnügte Wochen am Mondsee im Salzkammergut. Zeichnung von Anton Weber, Wien 1929.

Rechts: Garten und Haus Josefstädterstraße 17 in Wien. Aufnahme um 1880. Als Gast der Geschwister Exner weilte Keller im Juli 1874 zwei Wochen in deren gemütlichem Biedermeierhaus, fast gegenüber dem Theater in der Josefstadt, das aber Sommerpause hatte. Er traf sich auch mit Gottfried Semper, der gerade das Burgtheater baute. Aus Kellers Absicht, in Wien ein Theaterstück zu schreiben, wurde wiederum nichts. In seinem Gartenzimmer arbeitete er aber am «Verlorenen Lachen». Die Heimreise führte ihn über Brixlegg, wo die Exners ein Landhaus besaßen, und über München nach Zürich zurück.

Johannes Brahms auf Kellers Bitte in Musik gesetzt. Die Geschwister hatten anfänglich nicht den Mut, den großen Dichter in ihr schlichtes Heim einzuladen, und wollten ihn im «Hotel Schlößle» einquartieren. «Ich habe schon einen Plan von Wien gekauft für 1 Fr. 35 Rappen, in dem ich vorläufig herumbummle», schrieb er reiselustig, «vom Westbahnhof wird das Vehikel mit mir wahrscheinlich die Gürtelstraße entlang nach der Josephstadt fahren, wo ich auch eine Schlößlgasse bemerke, in der vermutlich das Hotel gleichen Namens liegt.» Am Ende kam aber doch alles, wie anfangs geplant, und Keller konnte verständigt werden, daß er im neu angebauten Gartenzimmer des Josefstädter Hauses wohnen werde. Schließlich meldete er sich, von München kommend – die Arlbergbahn gab es noch nicht –, am 7. Juli 1874 von Lambach aus per Telegramm: «Das Fassel rollt heran. Keller.»

«Stadt der Freude, Stadt der Töne, morgenfrohes, stolzes Wien», hatte Keller die Kaiserstadt in den Märztagen 1848 besungen. Sein Vater hatte von der Wiener Gesellenzeit die grüne Montur, das gepflegte Hochdeutsch und die Theaterbegeisterung heimgebracht. Wien war für ihn eine Wunderwelt, berückend wie Berlin, musisch wie München und herzlich wie Heidelberg. Wie im Jahre vorher an den Mondsee, hatte Keller einige literarische Arbeit mitgenommen. «Das verlorene Lachen» wurde um ein entscheidendes Stück vorwärts gebracht. Er ging allen gesellschaftlichen Pflichten aus dem Wege, «da ich mir vorgenommen, keine Besuche abzustatten und nur Bummel- und Spaziergänge zu verüben.» Er genoß die Behaglichkeit und Gemütlichkeit in seinem Gartenzimmer und den stillen kleinen Park mit Obstbäumchen und Rosen. Ihn amüsierte, was eine Florentiner Zeitschrift über seinen Wiener Aufenthalt schrieb: Als ein von seinen Leidenschaften müde gewordener Greis hätte er im Schoße dortiger Freunde den letzten Federstrich an seinem Werk getan, sodann die Feder auf ewig hingelegt und geschworen, sie nie mehr zu berühren, obgleich ihn alle mit Flehen umringt und vor ihm auf den Knien gelegen hätten. Erst als die schluchzende Hausherrin eine dampfende Knödelsuppe vor ihn hingesetzt hätte, wäre wieder mit ihm zu reden gewesen.

Schikaneders Theater an der Wien zur Zeit, als Kellers Vater beim Drechsler Johann Düno (1775–1823) arbeitete. Rechts im Bild das heutige Haus Linke Wienzeile 4 mit Dünos «K.K. Privilegierter Galanteriewaren-Drechslerei». Hier lernte Rudolf Keller die elegante Drechslerei, feine Lebensart, das Theater und vor allem Mozarts «Zauberflöte» kennen. Seine Theaterleidenschaft übertrug sich auf den Sohn.

Anfangs August wieder zuhause, bedankte er sich; er werde trotz einer Einladung von Frau Duncker aus Berlin jedenfalls noch mehr als einmal nach Wien kommen.

Aus allen seinen Plänen ist dann nichts mehr geworden. Was ihn hinderte, war die zunehmende Mühe mit seinen «Gehwerkzeugen», die Krankheit der Schwester und zunehmende Altersbeschwerden. Aber gerade in den fünfzehn Jahren seiner Freiheit von der staatlichen Fronarbeit war er literarisch am fleißigsten und fruchtbarsten. Es war, wie wenn er alle die Goldstäubchen, die er am Gerinnsel der Vergangenheit gesammelt hatte, nun zu einem Ganzen zusammenschmiedete. «Bei seinem Rücktritt vom Amt», so berichtete Baechtold, «kaufte sich der Herr

MAR:EXN:
LAC:LUN:A.
MDCCCLXXII

Alt-Staatsschreiber einen staatsmäßigen Schlafrock, und begab sich unverwandt an die Ausführung alter dichterischer Vorsätze: von denen fast alle bis in die Berliner Zeit zurückreichten.»

Nach einem teilweisen Vorabdruck bei Julius Rodenberg in der «Deutschen Rundschau» erschienen die «Züricher Novellen» als geschlossene Sammlung, gewissermaßen als Beleg für den ehrenfesten Charakter Alt-Zürichs. Sie verraten Kellers Wende zum Realismus. «Ein gutes Original ist nur, wer Nachahmung verdient!» Nicht das Genie ist wichtig, sondern das Vorbild im Alltag. Conrad Ferdinand Meyer gratulierte ihm am 12. Februar 1877: «Ich kann es nicht lassen, Ihnen wenigstens mit einer Zeile meine Bewunderung Ihrer ‹Züricher Novellen› zu

Schloß Schwarz-Wasserstelz im Rhein, kurz vor dem Abbruch. Nach Kellers Novelle hat Hadlaub im Schlößchen Schwarz-Wasserstelz die angebetete Fides als Schloßherrin wiedergefunden und ihre Liebe gewonnen. Das Schlößchen wurde 1875 abgebrochen und das Steinmaterial zur Auskleidung eines Eisenbahntunnels verwendet. Am gegenseitigen badischen Ufer steht noch heute die Ruine von Weiß-Wasserstelz.

bezeugen, deren letzte – wenn man den Teil eines Ganzen loben darf – mich tief ergriffen hat.» Meyer meinte damit die letzte der Rundschau-Novellen: «Der Narr auf Manegg». Keller antwortete am folgenden Tag etwas sarkastisch: «Ich will mich hüten, hochgeehrter Herr, Ihre freundlichen Zeilen abzulehnen, da ich gerade wegen dieser Novelle, resp. ihrer Magerkeit und Stofflosigkeit in Sorge stehe. Nun bin ich durch Ihre Äußerung wenigstens des größten Kummers, daß die kleine Arabeske geradezu als trivial und leer erscheinen könnte, in etwas enthoben, und ich danke Ihnen herzlichst für Ihren Zuspruch. Ihr ergebener G. Keller.»

Bei aller gegenseitigen Achtung kam es zwischen den beiden großen Dichtern Zürichs nie zu einem vertrauten Verhältnis. An Theodor Storm, mit dem Keller durch die Vermittlung von Wilhelm Petersen 1877 in Briefwechsel getreten war, schrieb er am 30. Dezember 1881: «Ferdinand Meyer, von dem Sie schreiben, ist allerdings ein Zürcher. Er wohnt eine Stund weiter aufwärts am See und ist 56 Jahre alt, hat vor wenigen Jahren erst eine Million geheiratet und ist für mich zum persönlichen Verkehr nicht geeignet.» – «Sie hatten eben Furcht voreinander», meinte

Linke Seite: «Mondsee», im Herbst 1873 für Marie Exner als Erinnerung an die gemeinsamen Ferientage gemalt. Da Keller länger als zwölf Jahre nicht mehr «gewasserfärbelt» hatte, so habe er nun das Bild Fräulein Exner «in die Schuhe geschoben», was man rechts oben in der Ecke bemerke: MAR:EXN:FEct.

in einem Gespräch C.F. Meyers Tochter: «Aus Angst vor meinem Vater wurde Keller grob, und aus Angst vor Keller wurde mein Vater höflich.»

Meyer trat Keller mit großer Verehrung entgegen. Gottfried fürchtete indessen, man möchte sie beide in der öffentlichen Meinung zusammenspannen «wie zwei Dackel an einer Schnur». Zwar rühmte er Meyers Lyrik, aber den jährlichen Besuch, den jener ihm machte, erwiderte er nie. Meyer schreibe Brokat, meinte er einmal. Als man Meyer hinterbrachte, Keller möge ihn entschieden nicht, meinte dieser, das sei eine alte, aber unangenehme Neuigkeit.

Hoch über allen andern Züricher Novellen steht der «Landvogt von Greifensee», ein echtes Rokokostück um des Landvogts unerreichbare

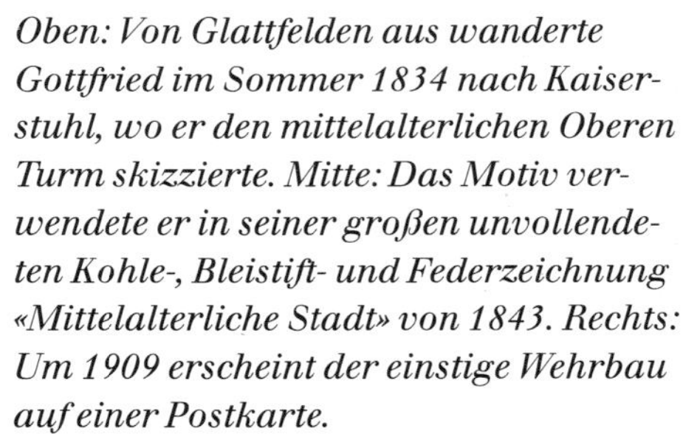

Oben: Von Glattfelden aus wanderte Gottfried im Sommer 1834 nach Kaiserstuhl, wo er den mittelalterlichen Oberen Turm skizzierte. Mitte: Das Motiv verwendete er in seiner großen unvollendeten Kohle-, Bleistift- und Federzeichnung «Mittelalterliche Stadt» von 1843. Rechts: Um 1909 erscheint der einstige Wehrbau auf einer Postkarte.
Rechte Seite: Noch heute gilt der Turm von Kaiserstuhl aus dem 12./13. Jahrhundert als ein Wahrzeichen des rein erhaltenen Brückenstädtchens.

Schätze, in dem Keller aber seine eigenen schmerzlichen Herzensangelegenheiten ausbreitet, fein kandiert und so kaleidoskopisch verspielt, daß die Literaturhistoriker seither rätseln, welche der Schönen nun die Marie Melos, welche die Henriette, welche die Winterthurerin Luise oder die Heidelbergerin Johanna verkörpere und welche gar die kapriziöse Betty sei.

Der bedeutende Germanist Wilhelm Scherer fand in der Deutschen Rundschau: «Man gerät aus einem Staunen in das andere und fragt sich: wie ist es nur möglich, daß einem Menschen das alles einfällt? Eine Frage, die man nicht vielen unserer lebenden Dichter gegenüber zu tun in die Lage kommt».

Der Zürcher Literaturprofessor Karl Schmid schrieb 1965 einen Aufsatz über Gottfried Kellers «Landvogt von Greifensee» mit dem Titel «Grundtrauer und Freudefrömmigkeit», zwei Begriffe, die nicht im Wörterbuch stehen, wohl aber bei Keller. In einem Brief vom 21. April 1881 an den Freund Petersen meinte Keller: «Mehr oder weniger traurig sind am Ende alle, die über die Brotfrage hinaus noch etwas kennen oder sind; aber wer wollte am Ende ohne diese stille Grundtrauer leben, ohne die es keine rechte Freude gibt?» Und in der Greifensee-Novelle fabuliert Keller, den fünf bei Landolt eingeladenen Frauen sei «herzlich und

freudefromm» bewußt gewesen, daß sie dem Landvogt gefielen, und sie hätten sein ruhiges Glück mitgenossen. So sei es auch mit Keller gewesen: «Er bleibt dem Leben freundlich gesinnt. Über der Grundtrauer schwebt später Heiterkeit. Entsagung ist das geheimnisvolle Elixier, das den Stein der Trauer ins Gold der Heiterkeit zu verwandeln vermag. Das ist das alchymistische Rezept, das Salomon Landolt kannte, er hat's von seinem Dichter.»

Was Keller damals besonders am Herzen lag, war die Umarbeitung des «Grünen Heinrich». Die Hand möge verdorren, welche die alte Fassung je wieder zum Abdruck bringe, soll er geäußert haben, obschon Storm warnte: «Es liegt ein so frischer Lebensborn in diesem Buche, es liegt auf allem ein solcher Glanz von sinnlicher Schönheit, daß ich bei dem Gedanken, daß das umgegossen werde, zittere.» Im Sommer 1880 kam der überarbeitete Roman heraus, und im November schrieb Keller an die Wiener Marie, die seit ihrer Verheiratung nun Frau von Frisch

Kosaken des russischen Korps unter Korsakow rückten im Sommer 1799 als Folge des Koalitionskriegs in Zürich ein. Salomon Landolts Aquarell zeigt in einer ironischen Darstellung die Folgen der Freiheit unter französischem Diktat. Landolt war ein Freund des aus Richterswil stammenden österreichischen Generals Hotze, der am 26. September 1799 in Schänis gefallen ist. Landolt lebte in dieser Zeit zumeist in der Enge.

hieß: «Es tut mir sänftiglich wohl, daß Ihnen der ‹Grüne Heinrich› nicht mißfällt in seiner jetzigen Gestalt, nach dem ich ihn mühsam genug gewaschen und gestriegelt habe.»

Was ist in dieser Entwicklungsgeschichte nach fünfundzwanzig Jahren anders geworden? Keller schildert nun in der Ich-Form, wie Heinrich erkennt, daß aus ihm kein Maler wird, aber ein Staatsbeamter, der den Weg in die bürgerliche Tätigkeit findet. Aus dem zypressendunklen Schluß ist ein Bekenntnis zur demokratischen Gesellschaft geworden. Damit sagte er Ja zu seinem Leben als Künstler, Bürger und Beamter. Schon 1850 hatte er an Vieweg geschrieben: «Die Moral meines Buches ist, daß derjenige, dem es nicht gelingt, die Verhältnisse seiner Person und seiner Familie in sicherer Ordnung zu erhalten, auch unbefähigt ist, im bürgerlichen Leben seine wirksame Stellung einzunehmen.» Nun zeigt er, wie das Leben selbst den Menschen für das Leben erzieht, durch alle Erlebnisse der Umwelt und der Bildung über Irrtum und Verschuldung, durch die Religion, den Staat und die Liebe, im Sinne des Pindarischen: Werde, der du bist!

Dann machte er das vor einem Vierteljahrhundert versprochene «Sinngedicht» fertig, «das Vollkommenste», was er je schrieb, «seine göttlichste Poetengabe». An Adolf Exner ließ er am 16. Dezember 1881 dieses «mein letztes Geschreibsel abreisen», mit der Bemerkung: «Die ersten siebenzig Seiten sind im Jahre 1855 in Berlin geschrieben. Genau an der abgebrochenen Stelle fuhr ich hier auf dem ‹Bürgli› im Dezember 1880 fort, als ob inzwischen nichts geschehen wäre.» In einem bunten Gewirk liebenswürdiger Heiterkeit, geistreicher Weltweisheit und tiefem Lebensgehalt diskutiert der Dichter mit freier Hand die große Frage über das Verhältnis von Sinnlichkeit und Sitte im Liebesleben, wobei die Rahmenerzählung – wie Reinhart das Logausche Sinngedicht von den weißen Lilien und den roten Rosen als Lebensexperiment erproben will – in diesem geschlossensten Zyklus Kellers und der deutschen Literatur als die vollendetste gilt. Dieser «rosig-frische Strauß», wie Storm das Sinngedicht nannte, fand einen so raschen und einstimmigen Beifall, wie ihn der Dichter niemals sonst erlebt hatte. «Am Ende geht mir noch die Sonne des Geldprotzentums auf», schrieb er an Adolf Exner, «und ich werde fromm und scheinheilig.» Große Sorgfalt legte er auf die Überarbeitung, Ergänzung und Straffung der «Gesammelten Gedichte». Aber Kellers Lyrik wurde außerhalb der Schweiz lange unterschätzt, und sogar Carl Spitteler wollte sie nur als «Magenbitter» gelten lassen. Doch da stehen Verse von einem Stimmungszauber und einer unaufdringlichen Formvollendung, von einer verhaltenen Süße und einer eigenen Melodik, die sich mit den schönsten Gedichten der bedeutendsten Lyriker messen können. Männlichkeit und intensives Lebensgefühl, aber auch Scheu vor großen Worten und billigem Kleingeld zeichnen seine Gedichte aus. Dazu gehören «Frühlingsglaube» und «Winternacht», «Die kleine Passion», das einsame Bekenntnis «Stille der Nacht» oder das spielerisch leichte kleine Kabinettstück:

Du milchjunger Knabe,
Wie siehst du mich an?
Was haben deine Augen
Für eine Frage getan?

Illustration von Felix Hoffmann zum «Sinngedicht», Birkhäuser Verlag, Basel 1971. Den 1881 als Vorabdruck in der «Deutschen Rundschau» und am Jahresende mit Datum 1882 bei Hertz in Berlin erschienenen Novellenzyklus hatte Keller schon in Berlin begonnen und damals dem Verleger Duncker versprochen, aber erst ein Vierteljahrhundert später fertiggemacht. Innert weniger Wochen erschienen drei Auflagen seines Werks, das als Kellers «göttlichste Poetengabe» und vollkommenstes Werk gepriesen wurde.

Alle Ratsherrn der Stadt
Und alle Weisen der Welt
Bleiben stumm auf die Frage,
Die deine Augen gestellt!

Ein leeres Schneckhäusel,
Schau, liegt dort im Gras:
Da halte dein Ohr dran,
Drin brümmelt dir was!

Das «Abendlied», sein freudiges Bekenntnis zum Leben im Diesseits, hatte er 1879 fast in einem Zug geschrieben:

Augen, meine lieben Fensterlein,
Gebt mir schon so lange holden Schein,
Lasset freundlich Bild um Bild herein:
Einmal werdet ihr verdunkelt sein!

Fallen einst die müden Lider zu,
Löscht ihr aus, dann hat die Seele Ruh;
Tastend streift sie ab die Wanderschuh,
Legt sich auch in ihre finstre Truh.

Noch zwei Fünklein sieht sie glimmend stehn,
Wie zwei Sternlein, innerlich zu sehn,
Bis sie schwanken und dann auch vergehn,
Wie von eines Falters Flügelwehn.

Doch noch wandl' ich auf dem Abendfeld,
Nur dem sinkenden Gestirn gesellt:
Trinkt, o Augen, was die Wimper hält,
Von dem goldnen Überfluß der Welt!

Mit einem Roman hatte Keller seine Laufbahn als Erzähler begonnen, mit einem Roman beschloß er sie, dem «Martin Salander». Er ist das Gegenstück zum «Fähnlein» mit seiner unter guter Bannerseide rauschenden Festfreude. Der Poet wird darin zunehmend vom Volkserzieher verdrängt, ein seit Pestalozzi typischer Zug der schweizerischen Literatur. Der Industrialismus hatte zum Kapitalismus geführt. Wüstes Geldstrebertum und widerlicher Maulpatriotismus nahmen überhand. Die Korruption war bereits tief in den Beamtenstand eingedrungen. Diesem Schwindelgeist stellte Keller als Mahnmal seinen Roman entgegen. Als er 1886 erschien, gefiel er ihm nicht. «Es ist nicht schön. Es ist nicht schön. Es ist zuwenig Poesie drin.» Noch auf seinem Sterbelager sprach er zu C. F. Meyer von einem zweiten, schöneren Teil des «Salander» und meinte dann «Ich dulde, ich schulde...»

Natürlich fehlte es auch nicht an Kritikern, die Kellers Werke als Provinzliteratur und dessen Inhalte als abwegig, versponnen und unbedeutend bezeichneten, besonders im aufstrebenden Deutschland mit seinem Hang zum Heroisierenden. Am widersinnigsten war aber, was der Berliner Conrad Alberti, eigentlich C. Sittenfeld, Schauspieler, Journalist und Romancier, in der damals in München erscheinenden Kunstzeitschrift «Die Gesellschaft» schrieb: «Ich verstehe ihn nicht. Keller ist der langweiligste, trockenste, ödeste Philister, seine Novellen sind Dutzendgeschichten, wie sie in jedem Kalender zu finden sind», wenn er nicht gute Bekannte hätte, die über Keller in Ekstase gerieten. Gebe es eine ödere literarische Sahara als den «Grünen Heinrich». Vier Bände mit langweiligen Beschreibungen von Kostümfesten, Wanderungen usw. – er schlafe dabei ein. «Romeo und Julia» sei ja eine hübsche Novelle. Aber eine Schwalbe mache keinen Sommer. Nirgends finde er etwas von dem großen gewaltigen Schicksal, das den Menschen erhebe, wenn es den Menschen zermalme. Keller stelle nur Vorgänge aus dem Leben der traurigsten Spießbürger und Alltagsphilister dar. Menschen ohne Kraft, Geist, Mut, Ringen nach höheren Zielen. Nichts als Fronarbeit, Tanzvergnügen, Kinderzeugen, Schützenfeste. Er, Conrad Alberti, stelle zwar auch kleine Menschen dar, doch nur um zu zeigen: die großen Gesetze, die Nationen, Planeten beherrschten, gelten auch für sie; sie seien bei ihm ein Ausfluß seiner pantheistischen Weltanschauung. Kellers Darstellung erhebe sich nicht über die platteste Trivialität. Sie sei nüchtern, farblos, eintönig. Nirgends finde sich ein ursprünglicher, packender Naturlaut, nirgends ein Funke zündender Rhetorik. Alles sei grau in grau, die Sprache zeitungsmäßig oder erkünstelt. Und diktatorisch erklärte Alberti, vom Hauptproblem Zürichs, dem Gegensatz zwischen der gewaltigen Natur und den kleinen Menschen ahne Keller nichts, für ihn sei die Natur tot. Kurz, er verstehe ihn nicht.

Immer düsterer und trüber wurde es in jener Zeit um Kellers Schwester Regula, die ihm mit stummem Fleiß und verbissener Sparsamkeit den Haushalt besorgte. Er wäre froh, wenn er sie noch ein paar Jahre behalten könnte, äußerte er. Er hatte sie jeden Sonntag spazieren geführt, oder sie hatten gemeinsam eine kleine Dampfschiffahrt unternommen. Fast ein Jahrzehnt lang war sie kränklich, dann ging es zusehends bergab. Nächtelang saß Gottfried helfend und bangend an ihrem Bett. Eines Tages sah ihn Rudolf Kollers Frau mit einer riesigen Tüte aus einer Zuckerbäckerei kommen. «Aha, das bekommt sicher eine schöne Dame!» – «Nein», erwiderte er, «das ist für meine Schwester. Sie kann fast nichts mehr essen, und da habe ich gedacht, ich wollte es mit dem da probieren.» Die traurigen Augen, die er gemacht habe, erzählte Frau Koller, vergesse sie nie mehr.

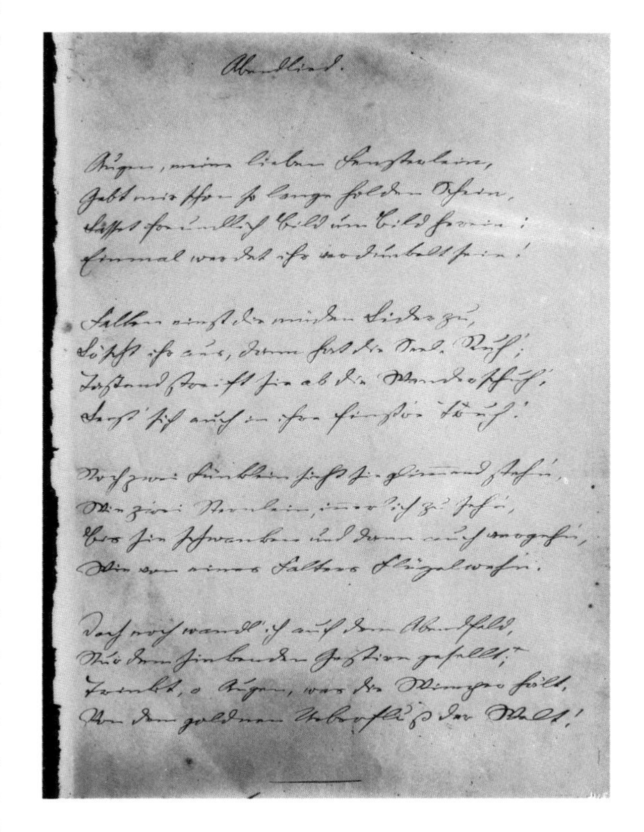

Kellers Manuskript zum «Abendlied», einer der vollendetsten Schöpfungen des alternden Dichters. Theodor Storm nannte es in einem Brief an Keller «das reinste Gold der Lyrik» und fuhr fort: «Ich drücke Ihnen herzlich die Hand, liebster Freund; solche Perlen sind selten.» Am erhaltenen Manuskript vom Januar 1879 hat Keller nur wenig geändert, bevor er es für den Erstdruck in der »Deutschen Rundschau» vom September 1879 ins Reine schrieb.

Am 6. Oktober 1888 starb Regula. Unter kalten Regenschauern begleitete Gottfried sie auf den Friedhof Rehalp zu ihrer «wohlverdienten Ruhe». Kein Pfarrer war da, nur wenige nahe Freunde. Lange stand er am offenen Grab. «Nun, in Gottes Namen», waren seine einzigen Worte, als er einen letzten Blick auf den Sarg warf. «Meine arme Schwester», berichtete er später, «ist fast zwei Jahre lang allmählich gestorben, zuletzt auf schreckliche Weise am desorganisierten Herzen.» Bald zeigte sich auch bei Gottfried eine fortschreitende Gebrechlichkeit. Keine zwei Jahre mehr waren ihm vergönnt.

Ricarda Huch, die 1887 nach Hottingen zu wohnen kam, hat ihm eine der einfühlendsten Würdigungen verfaßt:

«Kellers Anschauungen sind alle Erwerb aus seinem Leben und

Gottfried Keller 1886. Ölstudie von Karl Stauffer-Bern (1857–1891). Depositum der Gottfried-Keller-Stiftung im Kunsthaus Zürich. Durch Vermittlung von Stauffers Gastgeberin Lydia Welti-Escher, der Tochter Alfred Eschers, bekam Stauffer die Gelegenheit, den Dichter im Haus von Bundesrat Emil Welti, dem Belvoirgut, in mehreren Sitzungen zu porträtieren. Dem frontalsymmetrischen Brustbild gingen einige Photoaufnahmen voraus, die Keller nur widerwillig über sich ergehen ließ.

stehen deshalb nicht im Widerspruch dazu. Er verdient höchste Bewunderung, wie ernst und ehrlich er die Folgen seines Daseins auf sich nahm, so lastend sie sein mochten. Es gehörte zu seiner Art Frömmigkeit, daß er das Böse ebenso willig wie das Gute hinnahm, von vornherein überzeugt, daß es berechtigt sein müsse, und befriedigt, wenn er seinen notwendigen Zusammenhang mit seinem Leben eingesehen hatte.»

Altersbeschwerden und Hinfälligkeit

Die Krankheit der Schwester und seine eigene Hinfälligkeit hatten Keller schon früh zugesetzt. Anfang Oktober 1886 raffte er sich auf, nach Baden zur Kur zu fahren. Drei Wochen blieb er dort, brachte es aber nicht so weit, um hernach, wie er hoffte, frisch und fröhlich an den Genfer See zu reisen. Auf Silvester 1886 klagte er Theodor Storm über ein «allgemeines Einfrieren der Korrespondenzenlust» und ließ dessen Briefe zu Anfang und Ende des folgenden Jahres unbeantwortet. «Ich stecke seit bald zwei Jahren in einer fast pathologischen Scheu vor der Briefeschreiberei.» Ganze Konvolute von Briefen – auch solche von rechten Leuten – lägen überall in seinem Arbeitszimmer, und er müsse die Neueingänge mit Ordnungsnummern versehen.

Auch zu Storms siebzigstem Geburtstag am 14. September 1887 blieb Keller stumm, obgleich er wußte, daß der Jubilar schwer leidend war. Karl Stauffer, der Keller besuchte, schrieb nach Hause, er habe ihn ziemlich apathisch gefunden. «Er ist wahrscheinlich sehr krank und wird es nicht mehr allzulange machen.»

Am 4. Juli 1888 starb Storm, der «verehrte Freund und Stern im Norden». Im August nahm Keller den Kontakt mit Johann Salomon Hegi wieder auf, der ihm in München so oft aus der Klemme geholfen hatte und der jetzt in Genf als Zeitungsillustrator ein kärgliches Brot verdiente:

«Mein lieber Freund!

Seit ein paar Jahren von Kreuzweh geplagt und vielfach verschnupft, bin ich, wie mit aller Welt, so auch mit Dir auf krasse Weise außer Korrespondenz geraten. Immer lebte ich des Willens, einmal den Genfer See zu befahren und dann auch Dich persönlich aufzusuchen; allein Sommer und Herbst vergehen jedesmal, ohne daß es dazu kommt, und ich bin froh, wenn ich etwa einmal nach Baden ins warme Wasser schleichen kann.

Leider sehe ich mich heute veranlaßt, die briefliche Erstarrung auf wenig fröhliche Umstände hin zu lösen. Ich höre von dritter Seite, daß es Dir schlecht geht und Du genötigt bist, einen Ausweg aus der Not zu suchen, durch Übersiedelung nach dem Osten, durch Ausstellung Deiner Arbeiten etc. Für jetzt drängt es mich, Dir mit der bescheidentlichen Einlage für die gröbste Tagesmisere, die ich aus alter eigener Erfahrung gut genug kenne, zu nahen, damit Du Dich nicht über Gebühr zu kasteien brauchst! Du hättest mir ja längst einen Wink mit dem Holzschlägel geben können, und ich hoffe nur, Du werdest nicht etwa Bedenklichkeiten aushecken! Wir wollen hoffen, daß die Sonne bald wieder scheint! im übrigen aber guten Mutes sein.

Keller im August 1886. Photographie von Karl Stauffer-Bern, aufgenommen im Gewächshaus des Belvoirguts. Stauffer plante damals eine «Galerie berühmter Persönlichkeiten» in Radierungen, für die er auch Adolph Menzel, Conrad Ferdinand Meyer und Gustav Freytag porträtierte. Keller fand die Aufnahme bei aller Abneigung gegen solche technischen Neuerungen doch «eine sehr gute Photographie».

Soeben werde ich wieder müd an meinem Stehpult und muß schließen. Lebe wohl bis zum nächsten Mal, und wenn die Lage sich nicht ändert, so sei nicht des Teufels und schreib' es mir!

Mit herzlichem Gruße Dein sehr alternder Gottfried Keller.»

Keller hatte sich entschlossen, wiederum eine Kur zu machen, und zwar in Ragaz. Es wurde aber nichts draus. «Als zur anberaumten Stunde», erzählt Adolf Frey, «ein Freund als Reisebegleiter sich eingestellt hatte, weigerte sich der Dichter, mitten unter den eingepackten Reisesachen stehend, die Kur anzutreten: ‹Die Schwester hat die ganze Nacht geweint, daß ich sie verlassen wolle. Ich bleibe. In Ragaz fände ich doch nicht eine

Gottfried Keller's

Gesammelte Werke

Vollständig in 30 wöchentlichen Lieferungen zu 1 Mark

Lieferung 1.

Berlin
Verlag von Wilhelm Hertz
(Besser'sche Buchhandlung)
1889.

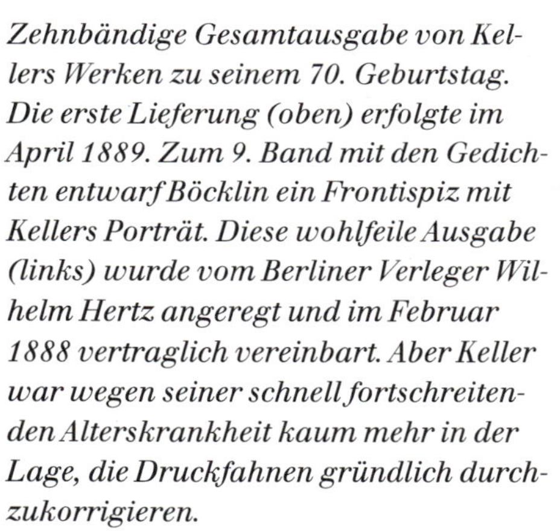
Zehnbändige Gesamtausgabe von Kellers Werken zu seinem 70. Geburtstag. Die erste Lieferung (oben) erfolgte im April 1889. Zum 9. Band mit den Gedichten entwarf Böcklin ein Frontispiz mit Kellers Porträt. Diese wohlfeile Ausgabe (links) wurde vom Berliner Verleger Wilhelm Hertz angeregt und im Februar 1888 vertraglich vereinbart. Aber Keller war wegen seiner schnell fortschreitenden Alterskrankheit kaum mehr in der Lage, die Druckfahnen gründlich durchzukorrigieren.

ruhige Minute. Wenn es an der Tür pochte, müßte ich immer denken: jetzt kommt eine Depesche und meldet, daß es mit der Schwester schlimm stehe!›»

Regula starb am 6. Oktober 1888. Als Keller eben die Todesanzeigen verschicken wollte – «etwas verspätet wegen etwelcher Ermüdung» – erhielt er die Nachricht, daß auch seine erste Liebe, die Geburtstags- und Briefgenossin, Marie Melos, am 8. Oktober gestorben war. «Ich habe über die Zeit immer etwas mit Heulen zu kämpfen gehabt.» Im folgenden Monat, nachdem ihm Hegi über das harte Los der Künste und der Künstler in der puritanischen Calvinstadt geklagt hatte, schrieb Keller, er sei wiederum in großen Rückstand geraten. Die leidenvolle Krankheit der Schwester und deren qualvoll erfolgender Tod, aber auch sein eigenes, durch stete Rheumatismen gehemmtes Gangwerk hindere ihn am Nötigsten.

«Für alle Fälle lege ich Dir wieder ein Palliativmittelchen bei und in verschlossenem Kuvert etwas von einem alten guten Bekannten, der nicht genannt sein will, was Du aber ohne Unruhe nehmen kannst. Schreibe mir, wie es Dir geht, ich fürchte, daß Deine Gesundheit unter der Misere leidet. Ich selbst werde Deinen Brief einläßlicher beantworten, sobald ich wieder leichter gestimmt bin, und wünsche Dir alles Gute resp. Bessere. Du hast es ja in jungen Tagen um mich verdient!»

Seiner Frankfurter Verehrerin Maria Knopf teilte er an Pfingsten 1889 mit: «Ich muß dieser Tage mit meinen rheumatischen Gliedern ins Bad, und im Juli werde ich mich irgendwo im Gebirge verstecken, um dem schrecklichen 70. Geburtstag zu entgehen, mit dem man mich bedrohen möchte und den ich vermeiden muß.» Schon kurz nach dem Tod Regulas war Petersen bei seinem zweitletzten Besuch in Zürich der «immer mühseliger werdende Gang des unverkennbar Leidenden» aufgefallen. Keller forderte ihn, um ihm das peinlich langsame Gehen an

Heute Nachmittag $3^1/_2$ Uhr ist meine liebe Schwester

Jungfrau Regula Keller

nach längerer Krankheit und zuletzt schweren Leiden im Alter von 66 Jahren und 5 Monaten verschieden und zu ihrer Ruhe eingegangen.

Nur auf diesem Wege mache ich Freunden und Bekannten die schmerzliche Mittheilung und bitte für die von uns Abgeschiedene um ein freundliches Gedächtniß.

Dr. Gottfried Keller.

Hottingen-Zürich, 6. Oktober 1888. [9005

Kellers Schwester Regula, die ihm bis zum Schluß den Haushalt besorgte, starb am 6. Oktober 1888 nach einem jahrelangen Herzleiden. Zwei Tage darauf erschien in der Neuen Zürcher Zeitung ihre Todesanzeige. Zur Bestattung auf dem Friedhof Rehalp hatte der Dichter nur wenige Freunde gebeten. Fünf Jahre zuvor hatte er Adolf Exner geschrieben, er wäre froh, wenn er sie noch ein paar Jahre behalten könnte. Jeden Sonntag hat er sie dann spazieren geführt oder mit ihr eine Dampfschiffahrt unternommen. Als ihr Ende nahte, saß er nächtelang helfend und bangend an ihrem Bett. Bald zeigte sich auch bei ihm eine fortschreitende Gebrechlichkeit. Er überlebte Regula um keine zwei Jahre.

seiner Seite zu ersparen, auf, doch allein voranzugehen und sich mit ihm am Ziel zu treffen. «Ich erwiderte scherzend: ‹Mit Euch Herr Doktor, zu spazieren, ist ehrenvoll und bringt Gewinn!› – ‹Schöne Gesellschaft!› murrte er, ‹so eine alte korrupte Bestie wie ich!›»

Im Laufe des Winters 1888/89, erinnerte sich Adolf Frey, schien es freilich eine Weile besser zu gehen, so daß Böcklin eines Abends im «Pfauen», als Keller für kurz die Gaststube verließ, strahlend ausrief: «Nai, lueged au, wie-n er wieder artig läufelet.»

Gerade in jener Zeit zwischen Trauer und Hoffnung erfüllte sich der Wunsch nach einer populären Gesamtausgabe seiner Werke. Der Verleger Weibert hatte dem Hertzschen Verlag das Editionsrecht auf die bei ihm erschienenen Werke Kellers angeboten, und dieser griff sogleich zu. Ermutigt durch die rüstig fortschreitenden Absatzzahlen – auch von «Salander» konnten gleich mehrere Auflagen hintereinander erscheinen – vereinbarte Hertz mit dem Dichter eine Ausgabe der «Gesammelten Werke» in zehn Bänden zu ermäßigtem Preis. Als er Ende Februar 1889 zehntausend Mark vorauszahlte, mag Keller wie Hebbel, als dieser auf dem Totenbett von der Verleihung des Schillerpreises erfuhr, nicht ohne Bitterkeit gedacht haben: «Erst fehlt der Wein und dann der Becher.» Zur vierzehn Tage später retournierten Empfangsbestätigung entschuldigte sich Keller: «Ich bin von Rheuma so träg und unbeweglich, daß auch das Geld noch in der Lade liegt, wie es kam.» Zugleich teilte er mit, daß für die geplante Ausgabe statt der üblichen Photographien, die ihn alle nicht befriedigten – sie seien «schlecht konditioniert» – nun Böcklin eine originelle Zeichnung seines Kopfes gemacht habe, ein Profilbild, «ganz einfach gehalten zum Zwecke der Vervielfältigung durch Phototypie, so daß der reine Strich des Meisters bestehen bleibe.» So war also mit Hilfe des Freundes auch diese Gelegenheit in würdiger Weise geordnet.

Die Einladung der Kirchgemeinde Neumünster, zu der Hottingen, Hirslanden und Riesbach gehören, für ihre sehr aufwendige Chronik von 1889 einen selbstbiographischen Beitrag zu spenden, benützte er, um in prägnanter Weise noch einmal über den Ertrag seines Lebens und Strebens Rechenschaft abzulegen:

«Gottfried Keller ist geboren am 19. Juli 1819 in Zürich als Sohn des Drechslermeisters Rudolf Keller von Glattfelden, der 1817 nach der genannten Stadt gezogen war, aber schon im Jahre 1824 im Alter von 33 Jahren starb, und seine Wittwe Elisabeth, geb. Scheuchzer von Zürich, mit zwei Kindern, dem fünfjährigen Knaben und einem dreijährigen Töchterchen hinterließ. Letzteres, nachdem es seit dem Tode der Mutter ein Vierteljahrhundert allein mit dem Bruder zusammengelebt, ist im Herbst 1888 sechsundsechszigjährig gestorben.

Den Knaben wußte die Mutter bis zum Beginn des sechszehnten Jahres durch die Schulen zu bringen und ihm dann die Berufswahl nach seinen unerfahrenen Wünschen zu gewähren. Im Herbst 1834 kam er zu einem sogen. Kunstmaler in die Lehre, erhielt später den Unterricht eines wirklichen Künstlers, der aber, von allerlei Unstern verfolgt, auch geistig gestört war und Zürich verlassen mußte. So erreichte Gottfried sein zwanzigstes Jahr, nicht ohne Unterbrechung des Malerwesens durch anhaltendes Bücherlesen und Anfüllen wunderlicher Schreibebücher, ergriff dann aber mit Ostern 1840 auf eigenen und fremden Rath den Wanderstab, um aus dem unsichern Thun hinauszukommen und in der Kunststadt München den rechten Weg zu suchen. Allein er fand ihn nicht und sah sich genöthigt, gegen Ende des Jahres 1842 die Heimat wieder aufzusuchen. Während er hier seine Bestrebung im Komponiren großer Phantasielandschaften von Neuem aufzunehmen glaubte, gerieth er hinter seinen Staffeleien unversehens auf ein eifriges Reimen und Dichten, so daß ziemlich rasch eine nicht eben bescheidene Menge von lyrischen Skripturen vorhanden war.

Um diese Zeit lebte A. A. L. Follen in Hottingen, der vom Wartburgfeste her wegen seiner schönen Gestalt deutscher Kaiser genannt wurde, wie die Sage ging. Er war an der von Julius Fröbel gegründeten Verlagsbuchhandlung «Literarisches Comptoir in Zürich und Winterthur» betheiligt, welche später auch Arnold Ruge nach Zürich zog, als seinen Reformplänen dienend.

Follen, welchem Gottfried Keller nach Art junger Anfänger seinen Erstlingsvorrath vorgelegt, sichtete diese Papiere und veranlaßte die Aufnahme eines Theiles in das vom literarischen Comptoir herausgegebene «Deutsche Taschenbuch auf das Jahr 1845», das poetische Beiträge von Hofmann von Fallersleben, Robert Prutz u. A. brachte. Der zweite und letzte Jahrgang 1846 enthielt einen weitern Theil, und ein inzwischen entstandener Cyklus von Liedern erschien im Stuttgarter Morgenblatt. Aus diesen Bestandtheilen redigirte Follen, der die Sache väterlich an Hand genommen und führte, den ersten Band von Gottfried Keller's Gedichten, der 1846 in Heidelberg erschien.

Um diesen Übergang zur Literatur zu bekräftigen, begann er ein und anderes Kollegium an der Universität zu hören, so herbartische Psychologie und Geschichte der Philosophie bei Cobrik, und zwar ohne

Gottfried Keller 1889/90. Pinselzeichnung von Arnold Böcklin, Vorstudie für die Medaille zum 70. Geburtstag des Dichters, welche der Wiener Hofmedailleur Anton Scharff ausführte. Zur Vollendung der schwierigen Arbeit reiste Böcklin im Juni 1889 selber nach Wien.

genügende Vorbildung, und that sich auch sonst etwa bequemlich um, wie ungezogene Lyriker zu thun pflegen. Nur das Dichten trieb er, ebenfalls nach der Weise solcher, gewissenhaft weiter, als ob jeder Tag ohne Vers verloren wäre. Die Aufregungen des Sonderbundskrieges und der darauffolgenden Februar- und Märzrevolutionen verrückten aber den Dichtern den Kompaß und stellten die Zeitlyrik eine Weile kalt. Die Einen saßen in den Parlamenten, die Andern vertauschten die Poesie mit mißlichen Kriegsthaten; für Gottfried Keller eröffnete sich der Ausweg, daß ihm von Seite der Kantonsregierung ein Reisestipendium behufs einer Orientfahrt zur Gewinnung «bedeutender Eindrücke» angeboten wurde, übrigens ohne bestimmteren Zweck. Um solche Reise nutzbringender zu machen, wurde ihm freigestellt, vorher ein Jahr zur Vorberei-

Böcklin und Keller beim Schoppen Wein. Der Maler und Holzschneider Ernst Würtenberger (1868–1934) war in Florenz Böcklins Schüler gewesen und wurde später ein Freund Rudolf Kollers. Keller, dessen Werke er sehr verehrte und mehrfach illustrierte, hat er persönlich nicht gekannt. Seine nach Photographien komponierte Darstellung der beiden großen Schweiger ist um 1905 entstanden.

tung auf einer deutschen Universität zuzubringen. Demnach begab er sich im Herbst 1848 nach Heidelberg; allein statt den ägyptologischen und babylonischen Dingen nachzugehen, ging er denjenigen nach, welche den Tag bewegten und von der Jugend gerühmt wurden. Bei Hermann Hettner, dem er persönlich befreundet wurde, hörte er dessen jugendlich lebendige Vorträge über deutsche Literaturgeschichte, Ästhetik und ein Publikum über Spinoza, bei Henle Anthropologie, bei Ludwig Häußer deutsche Geschichte, und als Unikum in seiner Art die Vorträge Ludwig Feuerbach's über das Wesen des Christenthums, welche dieser, von einem Theil der Studentenschaft herberufen, auf dem Rathaussaale vor einem Publikum von Arbeitern, Studenten und Bürgern hielt. Durch all' das gerieth Keller so in den Fluß der Gegenwart hinein, daß er vor Ablauf des Winterhalbjahres schon nach Hause schrieb, ob er das zweite Reisejahr statt in Ägypten, Palästina und der Enden, in Deutschland, z. B. in Berlin zubringen dürfte, was ihm sofort bewilligt wurde. Wegen der politischen Ereignisse des Jahres 1849, vorzüglich des badischen Aufstandes, war in diesem Jahre aber in Ortsveränderungen nicht viel zu thun, als bei aller Theilnahme das Mitleid zu empfinden, das der Anblick abgefallener, in ihrem Bewußtsein irre gewordener Truppen unter allen Umständen erweckt, wenn sie von fremder Hand hin- und hergeworfen werden. So wurde es Ostern 1850, bis Gottfried Keller den Rhein hinunterfuhr und in Berlin anlangte mit der Befugniß, dort noch ein Jahr nach Gutfinden der Pflege seiner literarischen Instinkte zu leben, zu sehen und zu hören, was denselben entgegenzukommen schien. Es geschah aber nicht viel mehr, als daß er sich in dramaturgische Studien zu vertiefen suchte, indem er so oft als möglich in die Theater ging und nachher an Hand des mitgenommenen Zeddels, den er aufbewahrte, eine Reihe von Betrachtungen und Folgerungen schrieb, die er für sich aufbehielt. Zugleich aber begann er den Roman «Grüner Heinrich» zu schreiben, zu welchem einige Anfänge vorlagen. Die vier Bände dieses Buches erschienen 1854, denn es wurde Herbst 1855, bis er von Berlin wieder heimreiste.

Im Jahre 1851 erschienen die neueren Gedichte, außerdem schrieb er in Berlin noch den ersten Band der «Leute von Seldwyla», der 1856 an's Licht trat. Manches wurde zwischen hinein getrieben und entworfen, so auch die ersten Kapitel des Sinngedichtes, das aber erst in den Siebzigerjahren vollendet, d. h. im Ganzen verfaßt wurde. Weil nun mit dem Jahre 1850 auch die Stipendiengelder zu fließen aufgehört hatten und damals die Honorareinnahmen für junge Leute noch spärlich waren, so gerieth Gottfried Keller in allerlei Nöthen von jener Art, die man nicht sieht, bis sie da sind. Im Jahre 1855 kehrte er endlich nach Zürich zurück, ein erweitertes Bewußtsein mit sich nehmend und in Deutschland gewonnene Freundeskreise zurücklassend.

Zu Berlin hatte er noch die «sieben Legenden» begonnen und schrieb sie nun zu Hause fertig. Gedruckt wurden sie erst 1872. Sodann schrieb er einen Theil der neueren «Seldwyler Erzählungen», sowie für Berthold Auerbach's Volkskalender «Das Fähnlein der sieben Aufrechten», welches Opus als Ausdruck der Zufriedenheit mit den vaterländischen Zuständen gelten konnte, als Freude über den Besitz der neuen Bundesverfassung! Es war der schöne Augenblick, wo man der unerbittlichen Konsequenzen, welche alle Dinge hinter sich her schleppen, nicht bewußt ist und die Welt für gut und fertig ansieht.

Das Haus Thaleck um 1900. Vom Bürgli zog Keller mit seiner Schwester im September 1882 ins Haus Thaleck, Zeltweg 27, in Hottingen um. Die gemietete Fünfzimmerwohnung im ersten Stock direkt über dem vielbesuchten Restaurant war sehr lärmig. Hier schloß Keller die Redaktion der «Gesammelten Gedichte» ab und schrieb den Roman «Martin Salander». Wenige Jahre nach seinem Tod richtete der Thaleck-Wirt im Cafe unten ein «Gottfried-Keller-Stübli» ein.

Im Jahre 1861 war die Stelle des ersten Staatsschreibers neu zu besetzen. In Folge einer an ihn ergangenen Aufforderung bewarb sich Gottfried Keller, der nicht daran gedacht, um die Stelle und wurde von der Regierung mit fünf gegen drei Stimmen gewählt, was im gleichen Verhältnisse gebilligt und getadelt wurde. Er bekleidete das Amt während fünfzehn Jahren und legte es anno 1876 in dem Augenblicke nieder, in welchem er sich überzeugt hatte, daß er die schwindenden Jahre mit besserem Erfolg als früher den literarischen Arbeiten widmen könne.

Diese wieder aufnehmend, gab er die Zürchernovellen heraus (1878), dann den umgearbeiteten Roman «Der grüne Heinrich» in einheitlicher autobiographischer Form und bedeutend gelichtet (1879), im Jahre 1881 den Novellencyklus «Das Sinngedicht», 1883 die «Gesammelten Gedichte» und 1886 den Roman «Martin Salander», der durch Ungunst der Verhältnisse seines ausführlichen Schlusses ermangelte und statt desselben einem selbstständigen Buche rufen dürfte.

Im Sommer 1889 begann die Ausgabe der gesammelten Werke Gottfried Keller's zu herabgesetztem Preise in zehn Bänden. Ferner dürften einige jener dramatischen Projekte aus den jüngern Jahren in Gestalt von Erzählungen erscheinen, um die so lange Jahre vorgeschwebten Stoffe oder Erfindungen wenigstens als Schatten der Erinnerung zu erhalten und zu gewahren, ob die Welt vielleicht doch ein ausgelöschtes Lampenlicht darin erkennen wolle. Sollte es der Fall sein, wäre der Schaden, wo die Bühne wie ein Dornröschen von dem abschreckenden Verfallsgeschrei umschanzt ist, nicht groß.»

Das letzte Jahr

Kellers Haushälterin Pauline, die junge Thurgauerin, die als des Dichters bevorzugte Teilerbin später einiges zu rätseln gab, konnte ihm die allgegenwärtige, unermüdliche Schwester kaum ersetzen. In einem Brief von Pfingsten 1889 hatte er unwillig erklärt, die Person sei ihm von milden Frauen aufoktroyiert worden. Bereits nach Resignation klang es am 7. Juni an die «verehrte brave Frau Professor» Marie von Frisch-Exner: «Von meinem jetztigen Leben will ich nichts sagen, ich glaub' ich bin reingefallen durch wohltätige Frauen, die alte Mägde gut versorgen wollen.»

Mehr und mehr sah er sich durch Rücken- und Beinbeschwerden in seinen eigenen vier Wänden festgehalten. Treue Besucher am Zeltweg waren Arnold Böcklin und Adolf Frey. Dieser begann in seinem «Erinnerungsbuch» den Abschnitt «Das letzte Jahr» mit den Worten: «Als der Sommer 1889 und mit ihm der siebzigste Geburtstag heranrückte, blickte wohl keiner, den es überhaupt berührte, dem festlichen Ereignis weniger freudig entgegen als der Dichter selbst. Er erspähte hinter dem goldenen Glanz der nahenden Feier die fahlen acherontischen Nebel und Charons Kahn.»

Marie von Frisch-Exner (1844–1925). Aufnahme um 1910. Privatbesitz. Kellers Wiener Brieffreundin, die kluge, fröhliche Marie, ist seine späte heimliche Liebe gewesen. Der von Hans von Frisch 1927 erstmals herausgegebene Briefwechsel «Aus Gottfried Kellers glücklicher Zeit» läßt den schalkhaften, ungezwungen plaudernden Dichter in seiner ganzen lebensfrohen Persönlichkeit erkennen.

Schon am 5. Juli verkroch er sich in die Innerschweiz. Zu seinem Versteck wählte er Seelisberg über dem Vierwaldstättersee, die nördlichste Urnergemeinde, deren großartiges Panorama später als imposantes Wandgemälde den Nationalratssaal des schweizerischen Bundeshauses schmücken sollte. Der Ort paßte auch in anderer Hinsicht zu Kellers geistigem Inventar. Von hier oben hatte bei der Einweihung des Schillersteins das junge Hirtenvolk heruntergejauchzt, unweit liegt die Rütliwiese, auf der die freiheitsdurstigen Eidgenossen 1291 ihren heimlichen Bund beschworen haben sollen. Keller logierte im höchst luxuriösen Grand Hotel Sonnenberg, einem Palast der Gründerzeit, als «Perle im Diadem europäischer Kurhäuser» angepriesen. Mit über dreihundert Räumen bot das Haus allen denkbaren Komfort, der Speisesaal für fünfhundert Gäste war der größte in der Schweiz, die 650 Fuß messende Aussichtsterrasse mit eigener Gasbeleuchtung wurde von keiner anderen in Europa übertroffen. Es war also nicht die Gesellschaft und die Geselligkeit, denen Keller entfloh, sondern der zu erwartende Rummel um seine Person. In Zürich hatte der Lesezirkel Hottingen schon zwei Wochen vor dem Jubeltag mit einem Waldfest auf den Höhen des Zürichbergs überrascht:

«Die Sonntagsspaziergänger, die am strahlenden 7. Juli 1889 in hellen Scharen nach den geliebten Höhen des Zürichbergs emporstrebten, waren nicht wenig erstaunt, durch Flaggenstangen und Wegweiser: ‹Nach Seldwyla› geschickt zu werden. Und in der Tat, da lag wirklich an der grünen Berglehne, am Waldessaum der ‹wonnige und sonnige Ort›, den man durch ein stattliches Tor betrat, nachdem man sich von der daneben stationierten Gemeinderatskanzlei Seldwyla das Niederlassungsrecht erworben – damit zugleich auch die angenehme Gelegenheit, sich in Viggi Störtelers poetisch aufgeputzter Gartenwirtschaft zu erquicken, beim Marchand-Tailleur Wenzel Strapinski seine Einkäufe zu besorgen, ein Seldwyler Schützenfest, und zum Schluß noch das Kasperlitheater zu besuchen, das von John Kabys neben seinem rauchgeschwärzten kürbisstaudenumwundenen Häuschen aufgeschlagen wor-

Der Wirt des Grand Hotel Sonnenberg in Seelisberg verabschiedet seine Gäste. Aufnahme von 1890. Den Festlichkeiten um seinen 70. Geburtstag entfloh Keller schon zehn Tage zuvor nach der Innerschweiz, wo er hoch über dem Vierwaldstättersee im luxuriösen Hotel Sonnenberg in Seelisberg eine kleine Zimmerflucht bezog. Doch den vielen Ehrungen konnte er auch dort nicht entgehen.

den war. Wer aber etwa danach verlangte, dem Stadtheiligen und Patron dieses seltsam vergnügten Gemeinwesens seine Reverenz zu erweisen, den führte man feierlich vor eine grüne Nische, aus der ihm eichenlaubbekränzt Meister Gottfrieds Bild entgegenschaute, des berühmten Hottinger Mitbürgers, der in wenig Tagen seinen siebenzigsten Geburtstag feiern sollte und dem seine Gemeindegenossen dergestalt den ersten Gruß darbrachten.»

Rechte Seite: Die Glückwunschurkunde des Schweizerischen Bundesrates. Die von Joseph Viktor Widmann verfaßte Laudatio knüpfte an Kellers «O mein Heimatland» an und dankte dann dem bedeutendsten Dichter des zeitgenössischen deutschsprachigen Schrifttums für sein großartiges Werk. Die Glückwunschurkunde wurde Keller am 19. Juli 1889 überreicht, er hatte aber den Text schon in der Morgenausgabe der «Neuen Zürcher Zeitung» gelesen.

Natürlich ließ sich Kellers Geburtstagsversteck nicht lange geheimhalten. Schon am dritten oder vierten Tag erreichte ihn Conrad Ferdinand Meyers Glückwunschadresse, da dieser selber zur Kur reisen mußte: Er schreibe mit dankbarem Herzen, denn während längerem Unwohlsein habe er wieder einmal Kellers ganze Dichtung durchlaufen, und sie hätte ihm äußerst wohl getan, mehr als jede andere, durch ihre innere Heiterkeit. «Auch meine ich, daß Ihr fester Glaube an die Güte des Daseins die höchste Bedeutung Ihrer Schriften ist. Ihnen ist wahrhaftig nichts zu wünschen als die Beharrung in Ihrem Wesen. Da Sie die Erde lieben, wird die Erde Sie auch so lange als möglich festhalten. Also Gott befohlen, Herr Gottfried!»

Der in voller Sommerpracht über dem Vierländersee aufgehende

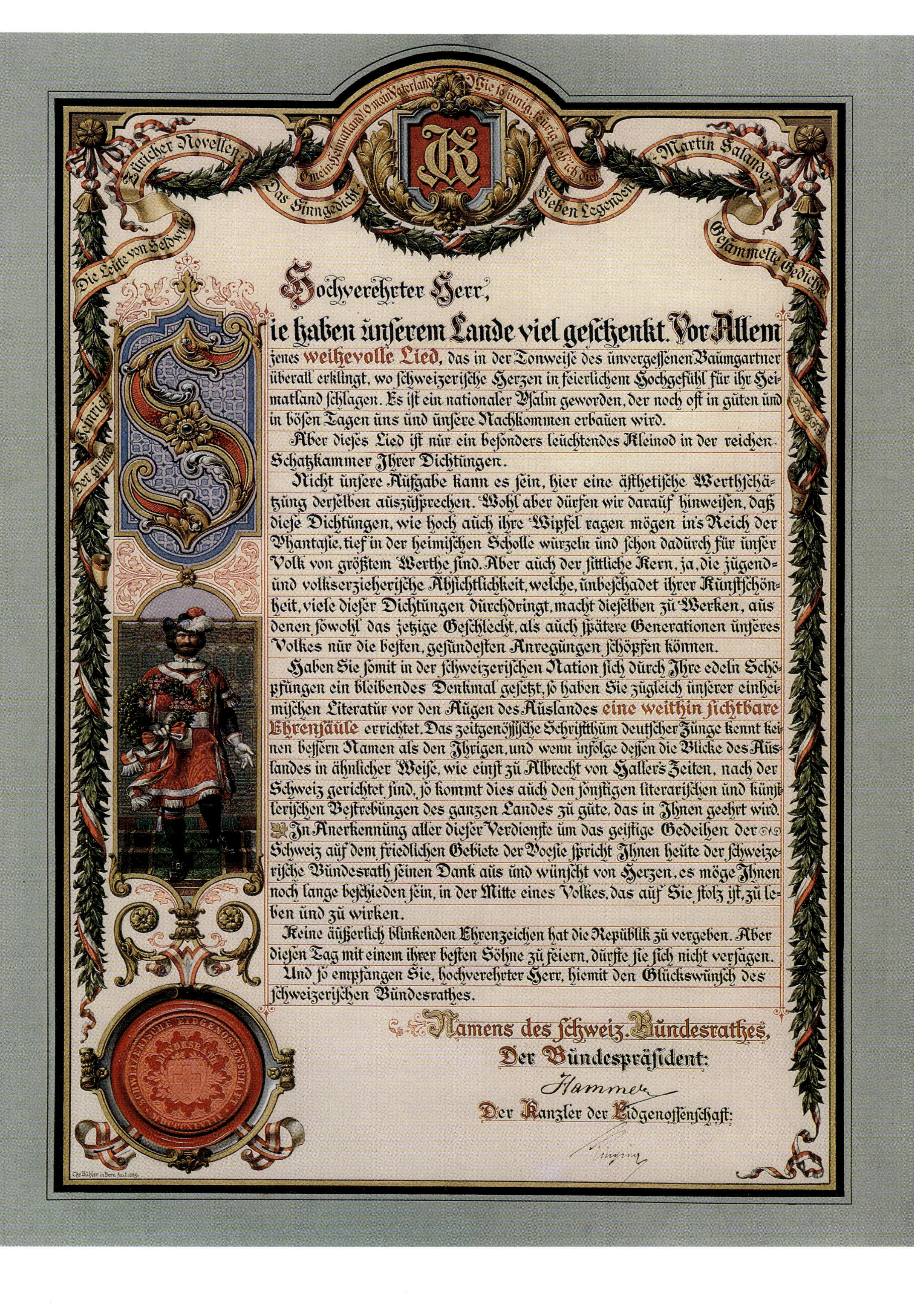

Hochverehrter Herr,

Sie haben unserem Lande viel geschenkt. Vor Allem jenes **weihevolle Lied**, das in der Tonweise des unvergessenen Baumgartner überall erklingt, wo schweizerische Herzen in feierlichem Hochgefühl für ihr Heimatland schlagen. Es ist ein nationaler Psalm geworden, der noch oft in guten und in bösen Tagen uns und unsere Nachkommen erbauen wird.

Aber dieses Lied ist nur ein besonders leuchtendes Kleinod in der reichen Schatzkammer Ihrer Dichtungen.

Nicht unsere Aufgabe kann es sein, hier eine ästhetische Werthschätzung derselben auszusprechen. Wohl aber dürfen wir darauf hinweisen, daß diese Dichtungen, wie hoch auch ihre Wipfel ragen mögen in's Reich der Phantasie, tief in der heimischen Scholle wurzeln und schon dadurch für unser Volk von größtem Werthe sind. Aber auch der sittliche Kern, ja, die jugend- und volkserzieherische Absichtlichkeit, welche, unbeschadet ihrer Kunstschönheit, viele dieser Dichtungen durchdringt, macht dieselben zu Werken, aus denen sowohl das jetzige Geschlecht, als auch spätere Generationen unseres Volkes nur die besten, gesundesten Anregungen schöpfen können.

Haben Sie somit in der schweizerischen Nation sich durch Ihre edeln Schöpfungen ein bleibendes Denkmal gesetzt, so haben Sie zugleich unserer einheimischen Literatur vor den Augen des Auslandes **eine weithin sichtbare Ehrensäule** errichtet. Das zeitgenössische Schriftthum deutscher Zunge kennt keinen bessern Namen als den Ihrigen, und wenn infolge dessen die Blicke des Auslandes in ähnlicher Weise, wie einst zu Albrecht von Haller's Zeiten, nach der Schweiz gerichtet sind, so kommt dies auch den sonstigen literarischen und künstlerischen Bestrebungen des ganzen Landes zu gute, das in Ihnen geehrt wird.

In Anerkennung aller dieser Verdienste um das geistige Gedeihen der Schweiz auf dem friedlichen Gebiete der Poesie spricht Ihnen heute der schweizerische Bundesrath seinen Dank aus und wünscht von Herzen, es möge Ihnen noch lange beschieden sein, in der Mitte eines Volkes, das auf Sie stolz ist, zu leben und zu wirken.

Keine äußerlich blinkenden Ehrenzeichen hat die Republik zu vergeben. Aber diesen Tag mit einem ihrer besten Söhne zu feiern, durfte sie sich nicht versagen.

Und so empfangen Sie, hochverehrter Herr, hiemit den Glückswunsch des schweizerischen Bundesrathes.

Namens des schweiz. Bundesrathes,

Der Bundespräsident:

Hammer

Der Kanzler der Eidgenossenschaft:

Ringier

Tag des 19. Juli traf Keller nicht in bester Stimmung. Ein hartnäckiges Unwohlsein hätte ihn heimgesucht, erzählte Jakob Baechtold, der aber selbst nicht in Seelisberg war, da er in Zürich an der Dichterfeier der beiden Hochschulen über den großen Zürcher, seine literarische, vaterländische und menschliche Bedeutung zu reden hatte.

Auf Seelisberg waren schon früh am Morgen so zahlreiche Briefe, Zeitungen, Telegramme, Blumengebinde, Pokale und Lorbeerkränze eingetroffen, daß das kleine «Post-Büreau mit Telegraph» den ungewohnten Ansturm kaum bewältigen konnte. Hundert namhafte Berliner Verehrer, darunter General von Moltke, Herman Grimm, Theodor Fontane und Adolph Menzel, schickten eine Dankadresse und ein Aquarell von Kellers letzter Berliner Wohngasse im Bauhof. Keller murmelte, seine Rührung durch leise Ironie überspielend: «Gerade, wie wenn ich ein vornehmer Herr wäre.» Die Regierung, der Stadtrat, alle größeren wissenschaftlichen, künstlerischen und geselligen Vereinigungen Zürichs übermittelten ihre Dankeswünsche. Schließlich erschien – so etwas war in der löblichen Eidgenossenschaft noch nie vorgekommen – der Bundeskanzler mit einem von J.V. Widmann verfaßten Glückwunsch- und Dankesschreiben des Bundesrates. Als es feierlich verlesen werden sollte, winkte Keller lächelnd ab. Er hatte den Huldigungstext schon im Morgenblatt der NZZ gelesen, wo es unter dem Vermerk «Privattelegramm» auf der Frontseite erschienen war. Schon damals scheinen die Wände dünn und die postalischen Einrichtungen erschreckend schnell gewesen zu sein.

Josef Viktor Widmann (1842–1911). Der in Liestal aufgewachsene Pfarrer und spätere Leiter der Höheren Töchterschule in Bern lernte Keller 1873 kennen, als er selber zu dichten anfing. In seiner etwas allzu enthusiastischen Art, wie Keller meinte, folgte er fortan dem Beispiel des Zürchers. Als Widmann 1880 Feuilletonredakteur am Berner «Bund» wurde, verkündete er in seiner Zeitung unermüdlich den Ruhm seines Freundes. In treuer Hilfsbereitschaft versuchte er immer wieder, Keller und seinen Jugendfreund Spitteler enger zusammenzubringen.

Gottfried Keller hätte keinen empfindsamen Kern besessen, wenn ihn diese Ehrungen nicht gefreut, aber auch erschüttert hätten. Am Abend meinte er bei einem stillen Freundesmahl zu Böcklin, es sei schade, daß seine Schwester das nicht mehr erlebt habe. Als Andenken habe er ihr Sparbüchlein mitgenommen. «Du gutes Regeli», sagte er mit feuchten Augen, «wie hast Du für mich gespart! Es wäre besser gewesen, Du hättest es für Dich gebraucht.»

Am 1. August 1889 schrieb Keller nach Zürich: «Es hat gebessert mit mir und ich marschiere bedeutend besser als vorher.» Mitte August holten ihn Böcklin und der ihm seit einiger Zeit befreundete Philosophieprofessor August Stadler in Seelisberg ab, doch zuhause, wo er zunächst für einige Wochen verblieb, stellten sich die alten, lähmenden Schmerzen wieder ein. Zu einem letzten Freudentag sollte der 13. September werden: Keller saß am späten Vormittag in seinem Arbeitszimmer, über eine Zeitung gebeugt, als überraschend drei seiner Freunde eintraten und ihm jene von Böcklin entworfene Goldmedaille überreichten, die eigentlich für den Geburtstag bestimmt gewesen war.

Schon vor einem Jahr hatte Kellers engster Freundeskreis nach einer würdigen Ehrengabe für den greisen Dichter gesucht und sich schließlich auf eine goldene Gedenkmünze mit Kellers Portrait geeinigt. Als Graveur wurde der beste Mann seiner Zeit, der k. k. Kammermedailleur Anton Scharff in Wien, ausersehen. Bald liefen die Postsendungen zwischen der Limmat und der Donau hin und her, mit Zeichnungen, Photos, Entwürfen, Fragen, Einwänden und Bedenken. Scharffs Vorschlag, nach Zürich zu kommen, um das lebendige Modell selber zu sehen, scheiterte aus Termingründen. Es war vor allem Kellers eigenwilliger Bart, der demMedailleur Schwierigkeiten bereitete. Böcklin schrieb ihm darauf: «Ich rate Ihnen, setzen Sie sich in einen Garten und imitieren Sie eine geschnittene Taxushecke. Das ist der Charakter des Bartes Gottfried Kellers.» Die Antwort kam postwendend: «Geschnittene Taxushecken sind bei uns nur im Belvedere-Garten zu finden, und das ist ein öffentlicher Garten. Wenn ich mich nun modellierend dahin setze und ein eventuell dort promenierender Freund fragt: Scharff, was machst Du da? und ich antworte: Ich modelliere Gottfried Kellers Bart, so übergibt er mich dem nächsten Polizeimann und der bringt mich auf das Beobachtungszimmer.»

Am 4. Juni erschien Böcklin selber in Wien, gemeinsam brachten die beiden Künstler das Werk zu Ende. Zwei Monate nach Kellers

Rückseite der Goldmedaille zu Kellers 70. Geburtstag. Die von Arnold Böcklin entworfene, in Wien geprägte Medaille zeigt auf der Vorderseite Kellers Porträt im Profil, auf der Rückseite den Sänger Orpheus, der vor lauschenden Tieren die Leier schlägt.

Siebzigstem konnte dem bereits unheilbar Kranken die Medaille übergeben werden. Er heftete lange und wortlos die Augen darauf, dann traten ihm die Tränen hervor und er seufzte: «Das kann ich Ihnen sagen, meine Herren, das ist das Zeichen für das Ende vom Lied!»

Die Ehrung freute ihn mehr als alles übrige. Als er zwei Tage darauf per Kutsche nach Baden zur Schwefelwasserkur gebracht wurde, nahm er die Medaille mit, und er soll zuweilen nachts aufgestanden sein, um sich zu vergewissern, daß sie noch da sei. Das Grand Hotel Baden war ein pompöser Luxuskasten wie jener von Seelisberg, das erste Haus am Platz. Mit seinen dreihundert Zimmern und Plüschsalons, fünf eigenen Warmwasserquellen, hundert Badekabinen und einem riesigen Erholungspark galt das Hotel als «Etablissement 1. Ranges». Aber der ganze

Aufwand konnte Keller keine Besserung bringen. Auch dem gemütlichen Weinrestaurant «Zur Sense», wo man ihn bei der früheren Kur oft bei einem Glase gesehen hatte, blieb er fern. «Die Stunden der Mahlzeit meistens versäumend und nicht mehr an der Tafel speisend, lag er bis weit in den Tag hinein zu Bette.» Am 11. Oktober – wohl in einem Augenblick plötzlichen Mißmutes – schrieb er in großer, ungestümer Schrift dem wohllöblichen Gemeinderat von Glattfelden, er verzichte auf das dortige Bürgerrecht, das ihm doch ein Leben lang als Ausweis des tüchtigen Herkommens aus dem Jugendland des grünen Heinrichs gegolten hatte. Den Wortlaut des «Kollektivdankes» für die Geburtstagsehrungen, mit dem er sich noch immer abquälte, brachte er nicht mehr

Das Grand Hotel Baden, Xylographie um 1890. Im Herbst 1889 suchte hier Keller mit einer Schwefelwasserkur vergeblich Linderung seiner rheumatischen Leiden.

zu seiner Zufriedenheit zusammen. August Stadler verfaßte ihn schließlich, Böcklin und Albert Müller unterzeichneten. Als der schwer Leidende gegen Ende November zurückfuhr, war es ihm und den Freunden klar, daß seine Tage gezählt waren. In Zürich bezahlte er zum Voraus die Gebühren für die Feuerbestattung und tat dann kaum mehr einen Schritt aus dem Haus.

Gottfrieds Kellers Testament

Kurz nach Neujahr 1890 warf eine Grippe den Dichter auf das Krankenlager, von dem er sich kaum mehr erhob. Am 8. oder 9. Januar schickte er seine junge Dienstmagd Pauline Leber in die Freiestraße hinüber, zu Herrn Professor Schneider: die Zeit sei gekommen, das Testament zu machen. Dr. jur. Albert Schneider in Hottingen war Dekan der Juristenfakultät, dann Rektor der Universität und Präsident des Kantonsrates.

Am 11. Januar erschien der Gewünschte im Taleck. Der Dichter lag im Schlafzimmer, bei ihm saßen bereits der Zürcher Stadtnotar Ulrich Karrer und der um alles besorgte Böcklin. Die Herren kannten sich und kamen ohne Umschweife zur Sache, die nun einmal sein mußte. Keller habe seine Erklärungen «haarscharf» und selbständig abgegeben, berichtete Schneider später. Insbesondere habe er erklärt, sein Vetter Friedrich Scheuchzer und dessen Schwester sollten nichts erben, dagegen wolle er «gewissen Kellern» später noch etwas zuhalten, da sie «ihm so gleich» seien. Er habe in klarer, bestimmter Form seinen letzten Willen geäußert, der Notar habe sich hierauf in die andere Stube begeben, um das Gehörte niederzuschreiben, sei dann ins Krankenzimmer zurückgekehrt und habe in Gegenwart des Testators und der Zeugen die Urkunde verlesen.

«Gut gebrüllt, Löwe!» lobte Keller, dann setzte er sich im Bett auf und unterzeichnete mit fester Hand. Es folgten die Unterschriften von Karrer, Böcklin und Schneider, den Keller in der Urkunde zum Testamentsvollstrecker bestimmte. Trotz der etwas beklemmenden Situation dachte keiner der vier lebenserfahrenen Männer, daß ihnen je einer aus ihrer Amtshandlung einen Strick drehen könnte.

Karrer bestätigte später Schneiders Aussage in allen wesentlichen Punkten: Keller habe seinen letzten Willen ganz aus eigener Initiative kundgetan. Das Testament sei nur deshalb im Nebenzimmer aufgesetzt worden, weil das kleine Schlafzimmer sich zum Schreiben nicht geeignet habe. Doch durch die offene Türe habe immer Sprechverbindung bestanden. Und was stand in diesem später leidenschaftlich umstrittenen Testament? Zum Universalerben seiner gesamten Hinterlassenschaft, inbegriffen die aus dem Verlagsrecht seiner literarischen Werke resultierenden Einkünfte, setzte Keller den Hochschulfonds des Kantons Zürich ein, mit der Verpflichtung, einige besonders genannte Legate auszurichten. Dies betreffe unter anderen die Stadtbibliothek Zürich, welcher seine ganze Bibliothek, seine Medaillen und Ehrengaben zukämen; vom restlichen Vermögen, nach Ausrichtung aller weiteren Legate, sei die Hälfte dem Eidgenössischen Winkelriedfonds abzuliefern, da Keller zu

Diese einzige bekannte Photographie von Kellers Arbeitszimmer im Thaleck wurde kurz nach seinem Tod aufgenommen. Der Dichter arbeitete gewöhnlich stehend am Klappult links im Vordergrund. Den Besuchern bot er einen mit schwarzem Leder bezogenen Lehnstuhl an, dessen Beine seiner eigenen kurzen Gestalt angepaßt waren. Keller, der immer zu Miete wohnte, hatte gehofft, seine Wohnung am Zeltweg «vor Torschluß noch gegen ein freundlicheres Asyl» tauschen zu können. Ende 1882 schrieb er an Marie von Frisch: «Inzwischen wird gebüffelt, soweit es der infame Straßenspektakel erlaubt. Ich hatte keine Vorstellung davon.» Wegen «einiger lausiger hundert Franken» hätte er das Thaleck besseren Angeboten vorgezogen, «was mir recht geschah».

seiner Zeit nie Gelegenheit hatte, seinem Vaterland gegenüber die Pflichten als Soldat abzutragen. Weitere Legatsbestimmungen seien in einem späteren Testament oder unter Kellers handschriftlichen Nachlaßpapieren zu finden.

Aus vielen Einzelaussagen, insbesondere von seinem steten Begleiter Böcklin, ergab sich später, daß Kellers letzter Wille und die bewußte Hintansetzung seiner Verwandten auf der Scheuchzer-Seite sich schon Jahre vor seinem Tod herausgebildet hatte. Namentlich Albert Fleiner, Redaktor an der «Neuen Zürcher Zeitung», erinnerte sich einer Äußerung Kellers: «Sie werden sehen, wenn ich die Augen geschlossen habe, so wird mein Herr Vetter von Bülach kommen, alle Schubladen aufmachen und schauen, was da ist und was dort drinnen, und dann wird er meine goldene Uhr im Lande herum spazierenführen.»

Am 18. April ergänzte Keller sein Testament durch das sogenannte Kodizill um die angekündigten Legate: «Es sollen zukommen:

> Dem Armengut Glattfelden Fr. 500.– zum Andenken an meine Schwester Regula von Glattfelden,
> Den vorhandenen Verwandten von des sogenannten Küferhansen, alt Exerziermeisters (Nachkommen einer Schwester von Kellers Großvater) jedem, männlich oder weiblich, je Fr. 1 500.–,
> Meiner Wärterin Pauline, statt der früher in Aussicht genommenen Fr. 5000.–, der Betrag von Fr. 10 000.–,
> Meinem Patenkinde, Tochter von Arnold Gessner, Fr. 1 000.– und ein Wertgegenstand als Andenken,
> Pauline, meine Wärterin, soll meine kleine goldene Uhr erhalten und es soll ihr dazu ein goldenes Kettchen gekauft werden für ca. Fr. 100.–,
> Meine Uhr vom Jahr der Landesausstellung bitte ich Herrn Professor Schneider anzunehmen.»

Gerade diese Schenkung des auf dem Innendeckel mit «1er Mai 1883» gravierten Chronometers und einige weitere Punkte bei der Testierung gaben noch im gleichen Jahr Anlaß zu einem aufwendigen Erbschaftsprozeß, über den die «Neue Zürcher Zeitung» am 3. November 1890 schrieb, es sei ein Verfahren, von dem man in der ganzen Welt deutscher Zunge sprechen werde. Zwei Jahre wurde darüber gestritten, ob Keller bei der Aufsetzung seines Testaments ganz unbeeinflußt und noch voll bei Sinnen gewesen sei. Ganz unparteiisch war der Prozeß nicht, doch auf den Dichter (und seine Testamentszeugen) sollte kein Schatten des Zweifels fallen.

Wann dereinst die letzte Stunde kommt...

Seit der Badenfahrt konnte Gottfried Keller nur noch mit Hilfe der tastenden Hand der Wand entlang trippeln. Tagelang lag er sinnend und träumend im Bett, wenn es etwas besser ging, saß er im hohen Lehnstuhl. Wenn die Müdigkeit des Alters vorübergehend etwas von ihm wich, so daß er «für einige Stündlein aufstehen konnte, dann schien ihm, genieße er eine zweite Jugend, und alles dünkte ihn schön und golden, dann schmiedete er neue Pläne und baute an alten weiter», berichtete Alfred Frey in seinem «Erinnerungsbuch», und in seinem Band über Böcklin: «Fast täglich setzte sich der Maler an des Dichters Bett, schüttelte ihm die Kissen, tat Gänge oder schrieb dieses und jenes für ihn. Einmal erzählte ihm Keller einen wundersamen Traum: Ein schlanker Jüngling, vom Scheitel zur Sohle geharnischt, doch das Visier aufgeschlagen, trat herein, sah ihn lange ernst an und brachte dann den Pendel der Uhr zum Stehen. Hierauf verschwand er wieder.»

Oft lag er in leichtem Schlummer auf seinem Lager, an dessen Rand der eine oder andere seiner Lebensbegleiter saß: C. F. Meyer, Wilhelm Petersen, Rudolf Koller, Hans Weber, Professor Stadler, am meisten aber der gute Böcklin, der um alles besorgt war und Freunde herbeirief, von denen er wußte, daß sie den Dichter noch einmal sehen wollten. Beim Kranken wechselten Scherz, heiteres Gespräch mit Stunden stummen Daliegens. Er hörte einem Gebet zu, erinnerte sich heiterer Episoden aus der Bibel: «Man hat sie uns in der Jugend verleidet und doch stehen so schöne Sachen darin.»

Am 4. Februar 1890, als ihn Sigmund Schott mit der Ankündigung eines längeren Artikels in der «Allgemeinen Augsburger Zeitung» aus der Lethargie erweckte – «Ich bin buchstäblich vom tatenlosen Lager aufgesprungen, was der Arzt vergebens anstrebt» –, schloß Keller seinen Dank an Schott in seinem letzten, mit zittriger Hand gekritzelten Brief: «Ich werde nicht mehr lange vermeiden können, von einem bestellten Fuhrwerk Gebrauch zu machen.»

Als ihn im März der Bundesrichter Hans Weber aus Lausanne aufsuchte, wußte ihm Keller eine wunderbare Geschichte zu erzählen: Kurz zuvor war im Kanton Aargau das ehemalige Kloster Muri fast völlig ausgebrannt. Da habe sich – fabulierte der Kranke – auf einmal ein alter Sarg mit den Gebeinen eines Heiligen gefunden. Dieser werde jeden Tag in langer Prozession durch das Dorf getragen und eine Menge Volkes ströme von allen Seiten herbei: Aber niemand könne sagen, woher der Sarg gekommen sei, noch wie der Heilige heiße. Die Aufregung wachse täglich, und keiner wisse, was noch daraus werden könne.

Gottfried Keller 1872. Gemälde von Frank Buchser (1828–1890). Keller hatte am 19. Januar 1872 in der «Neuen Zürcher Zeitung» eine Besprechung von Buchsers neuesten Werken veröffentlicht. Hocherfreut porträtierte Buchser in den folgenden Wochen den Staatsschreiber. Als Keller zehn Jahre später der Zeitschrift «Nord und Süd» ein Bild von sich liefern sollte, entschied er sich für Buchsers Gemälde, wo er «noch jung und schön» sei. Er rühmte Buchsers «Auffassung der Kopfhaltung und des Blickes, welche ungleich natürlicher und künstlicher ist, als alle Photographien, die schon von mir gemacht wurden.»

Rechte Seite: Gottfried Keller starb am 15. Juli 1890. Zwei Tage darauf brachte die «Neue Zürcher Zeitung», die manchen Beitrag des Dichters veröffentlicht hatte, auf der Frontseite des schwarz umrandeten Morgenblatts eine ausführliche Würdigung des Dichters aus der Feder Jakob Baechtolds.

Aus Schleswig kam Ende April Wilhelm Petersen, den Böcklin benachrichtigt hatte: «Als ich sein Zimmer betrat, fand ich den Kranken im Bette liegen, mit geschlossenen Augen, die weißen rundlichen Hände auf der weißen Decke ruhend. Sobald er, die Augen aufschlagend, mich erkannte, packte ihn ein krampfhaftes Weinen, das jedoch bald nachließ. Er sprach vom Verlaufe seiner Krankheit, besonders von dem Aufenthalt in Seelisberg, und schloß mit der Klage, daß er eben ein alter zählebiger Mensch sei, der nicht sterben könne.»

Drei Tage blieb Petersen in Zürich, die meiste Zeit an Kellers Bett. «Eines Morgens erzählte er mir, wie zwei ganz in gediegenem geschmiedeten Gold gepanzerte Ritter dort vor dem Schränkchen zwischen den

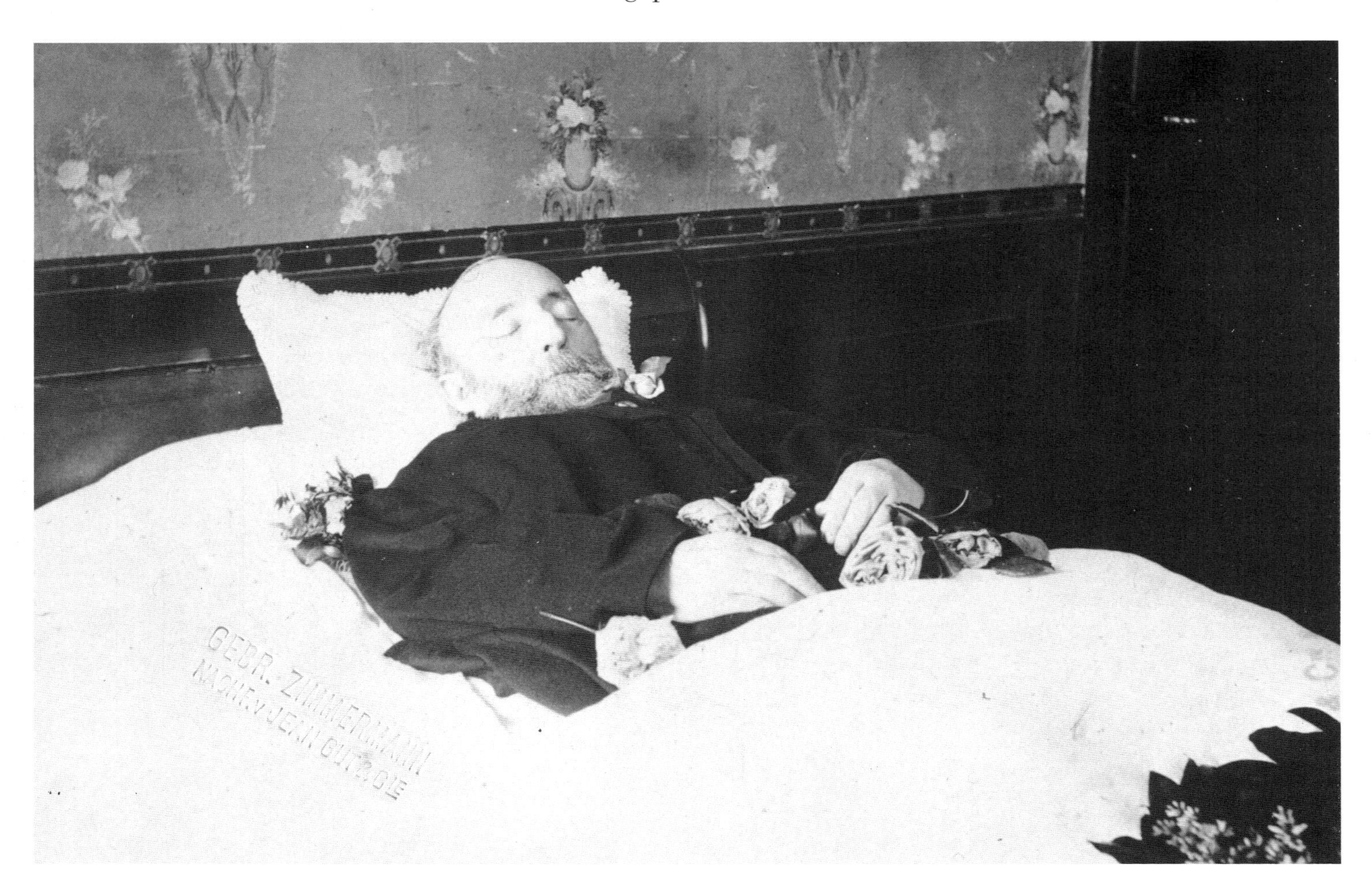

Gottfried Keller auf dem Sterbebett. Photographie der Gebr. Zimmermann vom 16. Juli 1890 im Haus zum Thaleck, über dessen Eingang die Zunft Hottingen 1898 eine Gedenktafel anbringen ließ.

Fenstern regungslos gestanden und ihn unverwandt angeschaut hätten. Er schilderte anschaulich, wie die Helme das obere Gesicht in tiefen Schatten gestellt und die Glanzlichter auf dem feinen Gold geblitzt hätten. Immer wieder kam er auf diese glänzende Erscheinung zurück, und er konnte sich nicht genug tun in der Schilderung des wunderbaren Glanzes. Dann schloß er lachend: ‹Hätte die Pauline die Kerle gesehen, sie hätte sie sogleich ins Leihhaus geschleppt›.»

Schließlich ertrugen Kellers einst leuchtende Augen das Licht nicht mehr, die Fensterläden blieben geschlossen. Sein Schlafzimmer wurde zu seiner «finsteren Truh». Die Wanderschuhe hatte er schon lange abgestreift. «Dämmerung und Schatten webten und schwebten im Zimmer. Es war einsam und weltfern wie in einer Grabkammer. Nur

№ 198 Erstes Blatt. 8 | Siebenzigster Jahrgang. | Donnerstag. 17 Juli 1890.

Neue Zürcher-Zeitung

und schweizerisches Handelsblatt.

Abonnementspreise.

	3 Monate.	6 Monate.
Zürich (wenn die Zeitung abgeholt wird)	Fr. 4. 50	Fr. 8. 50
Schweiz (Bestellung beim Postbureau)	„ 6. —	„ 11. —
do. (mit Bezug unter Privatadresse)	„ 7. 50	„ 14. —
Deutschland (Bestellung beim Postamt)	Mk. 6. 25	
Oesterreich-Ungarn (Best. b. Postamt)	fl. 3. Ö. W. 4. 82	
Uebrige Staaten des Weltpostvereins	Fr. 11. 50	Fr. 22. —

Redaktionsbureau: Brunngasse Nr. 2.

Insertionspreise:
Der einspaltige Petitzeile oder deren Raum für die Schweiz 25 Cts., für das Ausland 40 Cts.
Local-Inserate 20 Cts. (regl. Finanz. Anzeigen), Reklamen Fr. 1.— per Zeile.
Alleinige Inseraten-Annahme bei
Rudolf Mosse
Annoncen-Expedition für alle schweizerischen und ausländischen Zeitungen
Zürich, Schifflände 32.

Gottfried Keller †.

Von Prof. Jakob Bächtold.

Heute vor Jahresfrist ist er den zahllosen Kränzen, welche ihm der siebenzigste Geburtstag auf die Schwelle legte, in seiner schlichten Weise aus dem Weg gegangen und hat nach seiner Art gebrummt, wenn ein Glückswunsch sein stilles Bergasyl ausfindig machte. Den einundsiebzigsten hat der Herr Staatsschreiber nicht mehr abgewartet. Am Vorabend desselben ging er für immer weg, dahin, „von wannen keiner wiederkehrt und keine Botschaft man erfährt.“ Wohl ihm! Sein Tagewerk war vollbracht. Der Tod — „das Tödlein hat lange genug nach mir gezielt,“ würde er sagen — war freundliche Erlösung. An dieser Bahre, an welcher das ganze Vaterland, ja die Welt steht, ziemt keine laute Klage. Die verklärte Hülle wird morgen der Flamme übergeben. Gottfried Keller ist zur Unsterblichkeit eingegangen.

Uns ziemt nur freudiges, dankbares Gedenken. Das Haus zur „Sichel“, in welchem Gottfried Keller am 19. Juli 1819 geboren wurde, steht am Rindermarkt (das jetzige Mörker'sche). Sein Vater Rudolf, aus Glattfelden stammend, ließ sich 1817 als Drechslermeister in Zürich nieder, nachdem er lange Jahre ein weites Stück Welt durchwandert, in Wien, Breslau, Hamburg, Königsberg gearbeitet hatte. „Es war etwas Schwungvolles in dem ganzen Wesen des Mannes.“ Er sprach immer schriftdeutsch, besserte rastlos an seiner Bildung und an derjenigen seines Standes. Als eifriger Schulfreund war er Vorsteher der Armenschule zum Brunnenthurm, daneben Obmann seiner Zunft. Den engern Freundeskreis des tüchtigen, gemeinnützigen Mannes hat der Sohn in dem „Fähnlein der sieben Aufrechten“ geschildert. Die Mutter Elisabeth war eine Tochter des Arztes Scheuchzer aus Glattfelden, des Herrn Chirurgs, welcher noch unter Friedrich dem Großen gedient hat und in jenem nie genug zu preisenden Festgedicht Gottfried Kellers „Die Johannisnacht“ umgeht. In jungen Jahren, mitten in seinen Entwürfen, starb der Vater 1824. In der Seele des Kindes lebt — wie man im „Grünen Heinrich“ nachlesen kann — unverlöschlich eine helle Erinnerung an ihn: er sieht sich vom Vater, der stets grün gekleidet ging, durch ein Kartoffelfeld getragen und schaut ihm verwundert in die glänzenden Augen.

Nach dem Willen des Verstorbenen kam Gottfried erst in jene Armenschule unter die Kinder der Geringen zu sitzen, später an das sogenannte Landknabeninstitut, 1834 in die Zürcher Industrieschule, die er als vermeintlicher Rädelsführer einer ziemlich harmlosen Knabenrevolution verlassen mußte. Ein Theil seiner Kindheitsgeschichte steckt im „grünen Heinrich“ und in „Pankraz dem Schmoller“. Die Mutter übergab ihn nun einem Landschaftsmaler, bei dem nicht viel zu holen war, dann dem talentvollen, später halb irrsinnig gewordenen Aquarellisten Rudolf Meyer von Regenstorf, dem „Römer“ des „grünen Heinrich“. Seit frühester Jugend wurde massenhaft gelesen. Wenn die Romantik, wenn Jean Paul durch die ausschweifende Phantastik und die seltsame Mischung von kindlicher Gläubigkeit und zersetzender Ironie das Gemüth gefangen hielt, so bildete gegen diese Traumwelt Goethe ein kühles Gleichgewicht. Aber kein Buch hat so auf Keller eingewirkt wie der „Don Quixote“. Mit zwanzig Jahren zog der Kunstjünger 1840 nach München und verlebte dort geraume Zeit, ohne es zu einem sogenannten gedeihlichen Abschlusse zu bringen. Er gab sich einem poetisch-phantastischen Stile, einer symbolisch-historischen Landschafterei hin, kehrte nach zwei Jahren heim mit einigen ungethümen Kartons zu ossianischen Landschaften und verlor sich in ein trübseliges Spintisiren. „Allerlei erlebte Noth — schreibt er später in einer merkwürdigen autobiographischen Skizze — und die Sorge, die ich der Mutter bereitet, beschäftigte meine Gedanken und mein Gewissen, bis sich die Grübelei in den Vorsatz verwandelte, einen traurigen kleinen Roman zu schreiben über den tragischen Abbruch einer jungen Künstlerlaufbahn, in welcher Mutter und Sohn zu Grunde gingen.“ Die angefangene Arbeit zum „grünen Heinrich“ wurde indeß durch eine „klangvolle Störung“ unterbrochen. Die Herolde des tollen Jahres, Georg Herwegh, Anastasius Grün stießen in die Lärmtrompete, die Völker zu wecken: nun „begann es auch in allen Fibern Kellers rhythmisch zu leben“ und er ruhte nicht, bis er einen ganzen Stoß Gedichte beisammen sah. Das Pathos der Parteileidenschaft war die Hauptader dieser erhitzten Lyrik, er donnerte gegen die Jesuiten und den Sonderbund, schloß sich zweimal den Freischaarenzügen an, und kam dem Resultate nach ungefähr so dabei weg, wie Fritz in „Frau Regel Amrain“.

Er gerieth zugleich lebhaft in die Strömung der religions-philosophischen Kämpfe, welche in der hiesigen deutschen Kolonie von Wilhelm Schulz, Julius Fröbel ꝛc. gegen Ruge und Heinzen über Hegelthum und Atheismus geführt wurden. „Kuriose Kerle, die Deutschen! — schrieb damals Ferd. Freiligrath, der in Hottingen wohnte und mit dem sich Keller herzlich befreundete — sich über den lieben Gott zu zanken, so lange es noch Könige zu entthronen gibt!“

Namentlich der dichterisch reich begabte Adolf Ludwig Follen nahm sich Kellers und der Gedichte desselben an, die 1846 in einer ersten Sammlung ans Licht traten.

1848 begab er sich, nachdem er schon in Zürich einige philosophische Kollegien gehört, mit einem kantonalen Reisestipendium nicht nach dem Orient, wie die Meinung der Behörde war, sondern nach Heidelberg; studirte bei dem nachmals berühmt gewordenen Hermann Hettner Kunst- und Litteraturgeschichte, erfuhr von diesem Trefflichen nachhaltigen Einfluß durch eine vorzügliche Vorlesung über Spinoza, besuchte die Vorträge Ludwig Häussers über deutsche Geschichte, sowie die von Ludwig Feuerbach im Rathhaussaale gehaltenen über das Wesen des Christenthums. Zu Ostern 1850 fuhr Keller den Rhein hinunter nach Köln zu Freiligrath und von da nach Berlin, um „der Pflege seiner litterarischen Instinkte“ weiter zu leben. Dort hat er noch Wilhelm Grimm über den „Iwein“ lesen gehört und Jakob Grimm im rostbraunen Rocke sah er fast täglich auf dessen einsamen Spaziergängen im Thiergarten. Gerne verkehrte er in dem geistvollen Kreise des Franz Duncker'schen Hauses. Varnhagen von Ense gedenkt in seinen Tagebüchern des „eigenthümlich gehaltvollen Menschen“ wiederholt.

Gottfried Keller war in der ausgesprochenen Absicht nach Berlin gegangen, dramatischer Dichter zu werden. Das Theater war damals sein tägliches Brod. Der Knabe schon hatte Puppenspiele und Ritterdramen geschrieben: „Fridolin oder der Gang zum Eisenhammer“, wobei der Schmelzofen mit seinem rothen Feuermeer, hervorgebracht durch bemaltes Strohpapier und ein dahinter stehendes Lichtchen den Haupteffekt spielte. „Eine Almanach-Novelle Bernhard von Weimar“ erschütterte ihn so, „daß er dem Helden mit einem schönen Trauerspiele glaubte beispringen zu müssen“. Später als Kunstschüler nach der Lektüre von „Emilia Galotti“ bestand er einen erneuten Rückfall, „indem er nun wochenlang ein dickes Manuskript mit der krassesten Nachahmung anfüllte.“ Statt Lessings Einer Orsina — erzählt er — schuf ich zwei Mätressen, welche fortwährend mit einander zankten und sich Fußtritte versetzten. „Der Vater des Virginischen Opfers — fährt er fort — war ein Historienmaler mit republikanischer Gesinnung und Wittwer, so daß er ganz allein über die Töchter wachen mußte. Indem mein Marinelli dem Fürsten den furchtbar ernsten Charakter des Alten beschrieb, hielt er ihm einen ziemlichen Vortrag über den Unterschied der Historien- und Landschaftsmalerei, wie diese ein sorglos lustiges Völklein hervorbrächte, während jene nur von düstern, wo nicht blutgierigen Graubärten betrieben würde, mit denen sich nicht spaßen ließe.“ Ernstlicher wurde der Plan zu einer „Agnes Bernauerin“ und „Johann von Schwaben“ erwogen.

Noch in seinen reifsten Jahren dachte Keller an ein Schauspiel „Savonarola“. In der letzten Zeit jedoch beabsichtigte er, einige dieser dramatischen Projekte in die Form von Erzählungen zu bringen, um die so lange gehegten Stoffe „wenigstens als Schatten der Erinnerung zu erhalten und zu gewahren, ob die Welt vielleicht doch ein abgelöschtes Lampenlicht darin erkennen wolle“. Vor der Hand blieben indessen all' jene Pläne auf sich beruhen; dafür machte er sich an den „Grünen Heinrich“, ließ einen neuen Band Gedichte erscheinen, begann und vollendete kurz nachher die erst 1872 gedruckten „Sieben Legenden“ und schrieb in Einem glücklichen Zuge, ohne je zuvor eine eigentliche Novelle verfaßt zu haben, „Die Leute von Seldwyla“, welche 1856 in der ersten Sammlung herauskamen. Damit stand Keller bereits mit voller Meisterschaft auf dem ihm ureigensten Gebiete.

Er kehrte wiederum nach allerlei Nöthen 1855 nach Zürich zurück, traf hier die deutsche Gesellschaft ansehnlich um Schriftsteller und Künstler vermehrt: Herwegh, Richard Wagner, später namentlich Semper, Lassalle, Fr. Theodor Vischer u. a. Festen Auges schaute er auf eine bürgerliche Berufsstellung, indem er die Poesie demüthig bloß als eine freundliche Zugabe des Lebens hinnahm. Jene bot sich ihm und 1861 wurde er zum ersten Staatsschreiber gewählt.

Der selige schweizerische Kanzler Schieß pflegte zu sagen, Keller sei der beste, pünktlichste Staatsschreiber der Eidgenossenschaft gewesen. In dieser Stellung blieb er bis 1876. „Aus der amtlichen Schreibstube, die ich 15 Jahre bewohnt habe — so heißt es in der nach seinem Rücktritt vom Amt in Lindau's „Gegenwart“ erschienenen biographischen Skizze —, bin ich vor Kurzem in die andere, die litterarische, zurückgekehrt. Indem ich während jener Zeit die Stelle des Staatsschreibers des Kantons Zürich versah, befolgte ich den bekannten Rath, dem poetischen Dasein eine sog. bürgerlich solide Beschäftigung unterzubreiten. Glücklicherweise war es aber weder eine ganze noch eine halbe Sinecure, sodaß keine von beiden Thätigkeiten nebensächlich betrieben werden konnte und das Experiment in Gestalt einer langen Pause vor sich gehen mußte, während welcher die eine Richtung fast ganz eingestellt wurde.

„Als die alte Republik Zürich mir das Amt ihres Schreibers gab, mußte ich mich vom ersten bis zum letzten Augenblick in den Geschäften tummeln, und ich glaube, es ist mir das gesunder gewesen, als ein schläfriges System gemischter Bureau- und Mußestunden. Die Anlehnung an jene solide Bürgerlichkeit hat einmal stattgefunden, ihren Dienst gethan und kann nun wieder mit einer andern ungetheilten Existenz vertauscht werden.“

Seitdem lebte Keller ganz seiner Muße und dichterischen Arbeiten, die gerade ein Jahrzehnt ausfüllen: „Züricher Novellen“ (1878 und 1879), Neugestaltung des „grünen Heinrich“ (1879), „Das Sinngedicht“ (1881 und 1882), „Gesammelte Gedichte“ (1883), „Martin Salander“ (1886). Ein schwerer Schlag für ihn war der Tod der Schwester 1888, welche seinem schlichten Hauswesen vorstand. Von da an kränkelte auch er. Sein siebenzigster Geburtstag, den er still auf Seelisberg beging, traf ihn als gebrochenen Mann. Wiederholt hat er in den letzten zwei Jahren Zuflucht in Baden gesucht.

Um Neujahr legte er sich hin und ist seitdem eigentlich nicht wieder vom Krankenlager erstanden. Treue Pflege, besorgte Freunde umgaben ihn. Am Abend des 15. Juli ist Gottfried Keller ruhevoll entschlafen.

Mit diesem einfachen Lebenslaufe stehen zwei seiner Schöpfungen in besonders engen Bezügen: „Der grüne Heinrich“ und „Martin Salander“. Jener steht verheißungsvoll am Eingange der dichterischen Laufbahn, dieser an der Schwelle des Alters. Der eine ein Bildungsroman großen Stils, der andere ein Roman der Gesellschaft. Dort setzt sich der Dichter mit den künstlerischen, pädagogischen, religiösen und politischen Zweifeln eines Einzelnen zurecht, hier mit der Allgemeinheit des öffentlichen Lebens. Dort noch viel romantische Jugendphantastik, hier der urgesunde Realismus einer sicher in sich ruhenden Lebensführung.

Der „grüne Heinrich“ ist jenes schon früher ausgeheckte „elegisch-lyrische Buch mit heiteren Episoden und einem cypressendunklen Schluß, wo alle begraben werden“. Aus dem Einen geplanten Bande waren vier geworden. Nach seinem eigenen Geständniß gerieth der Dichter nämlich „ins Fabuliren hinein, vertiefte sich in Selbsterlebtes, wurde von unbezwinglicher Lust erfaßt, in der vorgerückten Zeit einen Lebensmorgen zu erfinden, den er nicht gelebt, oder besser, die dürftigen Keime und Ansätze zu seinem Vergnügen poetisch auswachsen zu lassen.“ — Das litterarische Ereigniß ging still, fast unbeachtet vor sich: der alte Varnhagen von Ense war einer der ersten und wenigen, die den sonderbaren Ankömmling freundlich grüßten. Denn die landläufige Litteraturhistorie gerieth der ganz eigenartigen Schöpfung gegenüber in Verlegenheit; endlich wurde man im Allgemeinen dahin schlüssig, das Buch unter die Rubrik verunglückter, monströser Romane zu setzen. Im Besonderen aber gab es Leute, die den „grünen Heinrich“ anders anschauten, nämlich als ein Buch voll Versenkung in die geheimsten Falten einer träumerischen Gemüthswelt. „Man liest und liest sich — wie W. Scherer sagt — hinein und wird gefangen von der seltsamen Welt und ist voll Bedenken und selbst Widerstreben und liest doch weiter und kann nicht aufhören, etwa wie man vor einem vielfächrigen alten Kasten voll vergilbter Papiere sitzt, und wühlt und wühlt und eine ganz versunkene Gemüthswelt nach und nach vor sich aufsteigen läßt.“ Vor etwa zehn Jahren hat der Dichter nochmals Hand an sein Jugendwerk gelegt. Ob der Sechziger die Stimmung jener Zeit wiederfinde, ob er mit der nöthigen Unbefangenheit und Schonung an die Arbeit gehe, ob nicht die grünen Töne grau übermalt werden, das waren damals wohl aufzuwerfende Fragen. Keller ist selbstverständlich ohne Sentimentalität an seinen „grünen Heinrich“ getreten, etwa wie ein Maler, der sein altes Bild nach langer Zeit wieder auf die Staffelei stellt und halb verwundert, halb ärgerlich zum Bimsstein greift und unbarmherzig damit über die Leinwand wegfährt. Manches erscheint dem Gereiften albern und er besinnt sich bestürzt, wie ein vernünftiger Mensch auf solche Dinge nur verfallen mochte; manches zu entfernen thut ihm fast leid, denn es ruht ein kleiner, wenn schon greller Streifen Jugendsonnenschein darauf.

Dann geht die eigentliche Arbeit an: Hier ein leises Uebermalen, dort ein kräftiges Neugestalten und siehe da: Das alte Bild kommt am Ende dem Maler selbst so übel nicht vor. Wir andern aber stehen in stiller Freude vor der fast schwermüthig traumhaften, goldgedämpften Herbstlandschaft.

Zunächst mußte es sich darum handeln, das Unförmliche der äußern Komposition, an der die erste Ausgabe bei der Kritik zumeist gescheitert ist, zu ändern. Durch einen einfachen Kunstgriff nun, nämlich dadurch, daß das Ganze von Anfang bis zu Ende als Selbstbiographie des „grünen Heinrich“ vorgetragen wird, ist auch die festgeschlossene, einheitliche Form erreicht worden. Das Barocke und Spukhafte, das einst in dem merkwürdigen Buche sein ungebundenes Wesen trieb, ist entfernt oder gemildert; das im letzten Theile ermattend wirkende und oft jugendlich grüne Reflektiren, sowie die Lagunen, die sich da und dort anstauten, sind beseitigt; das trübselig Bestürzende, Unmotivirte des Schlusses durch einen Ausgang ersetzt, der fast in eine behagliche Resignation ausklingt.

Der „grüne Heinrich“ ist in erster Linie ein Roman oder ein Novellenzyklus. Man darf sich durch die biographische Form desselben nicht irre führen lassen. Die Behauptung, das klassische Buch sei die verschleierte Lebensgeschichte seines Urhebers, ist nur halb wahr und beruht auf einer Verkennung der vielen novellistischen, rein poetischen Anlagen in demselben. „Jedoch — so lautet das Zeugniß des Autors selbst — ist die eigentliche Kindheit, sogar das Anekdotenhafte darin so gut wie wahr,“ d. h. erlebt. „Dagegen ist die reifere Jugend Spiel der ergänzenden Phantasie, namentlich die Frauengestalten.“ Dichtung und Wahrheit stehen hier nicht in jener leisen Abstufung nebeneinander, wie sie sich z. B. in Goethes Selbstbiographie zu voller Harmonie vereinigen.

Gemüth und Phantasie feiern beim Versenken in dieses Buch Feierstunden der seltensten Art; sie werden von dem nämlichen Zauber umsponnen, der hier seine goldnen Fäden um das Alltägliche webt. Die Kindheitsgeschicht besteht nicht aus mühsam in der Erinnerung zusammengesuchten Eindrücken vergangener Lust und vergangenen Leids, die ein alternder Mann noch sammelt, bevor sie dem Gedächtniß entschwinden; sondern Keller erzählt wie einer, der „während schönen Frühlingswochen in seinem Gartensaale sitzt, ein Glas alten Landweins zur Rechten und einen Strauß junger Feldblumen zur Linken,“ in kraftvollen Zügen. Ein grüner Strom der wundersamsten Poesie fluthet durch das Ganze. Mit welcher Gestaltungskraft und Wahrheit ist das Aufwachsen eines Kindes in den engen Gassen der alten Stadt oder in der ländlichen Ungebundenheit geschildert! Welches Vertiefen in die unendliche ahnungsvolle Welt des Kindergemüthes! Und diese holden Idyllen auf dem Dorfe! Dort die unsäglich zart-rührende Gestalt der Schulmeisterstochter, neben ihr das blühende Leben, Judith! Und zwischen beide gestellt, zwischen beiden schwankend, dieser seltsame Geselle, der grüne Heinrich, dort still verehrend, hier fröhlich mitgenießend. Oder die farbensatten Bilder der Residenz, aus denen der angehende Maler auftaucht! Und zwei Uhren tickten.» In der Stadt liefen schon allerlei Fragen, Vermutungen und Behauptungen um, Keller sei ins Spital, in die Irrenanstalt eingeliefert worden.

«Jetzt, wo ihn die Kraft verlassen und ihm der Tod stetig näher rückt, ist er der gleiche geblieben wie in den Tagen seiner blühenden Gesundheit: ein ganzer, lauterer, tüchtiger Mann», schrieb Adolf Frey. Auch ein zweimaliger Schlaganfall vermochte sein Herz und seinen Geist nicht zu brechen. Er sprach aber nur noch wenig und kaum vernehmlich, flocht noch da und dort eine Schalkheit ein, aber meistens war er eine Beute der schlummersüchtigen Müdigkeit. «Ach, wenn ich doch meinen Kopf einem andern hinterlassen könnte!» klagte er einmal. Seine Stimme

Gottfried Kellers Feuerbestattung. Xylographie nach einer Zeichnung von Max Fleischer in der Illustrierten «Über Land und Meer» vom Oktober 1890. Der Zürcher Leichenverbrennungsverein, dem Keller 1880 beigetreten war, hatte dreizehn Monate vor dessen Tode auf dem Zentralfriedhof Sihlfeld das erste Krematorium der Schweiz eröffnet. Das Bild zeigt den Abschiedsgruß des Zürcher Stadtpräsidenten Hans Conrad Pestalozzi vor dem versammelten Trauerzug.

ließ sich kaum mehr verstehen, nur die Haushälterin erriet noch, was er meinte. Etwa zehn Tage vor dem Verlöschen sah ihn Frey zum letztenmal: «Er sah so schön und mild aus, wenn er von neuem Schlummer überwältigt wurde und wie sein eigenes verklärtes Marmorbild blickte.»

In den letzten Tagen sprach er von der großen Reise, die er nun anzutreten habe. Am 15. Juli lag er schwer atmend auf dem Lager, dann wurde er ruhiger und endlich ganz still. Drei Freunde, unter ihnen Böcklin, wachten vom frühen Morgen an bei ihm. Böcklin fragte, ob er noch etwas sagen wolle. Allein der Sterbende konnte sich nicht mehr verständlich machen und bewegte nur die Hand, als ob er zu schreiben wünsche. Dann fielen ihm die Augen wieder zu. Nachmittags zogen sich die Wächter ein wenig ins offenstehende Nebenzimmer zurück. Als der eine zwischen drei und vier Uhr sich über das Lager beugte, war Kellers irdische Zeit bereits vorüber.

«Erschüttert gingen die Freunde auseinander. Dann kehrte Böcklin zurück und legte drei Rosen auf die Brust, die nun kein Leid und kein Glück mehr bewegte.»

Die Bestattungsfeier wurde von der Stadt auf den 18. Juli angesetzt, den Tag vor dem 71. Geburtstag. Hinter dem mit Kränzen überhäuften weißen Sarg aus Tannenholz – so war es Vorschrift des Krematoriums – schritten die Vertreter des Bundesrats, die gesamte Zürcher Regierung, Abordnungen des Kantons- und des Stadtrates, der beiden Hochschulen und weiterer Universitäten, der Zünfte, der Studentenschaft und sämtlicher größerer Vereine mit umflorten Fahnen und nicht zuletzt sein einstiger Weibel und der Göttibub Gottfried, der Kellers silberne Sackuhr erbte. An den Straßen stand entblößten Hauptes eine lautlose Menge. Unter den Klängen von Chopins Trauermarsch zog der nicht endenwollende Zug zum Fraumünster. Die Abdankung wurde durch Beethovens «Eroica» eingeleitet, der Geistliche sprach das Gebet, Professor Julius Stiefel die Weiherede, dann brauste «O mein Heimatland» durch die weite gotische Kirche.

«Nun ging der grüne Heinrich auch den Weg hinaus. In langen Scharen zog man durch den düsteren regnerischen Tag zum Zentralfriedhof hinaus, wo Stadtpräsident Hans Pestalozzi dem Toten den letzten Gruß des Vaterlandes entbot, und die lodernde Flamme verzehrte des Dichters Herz, das einst keck und sicher seine Welt regierte.»

Die schweizerische Studentenschaft feierte am aufklarenden Abend den Dichter noch mit einem Fackelzug und einem jener Kommerse, wie er sie in seiner Münchner Zeit selber miterlebt hatte. Das war gewiß nach Kellers gesundem, lebendigem Sinn. «Man sollte meine Asche einmal in einem Kesselchen den Studenten übergeben, damit sie mich in die Limmat streuen», soll er einmal lächelnd gesagt haben, «man müßte ihnen dann freilich auch ein rechtes Faß Wein spendieren.»

«Um Mitternacht drang aus allen hellen Fenstern der Stadt Jugendgesang und studentisches Gläsergeklirr. Am schwarzen Nachthimmel standen einige Sternbilder.»

In Kellers wohlgeordnetem Nachlaß fand sich ein Gedichtentwurf, der des Dichters ganze staunende Diesseitsfreude und seine anspruchslose Bescheidenheit noch einmal in voller Schönheit zum Ausdruck brachte:

Heerwagen, mächtig Sternbild der Germanen,
das du fährst
mit stetig stillem Zuge über den Himmel
Vor meinen Augen deine herrliche Bahn
Vom Osten aufgestiegen alle Nacht!
O fahre hin und kehre täglich wieder,
Sieh meinen Gleichmut und mein treues
Auge, das dir folgt so lange Jahre,
Und bin ich müde, o so nimm die Seele,
die so leicht an Wert doch auch an
üblem Willen, nimm sie auf und laß sie
mit dir reisen, schuldlos wie ein Kind,
das deine Strahlendeichsel nicht beschwert,
hinüber – Ich spähe weit, wohin wir fahren.

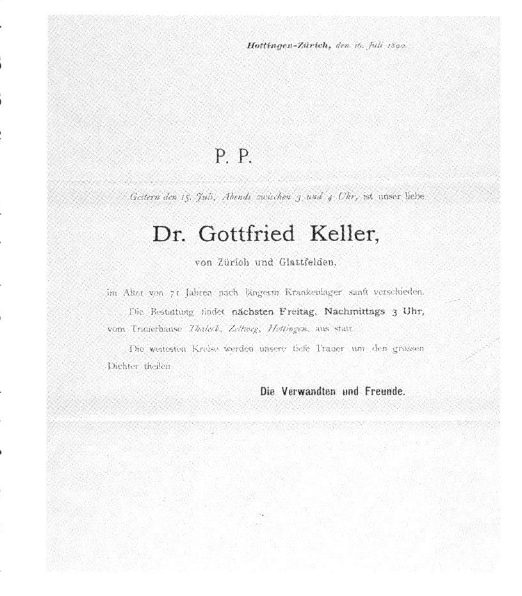
Hottingen-Zürich, *den 16. Juli 1890.*

P. P.

Gestern den 15. Juli, Abends zwischen 3 und 4 Uhr, ist unser liebe

Dr. Gottfried Keller,

von Zürich und Glattfelden,

im Alter von 71 Jahren nach längerm Krankenlager sanft verschieden.

Die Bestattung findet **nächsten Freitag, Nachmittags 3 Uhr,** vom Trauerhause *Thaleck, Zeltweg, Hottingen,* aus statt.

Die weitesten Kreise werden unsere tiefe Trauer um den grossen Dichter theilen.

Die Verwandten und Freunde.

Keller ist einen Tag vor seinem einundsiebzigsten Geburtstag zu Grabe getragen worden. Die Bestattungsfeierlichkeiten wurden vom Stadtpräsidenten auf den 18. Juli 1890 angeordnet. Zusammen mit Kellers Testamentsvollstrecker Schneider und Arnold Böcklin gab der Stadtpräsident auch das Trauerzirkular in Auftrag, da Keller keine nahen Verwandten mehr hatte. Die feierliche Abdankung, an deren Schluß Kellers «O mein Heimatland» erklang, fand in der Fraumünsterkirche statt.

Der Prozeß

Am Allerheiligentag 1890 versammelte sich im alten Gerichtsgebäude im Selnau die 1. Sektion des Bezirksgerichtes Zürich. Auf dem schmucklosen Pult des Präsidenten Alfred Ammann lag eine dünne Aktenmappe mit gewichtigem Inhalt: «In Sachen des Friedrich Scheuchzer, Nationalrat, in Bülach, Klägers, gegen Dr. Albert Schneider, Professor in Hottingen, Beklagten, als Testamentsvollstrecker des Dr. Gottfried Keller sel. betr. Testamentsaufhebung.»

Was da in magerstem Juristendeutsch vorlag, sollte die Gerichte und die Öffentlichkeit zwei volle Jahre lang beschäftigen. Als Nebenintervenienten des Beklagten hatten die Schweizerische Eidgenossenschaft namens der Winkelriedstiftung, der Kanton Zürich namens seines Hochschulfonds und die Stadt Zürich namens ihrer Stadtbibliothek hochdotierte Juristen abgeordnet. Vertreter des Klägers war der Zürcher Ständerat Dr. Jakob Pfenninger, für die Hochschule und den Winkelriedfonds sprach Professor Dr. h. c. Johann Jakob Treichler, die Stadtbibliothek vertrat der Rechtskonsulent des Stadtrates, Dr. Georg Mousson. Eigentlicher Angeklagter war Gottfried Keller selber, dem man Unlauterkeit oder aber Unzurechnungsfähigkeit bei der Abfassung seines Testaments vorwarf. «Unter den Zuhörern war die Presse außergewöhnlich in Zahl und Qualität vertreten.» Doch einiges, was in diesem unaufhörlichen Prozeß zutage kommen sollte, wurde nur zwischen den Zeilen erwähnt. Pietät oder Parteilichkeit?

Gottfried Keller im Alter von 65 Jahren. Marmorbüste von Richard Kissling (1848–1919), der 1901 auch das Reliefbildnis zu Kellers Grabmal schuf. Die 1884/85 entworfene Büste wurde kurz vor Kellers Tod ausgeführt und 1892 in der Eingangshalle des Zürcher Rathauses aufgestellt. Eigentum des Kantons Zürich.

Der im Zürcher Unterland und in Winterthur hochangesehene Kläger war Kellers Cousin Dr. med. Friedrich Scheuchzer (1828–1895) in Bülach, Nationalrat, Verleger der «Bülach-Dielsdorfer Wochen-Zeitung», Führer der Demokraten, Kantonsrat und selber Präsident des Bezirksgerichtes Bülach. Ein ungewöhnlich erfolgreicher Mann, der sich medizinisch, publizistisch und juristisch bestens auskannte. Kellers Mutter und Scheuchzers Vater waren Geschwister, der «Chirurgus» von 1757, den Keller in seinem Festspiel «Die Johannisnacht» auftreten ließ und der einst als Feldscherer Friedrich dem Großen gedient hatte, war ihr gemeinsamer Großvater gewesen. In verschiedenen Briefen, die der junge Gottfried aus Heidelberg und Berlin nach Glattfelden geschrieben hatte, hieß es: «Was macht Fritz?» und «Den Fritz lasse ich besonders grüßen.» Anderseits druckte Scheuchzer in seiner Zeitung als erster im Kanton Novellen seines Vetters als Feuilleton ab: 1862 «Der Wahltag», 1870 «Das Fähnlein der sieben Aufrechten» und «Frau Regel Amrain und ihr Jüngster».

Später begannen sich die Beziehungen offensichtlich zu trüben.

Rechte Seite: «Auszug der Penaten», Gemälde von Albert Welti (1862–1912), Kunstmuseum Winterthur. Der Böcklin-Schüler Welti ließ sich von Kellers Gedicht «Poetentod» zu diesem 1905/06 entstandenen Bild anregen. Bei Keller lauten die entsprechenden Strophen:

Sie ziehen aus, des Schweigenden Penaten,
In faltige Gewande tief verhüllt;
Sie gehn, die an der Wiege einst beraten,
Was als Geschick sein Leben hat erfüllt:

Voran, gesenkten Blicks, das Leid der Erde,
Verschlungen mit der Freude Traumgestalt,
Die Phantasie und endlich ihr Gefährte,
Der Witz, mit leerem Becher, still und kalt.

Gottfried Keller verabscheute die jovial-anbiedernde Art und die unersättliche Publizitätsgier seines Vetters. Im Oktober 1879 schrieb er Eduard Münch, der einst bei der Mutter am Rindermarkt in Kost gewesen war: «Die Scheuchzerfamilie in Glattfelden, wo niemand mehr und das Haus von einem Bauern bewohnt wird, hat verschiedene Schicksale.» Der älteste Sohn Heinrich liege gelähmt im Bett, die älteste Tochter Setti sei in Armut gestorben, der mittlere Sohn Jacques lebe als pensionierter Schiffsmaschinist, Siegmund sei ökonomisch zugrunde gegangen. «Der jüngste Sohn Fritz hat sich durch politische Stürme als demokratischer Wühlhuber und Volksverführer emporgebracht. Er ist Gerichtspräsident, Nationalrat, Kantonsrat, Zeitungsbesitzer und -schreiber und weiß Gott was und lebt in Bülach, wo er sonst Arzt war.» Diese Ämterkumulierung im Stile Alfred Eschers war dem zugeknöpften Dichter und aktenbeflissenen Beamten sicher ein Dorn im Auge. Noch auf dem Sterbelager erzählte Keller vom Wesen und Lebenslauf eines «bei ihm nicht angenehmen Mannes», den er kürzlich wegen ungebührlichen Benehmens mit «Aber, lieber Vetter!» habe zurechtweisen müssen.

Verbissen suchte nun Fritz Scheuchzer mit medizinischen und formaljuristischen Argumenten das Gericht und die Öffentlichkeit zu überzeugen, daß der bereits vom Tode gezeichnete Keller nicht mehr testierfähig gewesen sei – «demens (blödsinnig)» steht im Protokoll – und daß er sein Vermögen in Tat und Wahrheit den lieben Verwandten habe zukommen lassen wollen. Ob Scheuchzer das selber glaubte?

Keller, der einst das Amt eines Staatsschreibers nur unter größten ökonomischen Bedenken an den Nagel gehängt hatte, brachte in den folgenden vierzehn Jahren durch Fleiß und Bescheidenheit ein stattliches Vermögen zusammen. An Wertpapieren und Barschaft waren nun nach Ausrichtung aller Legate noch etwa Fr. 60 000.– vorhanden, aus dem Urheberrecht seiner literarischen Werke flossen dem Haupterben, dem Hochschulfonds, noch um die Jahrhundertwende jährlich etwa Fr. 30 000.– zu. Die Stadtbibliothek übernahm seine Büchersammlung von 1378 Bänden und 200 Broschüren, den künstlerischen Nachlaß von 120 Blättern, dazu die Ehrengaben und das Inventar seines Arbeitszimmers.

Die nach Kellers Tod durchgeführten amtlichen Nachforschungen ergaben, daß noch dreißig Verwandte und Nachfahren der einstigen Großeltern lebten. Nach damaligem Recht waren sie wohl erbberechtigt, besaßen aber keine gesetzlichen Ansprüche. Doch Keller erklärte in seinem Testament kurz und bündig: «Pflichtteilsberechtigte oder auch nur erbfähige Verwandte habe ich gar keine.» Warum hatte ihn weder der Notar noch einer der beiden Testamentszeugen auf diese Unkorrektheit aufmerksam gemacht? Daß der ehrgeizige Vollblutpolitiker Scheuchzer in Bülach Kellers naher Verwandter war, wußte jeder.

Friedrich Scheuchzer, der aktivste aller Enterbten, war auch der einzige, der gegen das Testament sofort Einspruch erhob. In seiner Zeitung versuchte er, sein Verhalten mit selbstlosen staatsbürgerlichen Argumenten zu rechtfertigen: «Die öffentlichen Güter sind in den letzten Jahren wiederholt durch letztwillige Verfügungen und Schenkungen von so seltsamer Art bedacht worden, daß ich nicht umhin kann, dem Schweizervolk beiläufig die Frage an Herz und Gewissen zu legen, ob es wirklich ohne alle und jede Bedenken alles anzunehmen gewillt sei, was ihm auch zugedacht werden möge, und ob es zum Beispiel mit Bezug auf

MIT DEM TODTEN WANDERN GEISTER AVS
DIE IM LEBEN IHM DIE BECHER REICHTEN
STILL VND OED WIRD NVN DAS HAVS
OHNE SANG VND OHNE LEVCHTEN

das Erbrecht heute schon den sozialistischen Staat konstituiert haben wolle?»

Durch seinen Anwalt Pfenninger ließ er dem Gericht vortragen, das Testament sei formell ungültig, weil zwingende gesetzliche Vorschriften grob verletzt worden seien: der letzte Wille Kellers sei nicht vor ihm und den Urkundspersonen, sondern im Nebenzimmer entstanden. Dazu komme, daß eine Urkundsperson nach Gesetz nicht gleichzeitig Erbe sein dürfe, was aber mit Dr. Schneider und der goldenen Uhr geschehen sei. Im übrigen sage Kellers Behauptung, er besitze keine Verwandten, genug über seinen verwirrten Geisteszustand aus. Dieser gehe deutlich auch aus der Todesbescheinigung des Arztes Dr. Albert Claus hervor, der als Todesursache Altersschwäche und Schwund von Gehirn und Rückenmark festgestellt habe.

Das Bezirksgericht wies die Anfechtungsklage schon in der ersten Verhandlung ab. Die formelle Bemängelung sei unbegründet, die Schenkung des Chronometers an Professor Schneider müsse als Entgelt für dessen Arbeit als Testamentsexekutor betrachtet werden; wohl sei dieser zufällig Mitglied des Senats der Universität, nicht aber das erbende Institut selber. Bei strengster Auslegung des Gesetzes müßte man Schneider die Uhr eventuell wieder abnehmen. Eine Sektion des Toten hätte leider nicht stattgefunden, und kein Experte könne nachträglich mit Bestimmtheit behaupten, Kellers Krankheit hätte ihn schon ein halbes Jahr vor seinem Tode seiner gesunden Geistesverfassung oder seines bewußten Willens beraubt. Bei der Testamentsabfassung hätten der Notar und zwei klassische Zeugen unterschriftlich bescheinigt, daß der Erblasser bei den bekannten, gesunden Geisteskräften gewesen sei.

«Das ganze Urteil läßt die innere Hemmung der Richter erkennen, die geistige Sphäre des großen Landsmanns vor aller Öffentlichkeit zu erörtern», kommentierte der Jurist Dr. Gottfried Weiss im Zürcher Taschenbuch 1957: «Der Prozeß um das Testament von Gottfried Keller.»

Scheuchzer waren solche Bedenken fremd. Als hemdsärmliger Politiker war er auf Erfolg und Ansehen bedacht. Und die vertraute nahe Verwandtschaft mit dem großen Dichter ließ er sich nicht nehmen. Er erklärte Berufung an das Obergericht, weil das von ihm verlangte Beweisverfahren um den Geisteszustand des Testators nicht durchgeführt worden war. Dem wurde «bei allem Respekt vor der Integrität der Urkundspersonen» zugestimmt. Eindeutig falsch sei zudem Kellers Behauptung, er habe keine erbfähigen Verwandten; einem Antrag des Klägers auf eine medizinische Expertise hätte man unbedingt stattgeben müssen.

Damit lag der monströse Fall zur Neubeurteilung wieder beim Bezirksgericht, das nun den Direktor der Irrenanstalt von Basel, Professor der Psychologie Ludwig Wille, beauftragte, der Zeugeneinvernahme beizuwohnen und dann zu entscheiden, ob Gottfried Keller bei der Testamentserrichtung noch voll bei Sinnen und unbeeinflußt gewesen sei.

«Und nun erschienen sie alle, die von beiden Parteien angerufenen Zeugen, insgesamt mehr als ein halbes Hundert, um über den Geisteszustand Kellers Red und Antwort zu stehen, und die minuziös aufgezeichneten Aussagen ließen das Gerichtsprotokoll immer umfangreicher werden. Ein denkwürdiges Dokument! Es läßt vor unserm geistigen

Auge alle die Personen erstehen, die mit Keller in den letzten Lebensjahren in Berührung gekommen sind. Wir erleben – als spielte sich vor uns eine Seldwylergeschichte ab –, wie die Verwandten der Testamentseröffnung beiwohnten und wie sie dann mit besser oder schlechter verhüllter Enttäuschung, zum Teil mit augenfälligem Mißmut, den Heimweg antraten, enttäuscht, weil im Testamentszusatz nicht alle Verwandten gleich behandelt worden waren, enttäuscht alle jene, die nicht verstehen konnten, daß ihr berühmtgewordener Vetter sein Vermögen Institutionen zugewendet hatte, die ihnen ihrem Wesen nach fernstanden.

Wir hören Zeugen, die keine Beziehungen zur geistigen Sphäre Kellers hatten und kaum in der Lage waren, körperliche Gebrechen und Gebresten von geistiger Beeinträchtigung zu unterscheiden. Andere wieder bezeugen Äußerlichkeiten, Schrullenhaftigkeiten, robuste und massive Ausdrücke Kellers, als ob es sich dabei um geistige Niedergangserscheinungen handle. Dann aber erleben wir, was Bekannte und Freunde, Menschen, die Zugang zum Geisteskreis Kellers hatten, über seine letzten Monate, seine letzten Wochen und seine letzten Tage zu berichten wußten. Wir erleben mit innerer Anteilnahme und Bedrükkung, was sie über den langsamen körperlichen Zerfall ausführten, und fühlen unsere Herzen erhoben durch ihre Feststellungen, daß doch bis fast an das Ende Kellers Geist immer wieder die Krankheit überwand, und daß während längerer Perioden der alte, etwas schrullenhafte, etwas brummlige, etwas maßleidige, aber doch am literarischen Leben, an politischen, an öffentlichen Vorgängen auf das eifrigste interessierte Keller sich wieder durchsetzte.»

Ganz allgemein ergaben die Zeugenaussagen, daß zur Zeit der Errichtung von Testament und Kodizill Keller die Bedeutung seiner letztwilligen Verfügungen in aller Klarheit erkannte und seine Entscheidungen in aller Unabhängigkeit und seinem tiefsten Wesen entsprechend traf. Immer wieder auch erhellen die Lichter seines Humors den Dämmer der Krankenstube, und Äußerungen überlegener Selbstironisierung entlasten die drückende Atmosphäre.

Im Vordergrund standen die Aussagen der Testamentszeugen Professor Schneider und Arnold Böcklin, des Notars Karrer und des Arztes Dr. Claus. Neu war Böcklins Erklärung, Keller sei oft müde gewesen und habe schon bei der Kur in Baden einmal geklagt, er habe «dumme Erscheinungen». An Energie und eigenem Willen habe er aber nichts verloren. Dr. Claus gab zu, die Bezeichnung der Todesursache im Totenschein sei etwas unbestimmt gewesen, weil im Schema der Totenscheine kein anderer Ausdruck zu Gebote gestanden habe. «Schwund des Gehirns und des Rückenmarks» bezeichne nur den Terminalprozeß, es seien gewöhnliche Altersdegenerationen vorausgegangen.

Aus vielen Einzelzeugnissen ging hervor, daß sich Kellers klarer Testamentswille schon vor Jahren herausgebildet hatte. Professor Julius Stiefel erinnerte sich eines Gesprächs: Keller wolle den Hochschulfonds begünstigen, weil er vom Staat in außergewöhnlicher Weise Stipendien erhalten habe. – Er wolle nicht, daß sein Nachlaß in die Hände seiner Verwandten, vor allem nicht in die seines Vetters, des «chaibe Schüüchzerli» gelange, hatte er zu Dr. Heusser gesagt.

Demgegenüber hatte die Aussage des Klägers wenig Gewicht: Noch drei Wochen vor seinem Tode habe Keller Scheuchzers Tochter Ida

Kellers Totenmaske, abgenommen von Richard Kissling am Tag nach dem Tod. Neuaufnahme von Eduard Widmer. Die Maske, seit 1941 Eigentum der Zentralbibliothek Zürich, befindet sich heute in der Ausstellung des Gottfried-Keller-Zentrums Glattfelden.

eine tüchtige Vergabung versprochen, «sie müsse sehen, was für einen Vetter sie gehabt habe.» Zahlreiche Zeugen äußerten sich begeistert über den Menschen Gottfried Keller und dessen hohe, niemals erlahmende Intelligenz: Richard Kissling, Adolf Frey, der Forstmeister Meister aus dem Sihlwald, Redaktor Reinhold Rüegg, Architekt Prof. Bluntschli, Sigmund Schott aus Frankfurt und viele andere.

Vor allen aber leuchtete einer hervor, Conrad Ferdinand Meyer: «Ich stund zu Gottfried Keller», berichtet das Protokoll, «in einem Verhältnis, das fast ein Freundschaftsverhältnis war. Wir sahen uns nicht oft, nur so alle Jahre ein Brief, alle Jahre ein Besuch. Wir schätzten uns beide hoch. In der ersten Woche des Februar 1890 habe ich Keller das letztemal besucht. Man sagte damals, die Krankheit Kellers sei gefährlich. Da wollte ich ihn zum letzten Male sehen. In der Wohnung angelangt, ließ ich ihm durch die Wärterin meine Karte überbringen und wurde dann sofort eingelassen. Ich bin sehr lange bei ihm geblieben, ich glaube wohl drei Stunden in der Mittagszeit. Keller hat fast in einemfort gesprochen, aber nur ganz leise, so daß man ihn oft nur beim feinen Zuhören verstand.» Über den damaligen Geisteszustand Kellers sagte Meyer aus, daß er gegenüber früher geistig unverändert gewesen sei. «Über literarische Sachen, worauf sich unser Gespräch zumeist erstreckte, war er sehr geistreich und über Lebenssachen auch, allerdings etwas müde von der Krankheit her. Während des Gesprächs hat Keller immer meine Karte in den Händen herumgedreht, wohl eine Viertelstunde. Das war mir beunruhigend, und ich nahm ihm daher die Karte sachte weg und legte sie auf den Nachttisch. Da bemerkte Keller: ‹Ich hätte nur geglaubt, auf den schönen weißen Raum gehörte ein Vers.› Und ich fragte: ‹Was für einer?› Er erwiderte: ‹Ich dulde, ich schulde›, womit er wohl den Tod meinte, den wir alle der Natur schuldig sind.»

Conrad Ferdinand Meyer (1825–1898), Aufnahme von Johannes Ganz, Mai 1883. Am 5. Juni 1882 schrieb Keller an Storm: «Es ist ewig schade, daß er mir wegen allerhand kleiner Illoyalitäten und Aufgeblasenheiten verloren ist. Allein ich bin in diesem Punkte starr und unträtabel». Anders Meyer, der kurz nach Kellers Tod schrieb: «Er war ein wunderlicher und genialer Mensch und gar nicht so einfach, oder sicher nicht so leicht zu kennen. Am meisten aber und gewaltig imponierte mir seine Stellung zur Heimat, welche in der Tat der eines Schutzgeistes glich: er sorgte, lehrte, predigte, warnte, schmollte, strafte väterlich und sah überall zu dem, was er für recht hielt».

Und darauf hatte der Experte das Wort: Gottfried Keller sei bis ins hohe Alter gesund gewesen. Erst etwa drei Jahre vor seinem Tode, nach der Niederschrift des «Salander» seien allmählich die Beschwerden und Schwächen des Alters in Erscheinung getreten, vor allem im Zusammenhang mit dem Hinschied seiner Schwester. Eine Zunahme der Beschwerden sei um die Zeit seines siebzigsten Geburtstages anläßlich seines Aufenthaltes auf Seelisberg festgestellt worden, vermutlich als Auswirkung der mit der Geburtstagsfeier verbundenen Gemütserregung. Dort hätten sich vorübergehende geistige Störungen deliröser Art eingestellt. Der Dichter sei hinfälliger und hilfloser geworden, und der anschließende Kuraufenthalt habe den Zustand nicht verbessert, sondern noch verschlimmert. Deliröse Erscheinungen seien vor allem nachts aufgetreten. Für die Zeit nach Baden sei auf Grund zahlreicher Zeugenaussagen eine eindeutige Besserung aufgetreten. Das frühere Gemüt, der frühere Humor, die frühere geistige Lebhaftigkeit, Frische und Klarheit hätten sich wieder eingestellt. Die reich und stark angelegte Natur habe krankhaften Einflüssen gegenüber besonderen Widerstand geleistet, und zwar in einem Ausmaß, das bei schwächerer geistiger Konstitution nicht denkbar gewesen wäre. Eine entscheidende Wendung zum Schlechten sei erst Mitte Mai eingetreten, bis dann eine allmähliche Abschwächung die lange vorher geahnte Erlösung gebracht habe. Die in der Todesbescheinigung erwähnte Todesursache der Gehirnerweichung sei nicht bewiesen worden.

Was natürlich auch wieder zur Sprache kam, war das Kodizill: Während der etwa einjährigen Dienstzeit der jungen Hausmagd und Köchin Pauline Leber hatte Keller für viele Wochen in Seelisberg und Baden geweilt. Die Verdoppelung ihres Legats von 5000 auf 10 000 damalige Franken, drei Monate vor Kellers Tod, war tatsächlich eine undurchsichtige Sache, die vielleicht mit dessen Schwäche für das schöne Geschlecht entschuldbar war. Pauline Leber war eine aus dem Thurgau stammende, dreißigjährige Dienstmagd, die bei Keller wohnte. Er bezeichnete sie an Pfingsten 1889 als eine «sogenannte bestandene Person, die aber wohl nicht bei mir sterben wird, wenn ich mich nochmals erholen kann.»

Im Rathaus Zürich, in dem Keller als Staatsschreiber und Protokollführer des Regierungsrates 15 Jahre lang Amtsgeschäfte zu besorgen hatte und für kurze Zeit als Kantonsrat des Wahlkreises Bülach tagte, wurde ihm 1892 durch Kisslings Marmorbüste ein erstes Denkmal gesetzt. Die Sockelinschrift lautet: «Dem Dichter und Staatsschreiber». An ihrer Stelle befindet sich seit 1978 ein Bronzeguß vom künstlerisch wertvolleren Gipsentwurf.
Im Auftrag des Regierungsrats des Kantons Zürich wurde im Rathaus 1983 zudem von der Zentralbibliothek eine bleibende Gottfried-Keller-Ausstellung eingerichtet, die Möbel, Bücher und Schriftdokumente, Bilder und Ehrengaben sowie Kisslings Marmorbüste zeigt.
Eine bleibende Gedenkstätte mit einer reichhaltigen Ausstellung hat der Dichter 1985 auch in seinem Heimatort Glattfelden erhalten.

Scheuchzer verlangte die Anordnung einer Oberexpertise, Verschiebung der Schlußverhandlung und Sistierung des Prozesses, da er gegen die Pauline Leber und den Notar Karrer Strafanzeige erstattet habe.

Das Bezirksgericht lehnte alle seine Anträge ab und entschied erneut, die Testamentsanfechtungsklage sei formell und materiell unbegründet.

Aber damit immer noch nicht genug! Scheuchzer legte wieder Berufung an das Obergericht ein, um aber auch von dieser Instanz hören zu müssen, es sei der Beweis für die angebliche Geistesschwäche des Testators völlig gescheitert. Das Beweisverfahren habe deutlich ergeben, daß der Testator zwar an einer Altersschwäche gelitten habe, in seiner Geisteskraft jedoch erst in den letzten Wochen seines Lebens beeinträchtigt worden sei.

Auch dieses Urteil zeichnet sich durch seine apodiktische Kürze aus. Es ergänzt den bezirksgerichtlichen Entscheid nur noch durch die Feststellung, es stehe nun außer Zweifel, daß die angebliche Äußerung Kellers, er habe keine erbberechtigten Verwandten, auf Grund eines

Mißverständnisses des Notars Eingang in die Testamentsurkunde gefunden habe.

Gegen dieses zweite Urteil des Obergerichtes erhob Scheuchzer auch noch Beschwerde an das Kassationsgericht, und erst am 13. September 1892 entschloß er sich auf Anraten seines Arztes wegen seiner angeschlagenen Gesundheit zum Rückzug der Beschwerde.

Eindeutig ist, daß der von Anfang an von Sympathien für Keller getragene Prozeß der Klägerschaft nicht ganz gerecht wurde. Auf den «Schweizerischen Nationaldichter» und «Schutzgeist der Heimat» sollte und durfte kein Schatten fallen. Alle entscheidenden und mitredenden Personen waren der Universität irgendwie verbunden. Es war namentlich Dr. J. J. Treichler, einst Kellers Gefährte bei den Freischarenzügen, dann Regierungs- und Nationalrat, jetzt Präsident des Kantonsrats und Professor der Rechte an beiden Hochschulen, der «mit Geschick die weitherzigen Gültigkeitserfordernisse» vertrat und die Anerkennung des Testaments erreichte. «In diesem Prozeß entfaltete er wie kaum je zuvor das eindrucksvolle Feuerwerk seiner forensischen Beredsamkeit», vermerkten seine Biographen. Der abgehalfterte Kläger Scheuchzer, der in seiner Wochenzeitung immer wieder über seinen Prozeß rapportierte, überlieferte denn auch den «hohlen pathetischen Schlußsatz», mit dem Treichler sein Plädoyer gekrönt hatte: «In einer packenden Darstellung schilderte er, daß das Testament nur das würdige Schlußgebet des Sängers von ‹O mein Heimatland› sei. ‹Und dieses Schlußgebet sollen Sie nun als eine Ausgeburt des Wahnwitzes erklären! Meine Herren, das ist unmöglich!›»

Aus Kellers Sicht war das Testament ein Dank an die Stadt Zürich, in der er sich verwurzelt fühlte und die ihn überraschend zum Ehrenbürger gemacht hatte, ein Dank an den Kanton, der ihm durch weitherzige Stipendien in schwerer Zeit den Glauben an die dichterische Begabung bekundete, der Beweis der Verbundenheit mit der Hochschule, an der er viele Freunde hatte und die ihn zum Ehrendoktor ernannte, und nicht zuletzt der ganz persönliche Dank an die akademische Jugend, die ihn in feierlicher Stunde zum Dichten ermahnt hatte und von der er sich nach dem Zeugnis Adolf Freys wünschte, daß sie ihm auf seiner letzten Fahrt das Geleit geben möge.

Rechte Seite: Gottfried Keller in seinem letzten Lebensjahr. Gemälde von Arnold Böcklin 1889/90. Gottfried-Keller-Stiftung, Depositum im Kunsthaus Zürich. Über Karl Stauffers photographisch genaue Porträts hinaus zeigt dieses letzte, unvollendete des in sich versunkenen Dichters das Elementare, Mythische dieser unbeugsamen Persönlichkeit, die C.F. Meyer einen «Schutzgeist» seiner Heimat genannt hat.

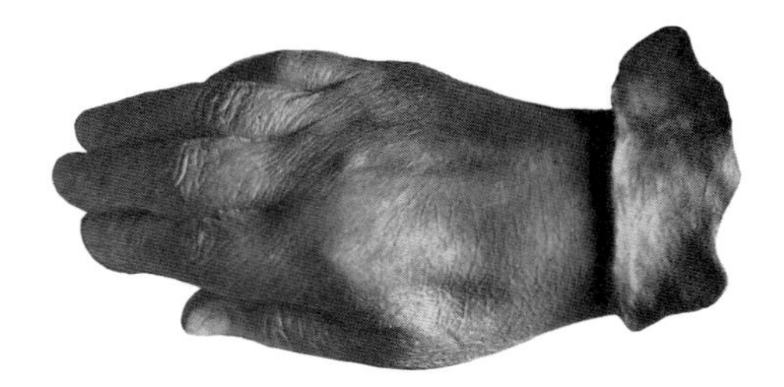

Unten: Gottfried Kellers rechte Hand. Abguß von Richard Kissling. «Ganz weiß waren die vollen und mit Grübchen ausgestatteten Hände, wahrhaftig schöne Frauenpatschhände ins Männliche umstilisiert», schrieb Adolf Frey 1891 in seinen «Erinnerungen an Gottfried Keller».

Unten: Das Gottfried-Keller-Zentrum Glattfelden.
Durch Gedenktafeln sind in Zürich die vier Häuser «Zum goldenen Winkel», «Zur Sichel», «Steinhaus» und «Thaleck» als Wohnstätten des Dichters gekennzeichnet. 1964 errichtete die Schweizerische Rückversicherungs-Gesellschaft vor ihrem Sitz am Mythenquai 60 ein Denkmal des Dichters, da dieser als Staatsschreiber ihre Gründungsurkunde unterzeichnet hatte.

Seite rechts: Der Grüne-Heinrich-Brunnen auf dem Schulhausplatz in Glattfelden. Die Seitenwände tragen die Namen von vier Frauengestalten des Romans, die auf dem Brunnenstock verbildlicht sind: Mutter, Meretlein, Anna und Judith. Der vom Bildhauer Ernst Heller (1894 bis 1972) geschaffene Brunnen wurde zum 50. Todestag Kellers eingeweiht.

JUDITH

Gottfried Keller als Schutzgeist seiner Heimat. Eines der von Bruno Bischofberger 1985 für das Gottfried-Keller-Zentrum Glattfelden geschaffenen Glasbilder. Der Zyklus zeigt Szenen aus Kellers «Züricher Novellen» und den Dichter selber. Links und rechts des Keller-Porträts ergeben sich Ausblicke in des Dichters Heimatort im Unterland, wo er als junger Mann versucht hatte, auf eigene Faust Maler zu werden.

Zeittafel

Wege zur dichterischen Berufung 1819–1860

Geboren am 19. Juli im Haus zum Goldenen Winkel in Zürich (Neumarkt 27) als zweites von sechs Kindern des Drechslermeisters Hans Rudolf Keller (1791–1824) und der Arzttochter Elisabeth geb. Scheuchzer (1787–1864); Bürger von Glattfelden. Aufgewachsen ab April 1821 im Haus zur Sichel (Rindermarkt 9). Am 1. Mai 1822 Geburt der Schwester Regula; in den Jahren 1822–1825 sterben die vier anderen Geschwister. Am 12. August 1824 Tod des Vaters.	1819
Eintritt in die Armenschule, 1831 in das Landknabeninstitut. 1826 zweite Ehe der Mutter (1834 geschieden). In der Jugendzeit alljährlich bis 1839 und noch in späteren Jahren Sommeraufenthalt beim Onkel und Vormund Johann Heinrich Scheuchzer (1786–1857), Arzt in Glattfelden.	1825
Erste schriftstellerische Versuche (Dramen, Novellen, Lyrik). Eintritt auf Ostern 1833 in die Kantonale Industrieschule beim Grossmünster.	1832
Im Juli von der Schule verwiesen. Entschluss zur Landschaftsmalerei. Zeitweise Malunterricht bei Peter Steiger, von Juni 1837 bis März 1838 bei Rudolf Meyer. Erste Liebe zu Henriette Keller (1818–1838).	1834
Im April Reise nach München zur künstlerischen Weiterbildung. Malt im Frühjahr 1842 sein Hauptwerk *Heroische Landschaft.* Aufenthalt in der Isarstadt bis November 1842, dann im Elternhaus ohne berufliche Zukunft.	1840
Entschluss zur Schriftstellerei. Schreibt seit Juli politische Gedichte, im September *An das Vaterland.* Zeichnet im Herbst *Mittelalterliche Stadt,* das unvollendete letzte Werk des Malers. Erste Ideen zum Roman *Der grüne Heinrich.* Förderung durch Julius Fröbel.	1843
Literarisch entscheidende Bekanntschaft mit August Adolf Ludwig Follen. Im November erste Publikation: *Lieder eines Autodidakten* im *Deutschen Taschenbuch* Jg. 1 (1845). Im Dezember Teilnahme am ersten, Ende März 1845 am zweiten Freischarenzug.	1844
Freundschaft mit Ferdinand und Ida Freiligrath, bis Sommer 1846 heftige Liebe zu deren Schwägerin und Schwester Marie Melos (1820–1888).	1845
Im Frühjahr erscheint die erste Einzelpublikation: *Gedichte* bei Anton Winter in Heidelberg, auf Kosten des Autors bei Orell Füssli in Zürich gedruckt. Im Juni–Juli Reise nach Graubünden (Viamala) und Luzern.	1846
Wohnt vom März bis Oktober bei Wilhelm Schulz an der Gemeindestrasse in Hottingen; hoffnungslose Liebe zu Luise Rieter (1828–1879). Bis Mitte 1848 Arbeit in der Staatskanzlei unter dem damaligen ersten Staatsschreiber Alfred Escher (1819–1882).	1847
Reist im September mit einem Stipendium der Zürcher Regierung, das bis 1852 dreimal erneuert wird, nach Heidelberg, um sich zum Dramatiker auszubilden. Studiert an der Universität bis April 1850; lebensbestimmender Einfluss des Philosophen Ludwig Feuerbach (1804–1872). Freundschaft mit Hermann Hettner.	1848

1849 Arbeit am Roman *Der grüne Heinrich*. Im Sommer – Herbst aufwühlende Liebe zu Johanna Kapp (1824–1883). Erster Briefkontakt mit dem Verleger Eduard Vieweg (1796–1869) in Braunschweig.

1850 Seit April in Berlin, Aufenthalt bis November 1855. Arbeit an *Der grüne Heinrich*.

1851 Im Herbst erscheint der Band *Neuere Gedichte* bei Vieweg in Braunschweig (2. vermehrte Auflage 1854).

1852 Die Mutter verkauft im Oktober das Haus zur Sichel, um den weiteren Aufenthalt in Berlin zu ermöglichen.

1853 Bekanntschaft mit den Verlegern Franz und Lina Duncker sowie Julius Rodenberg. Im Dezember erscheint *Der grüne Heinrich* Band 1–3, im Mai 1855 Band 4 bei Vieweg in Braunschweig.

1854 Im Frühjahr Verzicht auf das Angebot einer Professur für Literaturgeschichte am Polytechnikum (berufen wird Friedrich Theodor Vischer im Mai/Juni 1855). Bekanntschaft mit Karl August Varnhagen von Ense, Freundschaft mit dessen Nichte Ludmilla Assing (1821–1880). Bis Sommer 1855 leidenschaftliche Liebe zu Betty Tendering (1831–1902), der Schwester von Lina Duncker.

1855 Ende November Rückreise nach Zürich; mehrwöchiger Aufenthalt in Dresden. Vor Weihnachten Ankunft in Zürich; wohnt bis September 1860 im Haus Gemeindestrasse 25 in Hottingen, das die Mutter auf Ostern 1855 bezogen hat.

1856 Im Januar erscheint der Band *Die Leute von Seldwyla* (fünf Erzählungen, geschrieben von Mai bis August 1855, erste Idee 1847) bei Vieweg in Braunschweig. Freundschaft mit Gottfried Semper, Friedrich Theodor Vischer und Jacob Burckhardt, Bekanntschaft mit Richard Wagner.

1857 Im Juli Beginn der Freundschaft mit Paul Heyse. Im November eröffnet sich die Möglichkeit einer freien Professur am Polytechnikum (wird nicht realisiert). Im Dezember Verzicht auf die angetragene Stelle des Sekretärs des Kölner Kunstvereins.

1860 Die im Frühjahr geschriebene Erzählung *Das Fähnlein der sieben Aufrechten* erscheint in Berthold Auerbachs *Volks-Kalender für 1861* in Berlin. Wohnt seit September mit Mutter und Schwester an der Kühgasse (später Hofstrasse 39) in Hottingen bis Dezember 1861. Reist im Oktober zur Enthüllungsfeier des Schillerdenkmals im Urnersee; der Aufsatz *Am Mythenstein* erscheint im *Morgenblatt für gebildete Leser* bei Johann Georg Cotta in Stuttgart im April 1861.

Amtsjahre des Staatsschreibers 1861–1876

1861 Publiziert im März im *Zürcher Intelligenzblatt* vier *Randglossen* gegen soziale Ungerechtigkeit. Am 14. September Wahl zum ersten Staatsschreiber des Kantons Zürich. Im Dezember Umzug mit Mutter und Schwester in die Amtswohnung, zweiter Stock der Staatskanzlei im Steinhaus (Kirchgasse 33). Unter der altliberalen Regierung bis 1869 Leiter der Staatskanzlei und ihres Rechnungswesens, Sekretär des Regierungsrats und der Direktion der politischen Angelegenheiten; im Mai 1862 zweiter Sekretär des Grossen Rats; von Dezember 1861 bis 1866 Mitglied des Grossen Rats (Wahlkreis Bülach); im Mai 1868 zweiter Sekretär des Verfassungsrats. Im Juni 1869 von der demokratischen Regierung als erster Staatsschreiber bestätigt, dritter Sekretär des Kantonsrats; von 1871 bis zum Rücktritt 1876 einziger Staatsschreiber. Verfaßt als solcher die Bettagsmandate von 1862 (ungedruckt), 1863, 1867, 1871 und 1872, das letzte vom Regierungsrat erlassene Mandat.

1863 Ab März bis Dezember 1865 Sekretär des schweizerischen Zentralkomitees für Polen.

1864 Am 5. Februar Tod der Mutter. Publiziert im Dezember und bis Oktober 1865 in der *Sonntagspost* in Bern vier Artikel zur Revision der zürcherischen Staatsverfassung.

1865 Im Oktober erscheint in der *Deutschen Reichs-Zeitung* bei Vieweg in Braunschweig ohne Wissen des Autors die erste Fassung der Erzählung *Die missbrauchten Liebesbriefe* (überarbeitet 1873).

Im Frühsommer Verlobung mit Luise Scheidegger (1843–1866), die sich am 13. Juli das Leben nimmt. Bekanntschaft mit Johannes Brahms. — 1866

Feier zum 50. Geburtstag am 19. Juli; Ernennung durch die I. Sektion der Philosophischen Fakultät der Universität Zürich zum Doktor der Philosophie honoris causa; Bekanntschaft mit Adolf Exner. — 1869

Im Januar-Februar von Frank Buchser porträtiert. Auf Ostern erscheint der Band *Sieben Legenden* bei Göschen (Ferdinand Weibert) in Stuttgart (entworfen 1854/55, geschrieben 1857/58 und 1871). Im Sommer erste Bekanntschaft mit Marie Exner (1844–1925, seit 1874 Marie Frisch) und tiefe Zuneigung. Im September Reise nach München mit Karl Dilthey, erster längerer Urlaub seit Amtsantritt. Bekanntschaft mit seinem nachmaligen Biographen Jakob Baechtold (1848–1897). — 1872

Im September auf Einladung der Geschwister Exner mehrwöchiger Aufenthalt am Mondsee im Salzkammergut; Rückreise über München. Auf Weihnachten erscheint *Die Leute von Seldwyla* Band 1–3, Ende 1874 Band 4 bei Göschen in Stuttgart (zehn Erzählungen, ab 3. Auflage 1876 in 2 Bänden). — 1873

Im Juli-August auf Einladung der Geschwister Exner mehrwöchiger Aufenthalt in Wien und Reith in Tirol; Rückreise über München. — 1874

Im April Umzug mit der Schwester aus der Amtswohnung in das Obere Bürgli in der Enge (Bürglistrasse 18). Die seit 1803 im Steinhaus (Kirchgasse 33) befindliche Staatskanzlei bezieht im Herbst vier neue Amtszimmer im Erdgeschoss des Obmannamts (Hirschengraben 15), wo sie bis Ende 1921 untergebracht ist (seitdem im Kaspar-Escher-Haus am Neumühlequai). Im November erscheint die Einzelausgabe der Erzählung *Romeo und Julia auf dem Dorfe* bei Göschen in Stuttgart. — 1875

Reicht am 30. März seinen Rücktritt ein; am 15. Juli Abschied vom Staatsamt. Im Mai Beginn des Briefwechsels mit Wilhelm Petersen. Bekanntschaft mit Adolf Frey. Im Oktober Reise nach München, letzter Auslandaufenthalt; Beginn des Briefwechsels mit Conrad Ferdinand Meyer (persönliche Bekanntschaft älter). — 1876

Spätzeit des Dichters 1877–1890

Im März Beginn des Briefwechsels mit Theodor Storm. Von November 1876 bis April Vorabdruck der seit 1874 geschriebenen ersten drei *Züricher Novellen* in Julius Rodenbergs *Deutscher Rundschau* in Berlin; Buchausgabe aller fünf Novellen in 2 Bänden im Dezember bei Göschen in Stuttgart. — 1877

Im März Reise nach Bern; Gast des Bundesrats. Die Stadt Zürich schenkt dem Dichter am 28. April das Bürgerrecht «aus besonderem Dank für die lebensfrischen Dichtungen» der *Züricher Novellen*. Reist im September auf Rigi-Kulm. — 1878

Im Januar entsteht das Gedicht *Abendlied*. Am 19. Juli kleine Feier zum 60. Geburtstag. Im November erscheint *Der grüne Heinrich*, Band 1–3 der im Frühjahr 1878 begonnenen zweiten Fassung, Ende 1880 Band 4, bei Göschen in Stuttgart. — 1879

Von Januar bis Mai erscheint der Novellenzyklus *Das Sinngedicht* in Julius Rodenbergs *Deutscher Rundschau* in Berlin (erste Idee im Sommer 1851, geschrieben seit Oktober 1880); die überarbeitete, 1882 datierte Buchausgabe kommt im November bei Wilhelm Hertz in Berlin heraus. Im Oktober Künstlerreise mit Rudolf Koller und Emil Rittmeyer, Besuch bei Ernst Stückelberg in der Tellskapelle und Robert Zünd in Luzern; der Bericht *Ein bescheidenes Kunstreischen* erscheint in der *Neuen Zürcher Zeitung* im März 1882. — 1881

Im September Umzug mit der Schwester vom Oberen Bürgli in das stadtnähere Haus Thaleck (Zeltweg 27) in Hottingen. — 1882

Ernst Stückelberg malt im Auftrag des Präsidenten des Stadtrats Melchior Römer in dessen Haus an der Bahnhofstrasse 71 ein Fresko, das eine Szene aus Kellers *Hadlaub* darstellt. Im November erscheint der Band *Gesammelte Gedichte* bei Wilhelm Hertz in Berlin (Redaktion seit Mitte 1881). — 1883

1884 Aufstellung einer von Victor von Meyenburg nach Kellers *Hadlaub* geschaffenen und der Stadt Zürich geschenkten Statue des Minnesängers in den Platzspitzanlagen. Im Herbst Begegnung mit Friedrich Nietzsche.

1885 Im Winter 1884/85 von Richard Kissling modelliert (Gipsentwurf zur Marmorbüste von 1889/90). Im März Verlagsvertrag für das Gesamtwerk mit Wilhelm Hertz in Berlin. Im Sommer Beginn der Freundschaft mit Arnold Böcklin.

1886 Von Januar bis September Vorabdruck des Romans *Martin Salander* in Julius Rodenbergs *Deutscher Rundschau* in Berlin (entworfen 1881, geschrieben seit Frühjahr 1885); veränderte Buchausgabe im November bei Wilhelm Hertz in Berlin. Im Februar Kostümfest der Künstlergesellschaft mit Szenen aus den *Züricher Novellen* als lebende Bilder. Im August von Karl Stauffer porträtiert (Photographien und Gemälde; Radierung im Januar-Februar 1887). Im Oktober dreiwöchiger Kuraufenthalt in Baden.

1888 Vereinbart im Februar mit Wilhelm Hertz die zehnbändige Gesamtausgabe von 1889. Schlittenfahrt nach Bassersdorf (mit Arnold Böcklin, Rudolf Koller, Richard Kissling, Albert Fleiner), letzter gesellschaftlicher Anlass. Am 6. Oktober Tod der Schwester Regula.

1889 Im Winter 1888/89 von Arnold Böcklin porträtiert. Im April erste Lieferung, im November Abschluss der zehnbändigen Gesamtausgabe. Entzieht sich den Feiern zum 70. Geburtstag durch Aufenthalt in Seelisberg vom 5. Juli bis 19. August; Glückwunschurkunde des Schweizerischen Bundesrats, verfasst von Josef Viktor Widmann. Am 13. September überreichen Kissling und Fleiner dem Dichter die von Böcklin entworfene Goldmedaille; danach bis Ende November mit Böcklin Kuraufenthalt in Baden. Im Oktober Verzicht auf das Bürgerrecht von Glattfelden. Letzte gedruckte Schrift: Selbstbiographie in der *Chronik der Kirchgemeinde Neumünster.*

1890 Seit anfangs Januar auf dem Krankenlager; bestimmt testamentarisch den Hochschulfonds des Kantons Zürich als Universalerben. Tod am 15. Juli. Bestattungsfeier am 18. Juli; Aschenurne und Grabdenkmal von 1901 auf dem Zentralfriedhof Sihlfeld. Die Bücher, der schriftliche und künstlerische Nachlass und das Mobiliar des Arbeitszimmers werden der Stadtbibliothek Zürich übergeben. Im September benennt Lydia Welti-Escher ihre zur Erwerbung von Kunstwerken errichtete Stiftung nach dem Dichter *Gottfried Keller-Stiftung.* Im Oktober erscheinen Conrad Ferdinand Meyers bedeutsame *Erinnerungen an Gottfried Keller.* *Bruno Weber*

Dank Dieses Buch wäre ohne die freundliche Hilfe zahlreicher Gottfried Keller-Kenner, verschiedener Bibliotheken und Archive nicht zustandegekommen. Mein besonderer Dank gehört Herrn *Dr. Bruno Weber,* Leiter der Graphischen Sammlung der Zentralbibliothek Zürich. Er stellte mir nicht nur sein Arbeitsinstrument der von ihm 1985 eingerichteten ständigen Keller-Ausstellung im Gottfried-Keller-Zentrum in Glattfelden zur Verfügung, sondern war auch bei der Bildauswahl beratend tätig und unterstützte mich bei der Textgestaltung der Bildlegenden, die mehr als nur Dokumentarisches vermitteln wollen. Ausserdem verfasste er die Zeittafel, die er für vorliegenden Band überarbeitete und erweiterte.

Gedankt sei aber auch dem Artemis-Verlag, insbesondere den Herren *Dr. Bruno Mariacher* und *Dr. Martin Müller,* für Rat und Tat bei der grosszügigen Gesamtkonzeption, wobei der persönliche Einsatz von Herrn *Peter Rüfenacht* bei der Gestaltung des Buches weit über die übliche Zusammenarbeit hinausging. In diesen Dank eingeschlossen seien meine unermüdlichen Mitarbeiterinnen Frau *Margrit Wüthrich* und Frau *Ursula Klein.*

Angeregt wurde ich zu dieser Bild-Text-Dokumentation vom Artemis-Verlag, nachdem ich 1984 im Verlag der Neuen Zürcher Zeitung das Buch «Auf den Spuren Gottfried Kellers» veröffentlicht hatte, das vor allem Kellers Zürcher Zeit und seinen Freundeskreis darstellt. Das nun vorliegende neue Werk greift weiter aus: es befasst sich mit Kellers Problematik als Mensch, Bürger und Künstler, so dass sich die beiden Publikationen sinnvoll ergänzen. In beiden werden neue Fakten zur Person und zum Leben aufgedeckt, die bis heute unbekannt waren. *Walter Baumann*

Literaturverzeichnis

Durchgesehen und ergänzt von Bruno Weber. Das Verzeichnis enthält im wesentlichen das benutzte, vorwiegend biographisch ausgerichtete Schrifttum. Nachweis der neueren germanistischen Forschungs- und Interpretationsliteratur findet man in Boeschenstein 1977, in Wilhelm Kosch: Deutsches Literatur-Lexikon, 3. Aufl. Bd. 8, Bern 1981, Sp. 1021–1033 (Tamara S. Evans), in Gerhard Kaiser: Gottfried Keller, München 1985 (Artemis Einführungen. 19), Bibliographischer Überblick S. 129–142, sowie durch die Gottfried-Keller-Bibliographie im Jahresbericht der Gottfried-Keller-Gesellschaft seit 1980.

Ackerknecht, Erwin: Gottfried Keller, Geschichte seines Lebens. Leipzig 1939. – 3. Aufl. 1948. – Revidierte Neuaufl. hrsg. von Carl Helbling. Konstanz 1961.

Baechtold, Jakob: Gottfried Kellers Leben, seine Briefe und Tagebücher. 3 Bde. Berlin 1894–1897.

Baumann, Walter: Auf den Spuren Gottfried Kellers. Zürich 1984.

Bebler, Emil: Gottfried Keller und Ludmilla Assing. Zürich 1952.

Bleuler-Waser, Hedwig: Das Urbild von Kellers Dortchen Schönfund. In: Der Lesezirkel, Jg. 2 H. 10, Zürich Juli 1915, S. 107–114.

Bleuler-Waser, Hedwig: Die Dichterschwestern Regula Keller und Betsy Meyer. Zürich 1919.

Blume, Heinrich: Gottfried Kellers Vater in Wien. In: Alt-Wiener Kalender für das Jahr 1926, hrsg. von Alois Trost, Wien [1925], S. 67–72.

Bluntschli, Marie: Erinnerungen an Gottfried Keller. Bern 1940.

Boeschenstein, Hermann: Gottfried Keller, Stuttgart 1969 (Sammlung Metzler. 84). – 2. durchges. und erw. Aufl. 1977.

Breitenbruch, Bernd: Gottfried Keller in Selbstzeugnissen und Bilddokumenten. Reinbek 1968 (Rowohlts Monographien. 136). – 51.–54. Tsd. 1984.

Davidis, Michael: Der Verlag von Wilhelm Hertz. Beiträge zu einer Geschichte der Literaturvermittlung im 19. Jahrhundert, insbesondere zur Verlagsgeschichte der Werke von Paul Heyse, Theodor Fontane und Gottfried Keller. In: Archiv für Geschichte des Buchwesens, Bd. 22, Frankfurt/M 1981, Sp. 1253–1590. – Untersucht S. 1427–1476 Kellers Beziehungen zu seinen Verlegern Eduard Vieweg, Ferdinand Weibert und Wilhelm Hertz.

Drygalski, Irma von: Im Schatten des Heiligen Berges. Sechs Dichter-Novellen um Heidelberg. Heidelberg [1927]. – 5. Aufl. 1937. Enthält S. 95–109: Letzte Begegnung (Gottfried Keller und Johanna Kapp. November 1849).

Erismann, Hans: Johannes Brahms und Zürich. Ein Beitrag zur Kulturgeschichte von Zürich. Zürich 1974 (Zürcher Druck. 40).

Ermatinger, Emil: Gottfried Kellers Leben, Briefe und Tagebücher. Auf Grund der Biographie Jakob Baechtolds dargestellt und hrsg. 3 Bde. Stuttgart 1915–1916. – 5.–7. stark verm. Aufl. 1924–1925. – 8. neu bearb. Aufl. von Bd. 1 unter dem Titel Gottfried Kellers Leben. Mit Benützung von Jakob Baechtolds Biographie dargestellt. Zürich 1950.

Faesi, Robert: Gottfried Keller. In: Gottfried Keller: Werke. Bd. 1. Zürich 1941, S. III–LXXIII. – Einzelausgabe: Zürich 1942.

Fehr, Karl: Gottfried Keller. Aufschlüsse und Deutungen. Bern 1972.

Fleiner, Albert: Mit Arnold Böcklin. Frauenfeld 1915.

Fränkel, Jonas: Gottfried Kellers politische Sendung. Zürich 1939.

Frey, Adolf: Erinnerungen an Gottfried Keller. Leipzig 1892. – 2. erw. Aufl. 1893. – 3. erw. Aufl. 1919. – Neuausgabe: Zürich 1979.

Frey, Adolf: Arnold Böcklin. Nach den Erinnerungen seiner Zürcher Freunde. Stuttgart 1903. 2. durchges. und erw. Aufl. 1912.

Frey, Adolf: Allerhand von Gottfried Keller. In: Deutsche Rundschau, Jg. 45, Berlin Januar 1919, S. 94–104 (Halbmonats-Ausgabe, Jg. 1918–1919 Bd. 2, S. 83–93).

Gottfried-Keller-Ausstellung. Zur 100. Wiederkehr von Kellers Geburtstag veranstaltet von der Zentralbibliothek Zürich, Katalog. Zürich 1919.

Guggenheim, Kurt. Das Ende von Seldwyla. Ein Gottfried-Keller-Buch. Zürich 1965.

Hasselberg, Felix: «Bauhof No. 2 bei Schmidt.» Gottfried Kellers letzte Berliner Wohnung. Eine Richtigstellung. In: Zeitschrift des Vereins für die Geschichte Berlins, Jg. 58 H. 3, Berlin 1941, S. 93–96.

Heer, Gottlieb Heinrich: Gottfried Keller und Julius Rodenberg. In: Deutsche Rundschau, Jg. 80, Baden-Baden 1954, S. 1157–1165.

Helfenstein, Ulrich: Gottfried Keller (1819–1890). In: Verwaltungspraxis, Jg. 27 Nr. 5, Solothurn 1973, S. 135–142.

Hettner, Hermann: Das moderne Drama. Aesthetische Untersuchungen. Braunschweig 1852. – Neu hrsg. von Paul Alfred Merbach. Berlin 1924 (Deutsche Literaturdenkmale des 18. und 19. Jahrhunderts. 151).

Huber, Walther: Gottfried Keller und die Frauen. Ein Stück Herzenstragik. Bern 1919.

Huch, Ricarda: Gottfried Keller. Berlin 1904 (Die Dichtung. 9). – Leipzig 1914 (Insel-Bücherei. 113). Letzte Aufl.: Wiesbaden 1951.

Hunziker, Fritz: Glattfelden und Gottfried Kellers Grüner Heinrich. Zürich 1911.

Jeziorkowski, Klaus (Hrsg.): Gottfried Keller. München 1969 (Dichter über ihre Dichtungen. [5]).

Kaiser, Gerhard: Gottfried Keller. Das gedichtete Leben. Frankfurt/M 1981.

Keller, Gottfried: Sämtliche Werke. Hrsg. von Jonas Fränkel und Carl Helbling. 22 Bde. (in 24). Erlenbach 1926–1927, Bern 1931–1949.

Keller, Gottfried: Aus Gottfried Kellers glücklicher Zeit. Der Dichter im Briefwechsel mit Marie und Adolf Exner. Hrsg. von Hans Frisch. Wien 1927. – Erw. Neuausgabe hrsg. von Irmgard Smidt. Stäfa 1981.

Keller, Gottfried: Gottfried Kellers Liebesspiegel. Hrsg. von Jonas Fränkel. St. Gallen 1950.

Keller, Gottfried: Gesammelte Briefe. Hrsg. von Carl Helbling. 4 Bde. (in 5). Bern 1950–1954.

Keller, Gottfried: Der Briefwechsel zwischen Theodor Storm und Gottfried Keller. Hrsg. von Peter Goldammer. Berlin (DDR) 1960.

Keller, Gottfried: Der Briefwechsel zwischen Gottfried Keller und Hermann Hettner. Hrsg. von Jürgen Jahn. Berlin (DDR) 1964.

Keller, Gottfried: Mein lieber Herr und bester Freund. Gottfried Keller im Briefwechsel mit Wilhelm Petersen. Hrsg. von Irmgard Smidt. Stäfa 1984.

Keller, Gottfried: Gottfried Keller's Traumbüchlein. Aufzeichnungen, Gedichte, Prosa, Hrsg. von Martin Müller. Zürich 1985 (Artemis-Bibliothek. 20).

Keller, Gottfried: Sämtliche Werke. Hrsg. von Thomas Böning und Gerhard Kaiser. 5 Bde. Frankfurt/M 1985 ff. – Abschluß der Ausgabe voraussichtlich 1989. Bisher erschienen Bd. 2: Der grüne Heinrich, Erste Fassung. 1985.

Keller, Gottfried: siehe auch Stähli 1985.

Keller, Paul: Die zürcherischen Staatsschreiber seit 1831. Ein Beitrag zur Geschichte der Verwaltung des Kantons Zürich. Zürich 1908. – Gottfried Keller: S. 44–50.

Köster, Albert: Gottfried Keller, Sieben Vorlesungen. Leipzig 1900.

Korrodi, Eduard: Gottfried Kellers Lebensraum. Zürich 1930 (Schaubücher. 21).

Kranner, Eduard: Gottfried Keller und die Geschwister Exner. Basel 1960.

Kriesi, Hans Max: Gottfried Keller als Politiker. Mit einem Anhang: Gottfried Kellers politische Aufsätze. Frauenfeld 1918.

Locher, Friedrich: Republikanische Wandel-Bilder und Portraits. Hrsg. von Emma Locher. Zürich 1901.

Maync, Harry: Gottfried Keller. Sein Leben und seine Werke. Ein Abriß. Leipzig 1923 (Die Schweiz im deutschen Geistesleben. 20).

Muschg, Adolf: Gottfried Keller. München 1977. – Frankfurt/M 1980 (Suhrkamp Taschenbuch. 617).

Muschg, Walter: Der Zwerg. Umriß eines Gottfried-Keller-Porträts. In: Homo homini homo. Festschrift für Joseph E. Drexel zum 70. Geburtstag. München 1966, S. 31–58. – Wiederabdruck unter dem Titel Umriß eines Gottfried-Keller-Porträts. Der Zwerg. Das Vaterland. In: Walter Muschg: Gestalten und Figuren. Bern 1968, S. 148–208.

Nussberger, Paul: Gottfried Kellers Elternhaus «Zur Sichel». In: Neue Zürcher Zeitung Nr. 1911, 5. August 1954, Bl. 6.

Preitz, Max: Gottfried Kellers dramatische Bestrebungen. Marburg 1909 (Beiträge zur deutschen Literaturwissenschaft. 12).

Rilla, Paul (Hrsg.): Gottfried Keller. Sein Leben in Selbstzeugnissen, Briefen und Berichten. Berlin 1943. – Neuausgabe unter dem Titel Über Gottfried Keller. Sein Leben in Selbstzeugnissen und Zeugnissen von Zeitgenossen. Zürich 1978 (Diogenes Taschenbuch. 167).

Rychner, Max: Gottfried Keller. In: Gottfried Keller: Gesammelte Werke in acht Bänden. Bd. 1. Leipzig [1929], S. V–XXXVIII.

Saphir, Moritz Gottlieb: Mieder und Leier. Gedankenblitze aus dem Biedermeier: Feuilletons, Glossen, Kurzgeschichten, Aphorismen. Hrsg. von Manfred Barthel. Olten 1978.

Saxer, Johann Ulrich: Gottfried Kellers Bemühungen um das Theater. Ein Beitrag zur Problematik des deutschen Theaters im späteren 19. Jahrhundert. Winterthur 1957.

Schaffner, Paul: Gottfried Keller als Maler. Stuttgart 1923.

Schaffner, Paul: Gottfried Keller als Maler. Gottfried-Keller-Bildnisse. Zürich 1942.

Schaffner, Paul: Gottfried Kellers Heimatlandschaft. In: Atlantis, Jg. 14 H. 10, Zürich Oktober 1942, S. 459–466.

Schumacher, Hans: Über Gottfried Keller, In: Gottfried Keller: Gesammelte Werke. Bd. 1. Zürich 1960, S. 5–32.

Schumacher, Hans: Ein Gang durch den Grünen Heinrich. Kilchberg 1974 (Kilchberger Drucke. 4).

Schumacher, Hans (Hrsg.): Die grünen Pfade der Erinnerung. Eine kommentierte Anthologie autobiographischer Schriften aus sieben Jahrhunderten. Kilchberg 1978 (Kilchberger Drucke. 7). – Gottfried Keller: S. 118–123.

Smidt-Dörrenberg, Irmgard: Gottfried Keller und Wien. Wien 1977 (Die Josefstadt. Sonderbd. 2).

Soergel, Albert: Dichtung und Dichter der Zeit. Eine Schilderung der deutschen Literatur der letzten Jahrzehnte. Leipzig 1911. – Überarb. Neuausgabe unter dem Titel: Albert Soergel/Curt Hohoff: Dichtung und Dichter der Zeit. Vom Naturalismus bis zur Gegenwart. 2 Bde. Düsseldorf 1961, 1963.

Stähli, Fridolin: Gefährdete Künstler. Der Briefwechsel zwischen Gottfried Keller und Johann Salomon Hegi. Edition und Kommentar. Zürich 1985 (Zürcher Beiträge zur deutschen Literatur und Geistesgeschichte. 61).
Staub, Werner: Christina Luise Scheidegger, 1843–1866, die Braut von Gottfried Keller. In: Jahrbuch des Oberaargaus 1982, Langenthal 1982, S. 159–184.
Steiner, Gustav: Gottfried Keller. Sechs Vorträge. Basel 1918.
Suter, Ida: Die Mundart bei Gottfried Keller. Zürich 1932.
Vögtlin, Adolf (Hrsg.): Gottfried-Keller-Anekdoten. Berlin 1914. – 9.–12. verm. Aufl. 1919. – 17. und 18. durchges. und verm. Aufl. Zürich 1924.
Weber, Bruno: Der Maler Gottfried Keller. In: Palette, H. 37, Basel 1971, S. 3–18.
Weber, Bruno: Erläuterungen zur «Heroischen Landschaft» von Gottfried Keller, 1842. In: Zeitschrift für Schweizerische Archäologie und Kunstgeschichte, Bd. 36, Zürich 1979, S. 259–279.
Weber, Bruno: Gottfried-Keller-Ausstellung im Rathaus Zürich. Eingerichtet im Auftrag des Regierungsrats des Kantons Zürich. Katalog, hrsg. von der Staatskanzlei des Kantons Zürich. Zürich 1983.
Weber, Bruno: Wo man sich des Dichters erinnert. Zur Ausstellung Gottfried Keller im Gottfried-Keller-Zentrum. In: Gottfried-Keller-Zentrum Glattfelden. Festschrift zur Eröffnung am 7. September 1985. Glattfelden 1985, S. 39–54.
Weber, Bruno, und Elisabeth Büttiker: Gottfried-Keller-Ausstellung im Gottfried-Keller-Zentrum Glattfelden. Katalog. Zürich 1985. – Nicht im Buchhandel. Archivexemplar in der Zentralbibliothek Zürich.
Weber, Werner: Freundschaften Gottfried Kellers. Versuch über die Einsamkeit eines Genies. Erlenbach 1952.
Weiss, Gottfried: Der Prozeß um das Testament von Gottfried Keller. In: Neue Zürcher Zeitung, Nr. 793, 27. März 1955, Bl. 4. – Auch Einzelausgabe als Separatdruck. Wiederabdruck in: Zürcher Taschenbuch auf das Jahr 1957, NF. 77, Zürich 1956, S. 116–130.
Wörtche, Thomas: Gottfried Keller. Salzburg 1982 (Die großen Klassiker. Literatur der Welt in Bildern, Texten, Daten. 18).
Wüst, Paul: Gottfried Keller und Conrad Ferdinand Meyer in ihrem persönlichen und literarischen Verhältnis. Leipzig 1911.
Zäch, Alfred: Gottfried Keller. Bern 1945 (Schweizer Heimatbücher. 1). – 2. überarb. Aufl. 1967.
Zäch, Alfred (Hrsg.): Gottfried Keller im Spiegel seiner Zeit. Urteile und Berichte von Zeitgenossen über den Menschen und Dichter. Zürich 1952.
Zäch, Alfred (Hrsg.): Erinnerungen an Gottfried Keller. Kilchberg 1970 (Kilchberger Drucke. 2). – Enthält Texte von Conrad Ferdinand Meyer, Hans Weber, Albert Fleiner, Wilhelm Petersen.
Zippermann, Charles Carl: Gottfried Keller Bibliographie 1844–1934. Zürich 1935.
Zürcher Illustrierte, Jg. 15 Nr. 27: Sondernummer zu Gottfried Kellers 50. Todestag, Zürich 5. Juli 1940, S. 715–746.
Zurlinden, Samuel: Hundert Jahre. Bilder aus der Geschichte der Stadt Zürich in der Zeit von 1814–1914. 2 Bde. Zürich 1914, 1915.

Register

Personen und Orte

Gottfried Kellers Werke

Aufsätze/Verschiedenes

Bildnachweis

Skizzen und Gemälde, deren Künstler in den Bildlegenden nicht ausdrücklich genannt ist, stammen von Gottfried Keller.

Zentralbibliothek Zürich: 7, 10–14, 16, 17, 19–21, 26–43, 46–58, 61, 63–68, 71, 73, 76, 77, 80, 82–85, 87, 90 links, 94, 96–99, 104–113, 115, 118, 122–124, 128–130, 132, 135–139, 145, 148, 150, 151, 155 links, 160 links / Mitte, 165, 167–169, 171–173, 177–178, 181, 183–186, 189, 194–196.
Privatbesitz: Schutzumschlag, 8–9, 15, 25, 44, 60, 72–75, 78–79, 116–117, 121, 125–127, 133, 140, 153, 156 rechts, 158, 163, 164, 175, 176.
Kunsthaus Zürich: 8, 56, 119, 147, 162, 166, 197.
Stadtarchiv Zürich: 22–24
Märkisches Museum Berlin: 33, 102, 114.
Bildarchiv Preußischer Kulturbesitz: 89, 90 rechts.
Staatsarchiv Zürich: 131.
Deutsche Staatsbibliothek Berlin: 101.
Schiller-Nationalmuseum Marbach: 101.
Schleswig-holsteinische Landesbibliothek Kiel: 154.
Historisches Museum der Stadt Wien: 157.
Kunstmuseum Winterthur: 157.
Stadtmuseum Aarau: 86.
Graphik-Sammlung der Eidg. Techn. Hochschule Zürich: 152.
Bayerische Staatsgemäldesammlungen, Neue Pinakothek München: 59.
Sammlung Hans P. Schaad, Eglisau: 159, 160 rechts.
Sammlung Uli Münzel, Baden: 180.
Sammlung Werner Staub, Herzogenbuchsee: 143, 144, 146.
Aufnahmen Eduard Widmer, Zürich: 160, 193, 198, 199.
Aufnahme Wolfgang Quaiser, Zürich: 200.